中国品牌价值的全球观察
GLOBAL INSIGHT ON BRAND VALUES OF CHINA

2020中国品牌发展报告
ANNUAL REPORT ON CHINA'S BRAND DEVELOPMENT (2020)

钱明辉 等著

图书在版编目（CIP）数据

中国品牌价值的全球观察：2020中国品牌发展报告/钱明辉等著.—北京：知识产权出版社，2021.10

ISBN 978-7-5130-7740-8

Ⅰ.①中… Ⅱ.①钱… Ⅲ.①企业管理—品牌战略—研究报告—中国—2020 Ⅳ.①F279.23

中国版本图书馆CIP数据核字（2021）第192838号

内容提要

本书基于全球视野评估观察中国品牌的价值，以全球知名的品牌价值榜单为研究基础，从品牌价值创造规模、品牌价值创造质量、品牌价值创造结构三个方面对中国品牌价值创造成效进行了分析，同时通过调查问卷的形式，构建不同模型对品牌价值与用户、品牌价值沟通与标识、品牌价值提升与传播进行了相关性研究，从而有利于明晰我国品牌发展的整体水平，为我国品牌发展战略的制定提供参考和借鉴。

责任编辑：王玉茂	责任校对：王　岩
封面设计：张国仓	责任印制：刘译文

中国品牌价值的全球观察

2020中国品牌发展报告

钱明辉　等著

出版发行：	知识产权出版社有限责任公司	网　址：http://www.ipph.cn
社　址：	北京市海淀区气象路50号院	邮　编：100081
责编电话：	010-82000860转8541	责编邮箱：wangyumao@cnipr.com
发行电话：	010-82000860转8101/8102	发行传真：010-82000893/82005070/82000270
印　刷：	天津嘉恒印务有限公司	经　销：各大网上书店、新华书店及相关专业书店
开　本：	720mm×1000mm　1/16	印　张：19
版　次：	2021年10月第1版	印　次：2021年10月第1次印刷
字　数：	290千字	定　价：95.00元
ISBN 978-7-5130-7740-8		

出版权专有　侵权必究

如有印装质量问题，本社负责调换。

课题组成员

课题组组长

钱明辉

课题组副组长

樊安懿　许嘉元

课题撰稿人

钱明辉　樊安懿　许嘉元　郭佳璐　戴梦婷
万耀琳　田　甜　刘奥粤　姜屹楠　魏春萍
梁　恬　潘　菲　李胡蓉　王　驰

数据采集与分析

戴梦婷　万耀琳　田　甜　刘奥粤　姜屹楠
魏春萍　潘　萌　赵泽龙　刘　淼　周　乔
王璐璇　邹俊南　钱诗怡　林可菁　赵梦纯
崔润泽　张　楚　袁文龙

前　言

2020年，我国已全面建成小康社会，实现第一个百年奋斗目标；站在新的历史方位上，《中华人民共和国国民经济和社会发展第十四个五年规划和2035年远景目标纲要》于2021年3月12日发布，明确提出制造业产品要"增品种、提品质、创品牌"。我国品牌建设发展面临前所未有的机遇和挑战，在这样的关键时期，基于全球视野评估观察中国品牌的价值有利于明晰我国品牌发展的整体水平，为我国品牌发展战略的制定提供参考。

品牌是人们对一个企业及其产品、售后服务、文化价值的评价和认知，是企业一切生产运营资源得以更加高效运转的"核心枢纽"。而品牌价值是品牌管理要素中最为核心的部分，也是品牌区别于同类竞争品牌的重要标志。美国"竞争战略之父"迈克尔·波特在其《竞争优势》(*Competitive Advantage*)中曾提到：品牌的资产主要体现在品牌的核心价值上，或者说品牌核心价值也是品牌的精髓所在。品牌价值评估不但可以量化具体品牌所具有的价值，还可以通过各个品牌价值的比较，从直观上了解品牌的发展现状，从侧面揭示品牌所处的市场地位及其变动，揭示出品牌价值的内涵和规律。本书聚焦中国品牌价值这一主题，主要内容包括中国品牌价值评价、中国品牌价值国际比较、品牌价值发现与用户研究、品牌价值沟通与标识设计、品牌价值提升与传播机制等。

具体来说，第1章以4个全球知名的品牌价值榜单为研究基础，提出相对比例综合算法对各个榜单数据进行综合计算，在此基础上构建全球综合品牌价值百强榜。

第2章从品牌价值创造规模、品牌价值创造质量、品牌价值创造结构三个方面对中国品牌价值创造成效展开分析。其中，品牌价值创造规模通过 PRC-Brand 榜单上榜品牌数量和品牌价值总量来体现，品牌价值创造质量以 PRC-Brand 榜单上榜品牌的排名来体现，品牌价值创造结构则由 PRC-Brand 榜单上榜品牌的行业构成来反映。

第 3 章关注品牌价值发现与用户行为研究。其包括：利用支持向量机构建消费者品牌偏好识别模型；通过对比实验的方式探索人称信息对消费者品牌态度的影响机制；以公共图书馆为研究对象，构建基于第三方平台评论文本的用户满意度机器学习评价模型。

第 4 章关注品牌价值沟通与标识设计。其包括基于消费者心理学、色彩心理学和社会学等领域的研究理论，构建品牌标识色彩信息对消费者廉价感感知影响的理论模型；基于视觉信息传达、视知觉理论和概念隐喻理论，构建立体化、扁平化这一空间维度标识设计方式对包含认知态度、情感态度、购买推荐态度在内的消费者品牌态度影响的理论模型。

第 5 章关注品牌价值提升与传播机制。其包括以创可贴广告为研究对象，探究创可贴广告的显著度和契合度对品牌回忆、品牌态度的影响，说服知识唤醒的中介作用，以及视频卷入度的调节作用；以张裕葡萄酒品牌、龙徽葡萄酒品牌和陈李济中药品牌的老字号品牌为研究对象，探讨企业档案在老字号品牌宣传推广中的重要作用及应用场景。

品牌是一个企业、一个城市乃至一个国家竞争力的综合体现，是一种无形的资产，更是国家的名片。它代表着这个国家拥有何种文化、特质以及国民精神，正如谷歌、苹果、微软、亚马逊、特斯拉之于美国，丰田、京瓷、索尼、佳能之于日本，奔驰、宝马、西门子之于德国，登喜路、巴宝莉、尊尼获加之于英国……大力实施国家品牌发展战略，有利于推动中国的经济发展。希望本书通过对中国品牌价值全球观察的研究，可以为中国品牌的国际化发展与价值提升提供有效帮助。

目 录

第1章 基于国际榜单的中国品牌价值：思路与算法 …………… (1)

第2章 PRC-Brand 榜：排名与解读 ………………………………… (6)

    2.1 PRC-Brand 榜单排名 ………………………………………… (6)

    2.2 中国品牌上榜解读 …………………………………………… (6)

第3章 品牌价值发现与用户行为研究 …………………………… (16)

    3.1 基于机器学习的品牌偏好识别 …………………………… (17)

    3.2 品牌调研人称信息运用与态度谬误 ……………………… (53)

    3.3 在线评论中的品牌满意度测量 …………………………… (92)

第4章 品牌价值沟通与标识设计 ………………………………… (127)

    4.1 品牌标识色彩信息与价格感知 …………………………… (128)

    4.2 品牌标识立体化与感知流畅度 …………………………… (174)

第5章 品牌价值提升与传播机制 ………………………………… (220)

    5.1 创可贴式广告效果的影响机制 …………………………… (220)

    5.2 企业档案驱动的品牌认同机制 …………………………… (256)

后 记 ……………………………………………………………… (295)

第 1 章　基于国际榜单的中国品牌价值：思路与算法

品牌是企业发展的立足之本，能够聚合各类优质的社会资源，使企业具备差异化优势并在竞争中脱颖而出。对于企业而言，品牌既是其产品质量、技术规格等使用价值的概括性象征，又凝聚气质、个性等感性文化价值要素，是企业最重要的无形资产之一。品牌价值是品牌管理中最为核心的部分，品牌成为资产的关键就在于核心价值。品牌价值是企业一切生产运营资源得以高效运转的"核心枢纽"，使企业能够在市场竞争中占有更加强劲而独特的优势，可以获取比弱势品牌或无价值品牌更多的销量和收益；品牌价值能够给各个品牌权益人带来更高的溢价以及未来稳定的收益。[1] 自习近平总书记提出"推动中国制造向中国创造转变、中国速度向中国质量转变、中国产品向中国品牌转变"这一指导我国品牌发展的"三个转变"重要战略思想以来，我国政府日益加大对品牌发展的重视和投入。《国务院办公厅关于发挥品牌引领作用推动供需结构升级的意见》（国办发〔2016〕44 号）指出，"品牌是企业乃至国家竞争力的综合体现，代表着供给结构和需求结构的升级方向"。2020年7月23日，习近平总书记视察中国一汽集团时再次强调，"一定要把关键核心技术掌握在自己手里，我们要立这个志向，把民族汽车品牌搞上去"，为中国品牌发展与价值提升指明了方向。

随着品牌价值在现代经济活动中的作用日益凸显，社会各界开始重视如何评估和量化品牌价值，很多国际知名机构编制并发布品牌价值榜

---

[1] LEHMANN D R, KELLER K L, FARLEY J U. The structure of survey-based brand metrics [J]. Journal of International Marketing, 2008, 16 (4): 29–56.

单。但是在过去很长一段时间里,各类全球品牌价值百强榜上始终少见中国品牌的身影。成功的品牌需要经得起时间和空间的考验,据美国《财富》杂志报道,美国中小企业平均寿命不到 7 年,大企业平均寿命不足 40 年。而中国中小企业的平均寿命仅 2.5 年,集团企业的平均寿命仅 7~8 年。美国每年倒闭的企业约 10 万家,而中国约 100 万家,是美国的 10 倍。不仅企业的生命周期短,而且能做强做大的企业更是寥寥无几,许多品牌往往是昙花一现。特别是中国品牌管理实践中长期存在的品牌定位不科学、忽视品牌资产管理、缺乏清晰的品牌价值增值战略等问题和误区,在一定程度上危及中国品牌的长远生存与发展。❶ 同发达国家相比,中国品牌的成功似乎更加难得。❷ 不过近年来,随着中国社会经济的发展壮大,在市场公平竞争、消费者自主选择的过程中涌现不少享誉世界的中国品牌,在让中国公众与全球消费者共享更好的中国产品与服务的同时,也让世界感受到了中国品牌的力量。

当前,随着中国品牌格局的改善,中国品牌价值体系结构也悄然变化。在 2020 年出炉的 Brand Finance 和 Brand Z 全球品牌价值榜单上,中国品牌占据 20% 左右。对这两大品牌榜单历年数据的分析表明,中国品牌依托不断增长的国内市场需求迅速壮大,在全球品牌价值体系中的地位持续提升。于是,在这样的背景下如何更加客观地评估中国品牌价值并探讨其增值之道,越来越成为一个值得思考和探索的议题。本书根据 2012~2019 年 Interbrand、Brand Finance、Brand Z 和 Forbes 全球品牌价值榜等具有全球影响力的知名国际品牌价值榜单数据,采用相对比例综合算法(Proportion-Relative Comprehensive Evaluation Method,以下简称"PRC 算法")构建了全球综合品牌价值百强榜(以下简称"PRC-Brand 榜"),对中国品牌价值结构展开国际比较。

本书数据来源为 2012~2019 年 Interbrand、Brand Finance、Brand Z 和 Forbes 全球品牌价值榜的品牌价值百强数据。这四类榜单将品牌看作

---

❶ 袁胜军,符国群. 中国企业品牌战略选择:基于生物进化论的思考[J]. 同济大学学报(社会科学版),2012(5):117-124.

❷ 陆拥俊,江若尘. 中国企业寿命与经济可持续发展问题的研究:基于 2016《财富》世界 500 强的数据[J]. 管理现代化,2016(6):52-54.

对企业在市场上的财务收益有所贡献、可量化计算的要素,借鉴证券市场信用评级的方法评估品牌对企业收益的贡献程度。这四类榜单的评价结果在全球范围内均具有较高的认可度和影响力,并且对于品牌价值的评估各有侧重且各具优势:Interbrand 从第三方独立审计的财务分析、购买决策过程中的品牌作用力和品牌强度三个维度构建品牌价值评估体系,Brand Finance 以品牌财务价值或在资本市场上的表现为衡量主体,Brand Z 融合品牌财务表现和消费者评价两大类指标形成综合类测评体系,Forbes 主要依据上市企业的收入、利润、资产、市值、品牌影响力等维度来开展评定。本书以这四个品牌价值榜单为基础提出的 PRC 算法是集百家之长的科学评估方法。

PRC 算法兼顾上述四个品牌价值榜的方法优势,增强了品牌价值评估结果的说服力,其计算公式如下:

$$P_{ki} = \frac{V_{ki}}{\sum V_{ki}} \qquad (1-1)$$

$$P_{PRCi} = \left(\sum_{k=1}^{4} P_{ki}\right)/4 \qquad (1-2)$$

$$V_{PRCi} = P_{RPCi} \times \left[\sum\left(\sum_{k=1}^{4} V_{ki}\right)/4\right] \qquad (1-3)$$

其中,i 为品牌价值榜中的某品牌,$k=1$ 时,品牌 i 属于 Interbrand 榜;$k=2$ 时,品牌 i 属于 Brand Finance 榜;$k=3$ 时,品牌 i 属于 Brand Z 榜;$k=4$ 时,品牌 i 属于 Forbes 榜。V_{ki} 为品牌 i 在 k 品牌价值榜中的品牌价值。P_{ki} 为品牌 i 在 k 品牌价值榜中的品牌价值所占 k 榜单总品牌价值的比例。V_{PRCi} 为品牌 i 在 PRC-Brand 榜品牌价值。

相对于上述四个品牌价值榜而言,PRC-Brand 榜综合四个品牌榜单的全部评价结果信息,对品牌价值信息的处理更加全面,可以实现对品牌作用力、品牌强度、品牌前景、公众认知度、品牌影响力、营销投资等多个层面的综合考量。因此,PRC-Brand 榜更加符合品牌内部生长规律,更加重视从品牌成长轨迹及未来发展能力的角度全面、清晰地分析和展现品牌价值。从这个意义上说,PRC 算法与 PRC-Brand 榜结果或许更加值得参考。

Interbrand、Brand Finance、Brand Z 和 Forbes 的 PRC – Brand 榜比较如表 1 – 1 所示。

表1-1 Interbrand、Brand Finance、Brand Z 和 Forbes 的 PRC-Brand 榜比较

榜单名称	榜单背景	榜单结构	评价方法	社会影响
Interbrand	Interbrand（国际品牌咨询公司）创立于1974年，是全球最大的综合性品牌咨询公司，Interbrand 在全球28个国家和地区设有42个办事处。其客户群体覆盖全球财富100强中约2/3 的公司	Interbrand 通过分析第三方独立审计的财务分析、购买决策过程中的品牌作用力和品牌强度三个维度，将三者结合成有机统一的品牌价值评估整体	Interbrand 品牌价值评估模型假设品牌创造的价值在未来一段时间是稳定的，通过计算品牌收益与品牌强度系数来确定品牌价值：$V = I \times G$ 其中，V 是品牌价值；I 是品牌给企业带来的年平均利润；G 是品牌强度系数	Interbrand 自 1988 年起在行业内率先开创品牌价值研究。作为第一个通过 ISO 10668 国际认证的品牌价值评估体系（概述了品牌货币估值的要求），Interbrand 因其每年的最佳全球品牌榜而被业界广泛认同。目前，Interbrand 榜单是全球最具价值品牌的指向标之一
Brand Finance	Brand Finance 是全球性的独立第三方品牌价值评估和咨询机构，总部位于英国伦敦金融城中心。公司主要对公开上市和财报可查询的企业作出品牌价值评估，每年出具一份《全球品牌价值 500 排名》	Brand Finance 榜单侧重于品牌前景、品牌公众认知度、品牌影响力、营销投资、员工满意度、企业声誉、品牌忠诚度等维度，以品牌财务价值或在资本市场上的表现为衡量主体	Brand Finance 采用通过 ISO 标准的"货币品牌价值评估法"计算品牌价值，包括估算品牌的未来收入以及计算使用品牌所需的专利费率，同时对品牌进行评级：①在 1~100 分范围内基于一系列属性诸如情感联结、财务绩效、可持续性指数及其他指标来计算品牌强度；②确定各品牌行业的特许费率范围；③计算特许费率；④通过品牌收益来确定品牌的特定收益；⑤通过历史收益、预期财务分析及经济成长率来确定预期品牌特定收益；⑥将特许费率应用至预期收益来导出品牌收益；⑦税后贴现的品牌收益即净现值，也就是品牌价值	Brand Finance 是参与起草国际公认的品牌价值标准 ISO 10668 和 ISO 20671 的核心成员之一。自 2007 年开始编制全球品牌价值排行榜，每年发布一次，因其专业性和独立性而受到全球上市公司的广泛认可

4

续表

榜单名称	榜单背景	榜单结构	评价方法	社会影响
Brand Z	Brand Z 是由全球传播集团 WPP 和凯度华通明略公布。由 300 多万名消费者的访谈结果和各家公司财务经营业绩相结合	Brand Z 融合品牌财务表现和消费者评价两大类指标，并赋予不同权重，形成综合类测评体系	Brand Z 评估模型为：$$V = BE \times BM \times BC$$ 其中，V 是品牌价值；BE 是品牌企业净收益分解到品牌上的收益；BM 是品牌乘数，由品牌动力、市场价值、增长潜力等指标聚合而成；BC 是品牌贡献，反映品牌收益中真正归因因素（非促销等其他因素）的比例，体现消费者选择中的品牌态度（品牌偏好、品牌忠诚等）	Brand Z 的数据库来自 31 个国家，拥有超过 65 万个顾客和专业人士的调研数据，还有超过 23 万个对比数据。Brand Z 评估模型是国际上较为通用的品牌价值评估方法
Forbes	Forbes 全球品牌价值榜由《福布斯》（Forbes）杂志发布	Forbes 全球品牌价值榜主要依据上市企业的收入、利润、资产、市值、品牌影响力等维度来开展评定	Forbes 全球品牌价值榜以每个品牌的 3 年利润为基础，并根据品牌在各个行业中所处的地位对其利润乘相应的百分比系数来计算品牌价值，同时还要求上榜的品牌必须在美国市场开展业务	《福布斯》杂志是美国最早的大型商业杂志，前瞻性强，观点鲜明，简明扼要。相对而言，Forbes 全球品牌价值榜考察角度更加多元化且比较侧重品牌在国际市场上的影响力

第 2 章　PRC-Brand 榜：排名与解读

2.1　PRC-Brand 榜单排名

2019 年 PRC-Brand 榜排名前十的品牌分别为苹果、谷歌、亚马逊、微软、Facebook、AT&T、可口可乐、三星、麦当劳和 Visa，除三星外，其余 9 个均为美国品牌。比较 2012~2019 年的排名结果可以发现，中国品牌始终未能进入 PRC-Brand 榜单排名前十，大多分布在榜单的中后段，如表 2-1 所示。

2.2　中国品牌上榜解读

2.2.1　PRC-Brand 榜单排名结果与中国品牌价值特征分析

当前，中国已成为世界第二大经济体，然而中国品牌价值与中国经济发展水平之间依然存在较为突出的不协同问题。本部分将从品牌价值创造规模、品牌价值创造质量和品牌价值创造结构三个方面对中国品牌价值创造成效进行分析。其中，品牌价值创造规模通过 PRC-Brand 榜上榜品牌数量和品牌价值总量来体现，品牌价值创造质量以 PRC-Brand 榜上榜品牌的排名来体现，品牌价值创造结构则由 PRC-Brand 榜上榜品牌的行业构成来反映。

第 2 章　PRC-Brand 榜：排名与解读

表 2-1　2012～2019 年 PRC-Brand 榜

单位：百万美元

排名	2012 年 品牌	价值	2013 年 品牌	价值	2014 年 品牌	价值	2015 年 品牌	价值	2016 年 品牌	价值	2017 年 品牌	价值	2018 年 品牌	价值	2019 年 品牌	价值
1	苹果	407069.60	苹果	472961.08	苹果	520080.33	苹果	712103.38	苹果	738074.99	苹果	740329.08	苹果	898266.86	苹果	882468.53
2	IBM	277505.59	谷歌	309009.88	谷歌	392379.04	谷歌	440032.31	谷歌	536866.94	谷歌	601969.02	谷歌	720649.25	谷歌	736064.78
3	谷歌	258675.00	IBM	280407.82	微软	284862.95	微软	325660.01	微软	345073.28	微软	395188.36	亚马逊	520444.24	亚马逊	628669.48
4	可口可乐	244696.54	可口可乐	257817.82	IBM	272917.61	可口可乐	270561.45	可口可乐	263573.09	亚马逊	355604.61	微软	487695.19	微软	549810.12
5	微软	241741.84	微软	240328.03	可口可乐	269011.91	IBM	251362.20	亚马逊	248095.28	Facebook	311246.98	Facebook	385943.79	Facebook	325788.51
6	麦当劳	187747.63	麦当劳	188546.68	通用电气	196962.90	三星	202953.70	Facebook	217354.78	可口可乐	254337.17	三星	257910.37	AT&T	183958.82
7	通用电气	162793.97	通用电气	177788.83	三星	195760.39	通用电气	192599.01	IBM	215479.19	麦当劳	214690.63	可口可乐	256661.63	可口可乐	237323.37
8	英特尔	122910.08	三星	158974.18	麦当劳	193303.25	亚马逊	184174.95	麦当劳	206831.18	IBM	213214.41	麦当劳	227373.76	三星	237250.49
9	三星	113124.17	丰田	119171.88	亚马逊	154448.57	麦当劳	182552.78	AT&T	206789.42	AT&T	208993.46	AT&T	203696.09	麦当劳	220652.82
10	宝马	108229.09	亚马逊	116960.13	丰田	149510.22	丰田	168547.44	丰田	187611.78	三星	204851.84	IBM	200870.69	Visa	178851.15
...																
41	中国工商银行	44682.59	Ebay	50572.89	花旗	54284.92	雀巢	59376.81	埃森哲	61137.13	中国工商银行	65876.61	万事达卡	75912.36	国家电网	86839.47
42	大众	43955.50	大众	49309.32	大众	54233.37	花旗	59159.70	腾讯	60715.02	H&M	64311.09	华为	75636.07	埃森哲	84862.85
43	家得宝	41292.44	家得宝	48918.10	Ebay	54171.16	西门子	56980.40	花旗	60516.29	花旗	64307.80	花旗	73778.76	淘宝	71843.13
44	Ebay	41060.07	欧莱雅	46567.81	家得宝	53750.21	大众	56700.08	雀巢	59609.53	摩根大通	62845.08	摩根大通	72911.83	百威	52933.48
45	索尼	40818.12	摩根大通	46097.71	沃达丰	53561.17	Ebay	56289.39	德国电信	57270.08	吉列	61799.03	中国建设银行	70219.33	Xfinity	46956.78
46	欧莱雅	39390.44	福特	43764.39	雀巢	52113.07	腾讯	53204.29	中国工商银行	57208.69	摩根大通	60677.33	汇丰	67387.59	中国银行	38856.57
47	帮宝适	38048.17	帮宝适	43281.68	欧莱雅	51849.59	中国工商银行	53026.83	Zara	54568.98	德国电信	60385.93	德国电信	65132.36	微信	38627.79
48	雀巢	37692.35	脸书	42301.80	摩根大通	50196.25	沃达丰	52622.48	万事达卡	54378.44	西门子	59749.27	福特	64253.41	中国农业银行	38413.40
49	NTT DoCoMo	37263.32	雀巢	41703.40	德国电信	48987.72	摩根大通	51587.33	帮宝适	53129.04	万事达卡	58896.69	爱马仕	63981.87	YouTube	35323.33
50	福特	37182.17	美国银行	41430.23	帮宝适	48228.52	帮宝适	51486.94	尼桑日产	52974.90	尼桑日产	58271.69	西门子	63736.11	爱马仕	30188.17
...																
100	3M	16280.72	塔塔	17661.44	中国人寿	19640.20	保时捷	19975.49	ALDI	21915.48	贝宝	20959.05	RBC	25945.79	三菱	20122.96

7

(1) 中国品牌价值创造规模逐年提升

2012~2019年，PRC-Brand榜单上中国品牌上榜数量逐年增加。2012年上榜的中国品牌仅为6个，2019年已增加至17个，约为2012年的3倍。而2019年的PRC-Brand榜上中国品牌总价值达到9154.5亿美元，已经是2012年1907.4亿美元的4.8倍。可见，党的十八大以来，中国品牌价值创造规模得到实质性提升。2014年5月10日，习近平总书记提出"三个转变"的重要指示，从全局性和战略性的高度指明提升我国经济发展质量和效益的前进方向与实现路径，成为做好新形势下中国品牌孵化培育工作的行动纲领和重要遵循。根据表2-2的数据，2014年中国上榜品牌数量规模相比2012年跨上了一个新的台阶，上榜品牌总数突破10个，上榜品牌总价值突破3000亿美元。随着《国务院办公厅关于发挥品牌引领作用推动供需结构升级的意见》（国办发〔2016〕44号）的发布，特别是2017年5月2日国务院批复国家发展和改革委员会关于设立"中国品牌日"的申请，同意自2017年起将每年的5月10日设立为"中国品牌日"，全民品牌教育得以加快推进，改革开放的精神、品牌战略的规划开始从国家宏观走近全社会的每个微观个体。从表2-2还可发现，2014~2017年，PRC-Brand榜上中国品牌数量规模保持相对稳定，而在进入2018年之后这一数据再次跨上一个新的台阶。2018年，PRC-Brand榜上中国品牌总价值为9052.4亿美元，相比2017年的5887.2亿美元增长了53.8%，品牌价值创造规模在2018年出现爆发性增长。

(2) 中国品牌价值创造质量不断增强

由表2-2可知，PRC-Brand榜上中国品牌价值排名在2012~2019年持续波动上升。2012年，PRC-Brand榜中国品牌价值平均排名仅为第65名，而2019年上榜中国品牌价值平均排名已上升至第45名，整体名次提升了20位。与中国品牌价值创造规模相仿的是，在2017年中国设立"中国品牌日"之后，中国品牌价值创造质量也取得了突破性进展，PRC-Brand榜上中国品牌价值平均排名第一次进入前60位，并且在2018年有中国品牌的排名首次进入榜单20强。随着中国经济高质量发展的加快，中国品牌价值不断提升且在全球范围内的认可度持续增强，中国制造正在走向全球市场，中国品牌逐步深入人心。需要强调的是，尽管从发展历程的纵向比较来看，中国品牌价值创造取得了长足进步，但是依然并未达到世界最佳水平，中国品牌价值创造质量的提升空间依然广阔。

表2-2 2012~2019年PRC-Brand榜中国品牌价值创造规模与质量

PRC-Brand榜测算结果	2012年	2013年	2014年	2015年	2016年	2017年	2018年	2019年
PRC-Brand榜中国品牌上榜数量/个	6	7	11	11	12	11	14	17
PRC-Brand榜中国品牌平均排名/名	65	72	76	65	64	57	59	45
PRC-Brand榜中国品牌平均价值/亿美元	317.9	312.2	307.3	420.1	442.6	535.2	646.6	538.5
PRC-Brand榜中国品牌总价值/亿美元	1097.4	2185.4	3380.3	4621.1	5311.6	5887.2	9052.4	9154.5

（3）中国品牌价值创造结构持续改善

从上榜品牌的行业结构来看，PRC-Brand榜中国品牌的行业分布类型逐年增加，各行业品牌价值呈现总体上升态势。如表2-3所示，2019年，PRC-Brand榜上中国品牌上榜行业分别为电信服务业（1个）、区域银行业（4个）、科技业（6个）、能源业（3个）、保险业（1个）、零售业（1个）和酒品业（1个）。2012~2019年，PRC-Brand榜中国科技业品牌上榜数量与品牌价值为所有行业中增长最快。尤其是2017年相较2016年呈现出跃进式的提升，中国科技业品牌在PRC-Brand榜的平均排名由2016年的第61名迅速提升至2017年的第39名，这也印证了国家对科技行业大力支持所带来的突出成效。2016年8月8日，《"十三五"国家科技创新规划》（国发〔2016〕43号）。区域银行业品牌上榜数量与品牌价值整体水平较高，并且多年保持稳定。电信服务业和能源业上榜品牌保持总体稳定、稍有上升的态势。虽然保险业上榜品牌数量不多，但其品牌价值上升速度较快，涨幅较大。值得一提的是，尽管零售业上榜品牌数量增长不明显，但2019年零售业上榜品牌价值约为2012年的2倍，且上榜品牌排名涨幅最大。2019年，PRC-Brand榜唯一上榜的零售业品牌排名已跃升至第12位，上榜品牌为"阿里巴巴"这一与科技业密不可分的互联网零售企业品牌。可见，当前科技业已成为中国品牌价值创造格局中的第一梯队，发展势头良好；区域银行业、保险业等金融行业品牌地位较为稳固，能源业、电信服务业等行业品牌的表现相对稳定，这些行业的上榜品牌多为大型央企。中国品牌价值创造结构中的上述特点或许可以表明：①我国经济发展进入新常态后，传统要素投入型的发展方式越发难以为继，以科技创新驱动发展方式转变成为优先的现实选择，"创新"这一要素在中国品牌价值创造中的作用越发凸显；②一部分具备品牌发展意识的科技互联网企业与大型央企近年来开始思考和定义自己的品牌，这些行业头部企业对于品牌的关注正在对中国品牌价值结构带来深远影响；③受互联网大数据浪潮的影响，科技互联网企业与大型央企正在有计划地坚持获取和积累用户数据，并且有能力将数据价值转化为品牌价值。

表2-3　2012~2019年PRC-Brand榜中国品牌价值创造结构　　单位：个

行业	2012年	2013年	2014年	2015年	2016年	2017年	2018年	2019年
电信服务业	1	1	1	2	1	1	1	1
区域银行业	4	3	5	4	4	4	4	4
科技业	1	1	2	2	3	2	3	6
能源业	—	2	2	2	2	2	2	3
保险业	—	—	1	—	1	1	1	1
零售业	—	—	—	1	1	1	2	1
酒品业	—	—	—	—	—	—	1	1

2.2.2 基于 PRC-Brand 榜的中国品牌价值国际比较

通过对 PRC-Brand 榜中国品牌价值进行纵向分析，可以清晰地看出我国目前品牌价值的发展现状与特色。而对中国品牌价值展开横向的国际比较同样至关重要，将 PRC-Brand 榜中国品牌价值放置于与国际品牌的对比之中，可以更加直观地了解中国品牌价值创造过程中的不足与未来发展方向。为此，本部分将从品牌价值创造规模与质量、品牌价值创造结构、品牌价值创造密度等维度展开国际比较。

1. 品牌价值创造规模与质量的国际比较

2012~2019 年，PRC-Brand 榜中国上榜品牌数量不断增长，各国平均排名与上榜品牌数量如表 2-4 所示。2019 年，PRC-Brand 榜中国品牌上榜数量为 17 个，品牌总价值为 9154.5 亿美元。2012~2019 年，美国品牌 PRC-Brand 榜上榜品牌数量始终保持在 50 个左右，长期占据 PRC-Brand 榜的半壁江山；2019 年的上榜品牌为 51 个，品牌总价值达到 71152.25 亿美元，是中国的 7.77 倍。尽管过去 8 年中国品牌价值创造规模的增长速度非常快，仅 2019 年增长率就达 21.43%，但是与美国等发达国家相比，中国品牌价值创造规模相较世界一流水平还有距离，依然存在较大的进步空间。此外，2012~2019 年，中国 PRC-Brand 榜平均排名持续攀升，在 2019 年达到 45 名，与美国品牌的平均排名持平。这表明中国品牌实力在此期间不断增强，品牌价值创造质量提升明显。但是，正如前文的分析，中国始终没有品牌进入 PRC-Brand 榜前十强，而美国品牌却牢牢占据 PRC-Brand 榜前十强的九成以上席位。可见，尽管中国品牌价值创造质量相比过去取得一定的进步，但是在高质量品牌方面与美国的差距依然十分突出。

表 2-4 2012~2019 年 PRC-Brand 榜各国平均排名与上榜品牌数量 单位：个

国别	2012 年		2013 年		2014 年		2015 年		2016 年		2017 年		2018 年		2019 年	
	排名	数量	排名	数量	排名	数量	排名	数量	排名	数量	排名	数量	排名	数量	排名	数量
美国	44	50	40	48	37	48	39	48	37	47	45	54	45	53	45	51
中国	68	7	68	8	76	11	65	11	64	12	57	11	59	14	45	17

续表

国别	2012年		2013年		2014年		2015年		2016年		2017年		2018年		2019年	
	排名	数量	排名	数量	排名	数量	排名	数量	排名	数量	排名	数量	排名	数量	排名	数量
德国	52	9	50	9	52	9	59	11	58	9	54	10	49	10	52	9
法国	63	6	61	6	65	7	64	7	69	8	61	5	59	5	56	5
日本	53	9	56	7	61	7	66	7	61	7	60	7	53	5	62	5
英国	56	6	52	5	56	3	62	4	66	4	54	3	63	3	75	5
韩国	34	2	32	2	33	2	31	2	32	2	36	2	37	2	47	2

2. 品牌价值创造结构的国际比较

分析2012~2019年PRC-Brand榜美国上榜品牌的行业构成不难发现，这些品牌涵盖第一、第二和第三产业约20个行业。2019年，PRC-Brand榜美国上榜品牌行业结构包括科技、金融服务、零售、电信服务、区域性银行、商业服务、餐饮、快速消费品、物流、饮料、飞机、联合企业、媒体、啤酒、汽车、全球性银行、数码产品、体育用品、烟草、娱乐、能源、酒品、保险等行业，品牌行业结构丰富多元。与之相对应的是，2012年，PRC-Brand榜中国上榜品牌行业构成仅涉及区域性银行、能源、电信服务业和科技4个行业；2019年，PRC-Brand榜中国上榜品牌行业也只扩展到区域性银行、能源、电信服务业、科技、零售、酒品和保险7个行业。显然，PRC-Brand榜中国上榜品牌的行业结构相对简单，主要品牌行业还是局限于以互联网企业与大型传统央企品牌为主的行业。这在一定程度上反映出中国品牌发展过程中的结构性局限，同时也为中国品牌价值创造的拓展方向给出启示。

3. 品牌价值创造密度的国际比较

品牌价值创造密度由每万美元GDP创造的全球百强品牌价值来体现。根据对品牌价值创造规模与品牌价值创造质量的分析可以看出，近年来中国品牌价值整体上提升较快，但与发达国家相比依然任重道远。中国PRC-Brand榜平均品牌价值远低于国际先进水平。如表2-5所示，中国2019年的平均品牌价值538.5亿美元比美国2012年的平均品牌价值783.41亿美元还低大约245亿美元，与德国2013年的发展水平532.86亿美元接近，这样的差距不可谓不大。同属亚洲国家的日本与韩国，它们在2019年的平均品牌价值已经分别高达759.42亿美元和1411.74亿美元，韩国的平均品牌价值几乎是中国的3倍之多。如表2-6所示，2012年，中国每万美元GDP创造的PRC-Brand品牌价值为246美元，远低于美国的2418美元和德国的1271美元，整体品牌价值较低；2019年，经过8年的发展，中国每万美元GDP创造的PRC-Brand品牌价值上升至647美元，与日本的746美元相接近，但是仍然远低于美国的3471美元以及德国的1925美元，也低于同为亚洲国家的韩国（1722美元）。可见，尽管中国品牌价值密度整体有所提升，但与国际先进水平仍相去甚远。

表2-5 2012~2019年PRC-Brand榜各国平均品牌价值　单位：亿美元

国别	2012年	2013年	2014年	2015年	2016年	2017年	2018年	2019年
韩国	727.36	923.48	1183.57	1237.26	1279.42	1264.44	1528.41	1411.74
美国	783.41	885.51	1021.12	1119.08	1230.70	1185.65	1361.15	1395.14
德国	440.13	532.86	575.91	556.01	617.14	687.40	822.71	823.37
日本	437.84	457.30	542.36	524.67	632.22	658.79	849.94	759.42
法国	361.83	388.79	405.76	426.98	412.95	506.77	618.71	674.46
中国	299.61	410.03	307.35	420.06	442.64	535.20	646.62	538.45
英国	461.09	518.37	519.67	451.50	434.55	527.16	528.46	430.91

表2-6 2012~2019年各国每万美元GDP创造的品牌价值　单元：美元

国别	2012年	2013年	2014年	2015年	2016年	2017年	2018年	2019年
美国	2418	2534	2797	2948	3092	3286	3511	3471
德国	1271	1349	1335	1820	1602	1880	2084	1925
韩国	1190	1514	1677	1790	1809	1652	1888	1722
法国	809	851	996	1226	1337	980	1114	1246
英国	867	850	509	617	645	593	555	761
日本	635	656	783	837	898	949	855	746
中国	246	280	324	419	477	485	665	647

在经历40余年高速发展后，支撑我国经济持续高速增长的诸多因素开始逐步弱化。多年高速增长积累的经济结构问题以及外部环境变化和

内生增长动能转换，使得继续依靠要素投入的传统增长逻辑受到挑战，并进一步影响我国经济质量的持续提升和经济规模的不断扩大。党的十九大报告中明确指出：我国经济已由高速增长阶段转向高质量发展阶段，正处在转变发展方式、优化经济结构、转换增长动力的攻关期。通过对PRC-Brand榜的国际比较分析，不难发现中国品牌价值提升所面临的挑战：①中国品牌在短时间内已实现规模和质量上的崛起，但依然与发达国家存在较大差距；②中国经济的品牌价值密度低，经济活动的品牌附加价值不高，品牌在社会财富创造中的贡献不足；③与美国等发达国家相比，中国品牌价值结构的多元化程度较低。

上述挑战也在一定程度上反映出当前中国品牌价值创造过程中存在的特点及其背后的管理瓶颈。随着我国居民收入快速增加，消费结构不断升级，消费者更加注重品牌消费。品牌逐渐成为加快经济发展由规模速度型向质量效率型转变的关键。在这一过程中，中国的品牌价值创造活动显现出一系列具有中国特色的实践问题。首先，中国品牌在国际上的地位和影响力并不乐观，国际市场上的品牌空间基本上被发达国家的先进企业占据❶；与西方国家相比，中国的品牌建设相对落后，重塑并提升中国品牌的形象已成为当前亟待解决的问题，迫切需要从低质量、低附加值的"中国制造"，向高质量、高附加值的"中国品牌"进行升级。❷中国的品牌发展是产品标准化与品牌化相叠加的过程，推行更高质量标准和提升检验检测能力依然是中国品牌发展的基础性工作，对于质量、诚信、人才等基础性品牌问题的解决需要始终与品牌建设、品牌运营、品牌推广和品牌营销同步进行。这也表明中国的品牌化问题是一个涉及全流程、全要素的系统性问题。其次，当前中国品牌发展滞后于经济增长规模，产品质量不高、创新能力不强、企业诚信意识淡薄等问题依旧突出。随着品牌国际化进程继续飞速发展，越来越多的企业将其品牌足迹扩展到国外市场，国内却鲜有具备明确本土文化联想和品牌价

---

❶ 张思雪，林汉川. 创新中国品牌体系的关键：重塑与定位 [J]. 经济与管理研究，2016，37（8）：134－142.

❷ 王军，韩笑梅. "德国制造"品牌形象重塑的经验及借鉴 [J]. 宏观经济管理，2019（8）：68－74.

值的中国国际品牌。❶ 对于中国品牌价值的打造和提升,离不开符合中国品牌建设国情与发展特色的系统性理论指导。最后,中国品牌发展问题是一个涉及诸多要素和利益相关者的长期性问题,需要全社会各部门的广泛参与,充分发挥好政府、行业、企业等各部门在品牌价值创造中的积极作用,从政策法规环境、市场环境、行业氛围、企业竞争力等维度着力解决制约中国品牌发展和价值提升的突出问题。总体而言,中国品牌发展与中国经济增长一样,都需要从以往规模扩张模式向着价值提升模式转变。

---

❶ 刘英为,聂春艳,张璟.全球化背景下中国品牌原型化战略研究[J].管理世界,2016(4):182-183.

第 3 章　品牌价值发现与用户行为研究

本章围绕品牌价值发现与用户行为展开讨论,具体包括用户品牌偏好识别、品牌人称运用对用户品牌态度的影响以及基于用户评论衡量品牌满意度。

第 3.1 节首先对消费者品牌偏好识别的相关研究进行梳理,了解其发展脉络和最新研究进展,并在此基础上展开讨论。整个研究过程主要分为这样几个阶段:①以口红这一品类为实验对象,收集微博中普通消费者对口红品牌的评论信息,利用卷积神经网络,提取影响消费者决策的品牌特征维度,得到特征向量;②用实验法模拟消费者的真实购买情景,由此获取消费者对各品牌的购买意愿数据,分别作为训练集和测试集,用于后续模型的构建及性能检验;③根据实验法得到的数据和各品牌的特征向量,利用支持向量构建消费者品牌偏好识别模型;④将作为测试集的样本品牌的特征向量放入上述模型中,得到预测的购买结果,并将该结果与消费者真实的购买结果进行比较,来检验该模型的性能。

第 3.2 节基于对人称信息在市场营销中应用的系统梳理,阐述人称信息、问卷调查、心理距离、品牌态度等概念的历史渊源与最新发展,提出人称信息对消费者品牌态度的影响机制研究及相关假设。这一研究主要基于心理距离的中介作用而形成,同时受到产品类型和品牌熟悉度的调节作用的影响。笔者采用情景模拟方法,设置 8 种情景 [2(人称信息:第一人称/第二人称)×2(品牌熟悉度:高/低)×2(产品类型:搜索型/体验型)] 的组间实验,采用 SPSS 25.0 软件对回收的数据进行分析,验证实验假设。研究结果表明:①不同人称信息对于消费者品牌态度影响具有差异。相比使用第二人称,使用第一人称对消费者品牌态度有正向作用。②心理距离在人称信息和品牌态度之间起中介作用。

相比第二人称，第一人称更能拉近用户心理距离。③心理距离的缩短对品牌态度有正向作用。④产品类型调节人称信息和心理距离的关系。对于体验型产品，与使用第二人称相比，使用第一人称效果更好。⑤品牌熟悉度调节人称信息和心理距离的关系。品牌熟悉度越高，与使用第二人称相比，使用第一人称对消费者的品牌态度影响就越大。

第3.3节以公共图书馆为研究对象，探索基于第三方平台上用户的评论衡量其服务质量的方法。为此笔者进行了以下工作：首先，采集32家省级公共图书馆在大众点评平台上的所有在线评论文本，并进行降噪处理；其次，借鉴用户满意度模型及已有的图书馆满意度评价指标体系研究，提出适用于本书的公共图书馆用户满意度评价维度；再次，人工标注每条在线评论文本在不同维度上的用户满意度得分；最后，进行数据标准化，以降低不同人工标注参与者的判断差异。在准备好语料库后，对其进行文本向量化，将自然语言转换为计算机可以识别的语言，接着引入LSTM模型训练在线评论。整体而言，LSTM模型准确率较高。为进一步证明我们训练出的模型可靠且有区分度，一方面，利用问卷调查国家图书馆用户满意度，将其结果与通过模型所获结果进行比较，两种方法的得分情况基本保持一致，模型信度得以验证；另一方面，选取几家不同图书馆的在线评论文本放入模型，分别计算其在馆员、馆藏资源、环境、服务、整体满意度方面的得分并进行排名，结果存在较大差异，模型效度得以验证。

3.1 基于机器学习的品牌偏好识别

进入互联网时代以来，电子商务作为电子经济的代表表现突出。为了给消费者提供更多的服务和选择，同时满足消费者不断变化的需求，电商网络销售平台纷纷采用个性化推荐系统来提升其销售质量。同时，品牌作为一个重要的商品信息，是消费者决策时的重要考量标准；精准地识别消费者的品牌偏好能够提升营销效率，也应是电商平台考虑的重点。但是目前商品推荐大多基于商品的外部特征而忽略品牌要素。基于此，我们提出一套可应用于个性化推荐系统中识别消费者品牌偏好的方法，希望帮助电商平台进行更高效优质的推荐服务。

3.1.1 品牌与消费决策

本小节聚焦品牌对消费者购买决策的影响研究、消费者品牌偏好的识别研究和实际应用中的电商个性化推荐，围绕这三个主题收集大量文献资料，对现有研究的观点、内容、方法进行归纳和总结。

随着生产力的显著提升，经济快速发展，数量庞大、种类丰富的产品和服务涌现市场，供消费者挑选。此时，品牌作为反映产品质量水准的重要信号，成为消费者进行产品区分和识别的一种工具，在消费者选择和决策中发挥重要作用。[1] 基于现有研究成果，品牌对消费者购买决策的影响主要集中于以下两大方面。

从经济学角度而言，品牌有助于消费者降低选择成本，提高购买效率。消费者在发生购买行为前，需进行信息搜索、相关知识学习、产品比较等系列行为，从而产生时间成本、精神成本、学习成本等，这些在产品购买前所形成的成本统称为选择成本。[2] 在当前产品选择空间巨大、产品同质化趋势明显的情况下，消费者的选择成本也随之提升。在没有品牌信息的情况下，消费者需花费大量时间和精力，根据需求搜寻产品相关的信息，建立备选集，最后从多个角度进行对比分析后进行择优决策。如此，即使花费大量成本，也可能因为产品信息不完备而作出错误的选择。而在有品牌信息的情况下，消费者可跳过大量信息搜寻、建立备选集、择优决策等中间过程，从而降低选择成本，提高购买效率。[3]

从心理学角度而言，品牌是消费者塑造形象、展现自我的工具。消费者对自我具有主观认知，即自我概念，包括对自我特质的感知、对自

---

[1] ERDEM T, SWAIT J, VALENZUELA A. Brands as signals: A cross-country validation study [J]. Journal of Marketing, 2006, 70 (1): 34-49.
[2] 刘华军. 品牌的经济学分析：一个比较静态模型 [J]. 财经科学, 2006 (8): 60-66.
[3] 刘华军. 品牌的经济分析 [D]. 济南：山东大学, 2008.

身和外界关系的感知、对自身价值观的感知等。❶ 消费者的购买决策与其自我概念相关，购买、使用品牌及其产品成为消费者展现自我概念的途径，同时品牌的形象及个性也帮助消费者强化对自我概念的认知。❷❸当品牌形象与消费者个人形象相契合时，消费者会与品牌产生一定程度的心理联结，对消费者购买决策产生影响。❹ 与此同时，品牌中所承载的产品信息能有效降低消费者感知风险。研究表明，消费者所拥有的产品知识是其购买决策的重要依据，❺ 当积累丰富的产品知识时，消费者能更有信心做出正确的购买决策，❻ 从而降低消费者的感知风险，减少消费者购物过程中的消极情感体验，提升消费者的安全感。

除了上述研究，也有大量学者对于品牌不同要素在消费者进行品牌选择及购买决策中发挥的影响进行研究，这些要素主要可分为三类，包括品牌自身特征因素、品牌产品特征因素、品牌所对应的企业行为（见表3-1）。

品牌自身特征因素指品牌自身的构成要素，基于这些要素，品牌对消费者购买决策产生较为直接的影响。已有研究表明，品牌名称❼❽、品牌标识❾、

---

❶ EPSTEIN S. The self-concept revisited: Or a theory of a theory [J]. American Psychology, 1973, 28 (5): 404 – 416.

❷ SIRGY M J. Self-concept in relation to product preference and purchase intention [J]. Developments in marketing science, 1980, 3 (2): 350 – 354.

❸ SIRGY M J. Using self-congruity and ideal congruity to predict purchase motivation [J]. Journal of Business Research, 1985, 13 (3): 195 – 206.

❹ 张晓路. 中国城市老龄消费者品牌重购行为的形成机理 [D]. 长春：吉林大学，2013.

❺ OLSON J C, REYNOLDS T J. Understanding consumers' cognitive structures: Implications for marketing strategy [J]. Advertising and consumer psychology, 1983, 22 (3): 271 – 280.

❻ RAO A R, MONROE K B. The moderating effect of prior knowledge on cue utilization in product evaluations [J]. Journal of Consumer Research, 1988, 15 (2): 253.

❼ ZINKHAN G, MARTIN C R. New brand names and inferential beliefs: some insights on naming new products [J]. Journal of Business Research, 1987, 15 (2): 157 – 172.

❽ KLINK R. Creating meaningful new brand names: A study of semantics and sound symbolism [J]. Journal of Marketing Theory and Practice, 2001, 9 (2): 27 – 34.

❾ 王海忠，秦深，刘笛. 奢侈品品牌标识显著度决策：张扬还是低调：自用和送礼情形下品牌标识显著度对购买意愿的影响机制比较 [J]. 中国工业经济，2012 (11)：148 – 160.

品牌的原产地❶❷、品牌知名度❸❹、品牌信誉❺❻❼、品牌个性❽❾、品牌文化❿、品牌形象⓫⓬、代言人⓭⓮、品牌口碑⓯⓰⓱、品牌创新性、市场占有率、品牌所属产品类别（消费者介入度的高低）⓲、品牌使用场合、品牌配套设施⓳等系列要素均会或多或少地影响消费者的购买决策。如品牌个性对消费者购买决策的影响主要有两种：一种如前文所述，当品牌个性与消费者自我概念越匹配时，消费者便会越偏好该品牌；另一种是

---

❶ 符国群，佟学英. 品牌、价格和原产地如何影响消费者的购买选择 [J]. 管理科学学报，2003，6（6）：79-84.

❷ NEWMAN G E, DHAR R. Authenticity is contagious: Brand essence and the original source of production [J]. Journal of Marketing Research, 2014, 51 (3): 371-386.

❸ 舒旭峰. 品牌认知对消费者品牌选择的影响研究 [D]. 杭州：浙江工商大学，2014.

❹ 唐瑛. 消费者品牌选择的实证分析：基于 Logistic 模型和主成分分析 [J]. 企业经济，2015，34（7）：40-43.

❺ ERDEM T, SWAIT J. Brand Credibility, Brand Consideration, and Choice [J]. Journal of Consumer Research, 2004, 31 (1): 191-198.

❻ BAEK T H, KIM J, YU J H. The Differential Roles of Brand Credibility and Brand Prestigein Consumer Brand Choice [J]. Psychology & Marketing, 2010, 27 (7): 662-678.

❼ 张珍. 品牌信任对消费者品牌选择的影响研究 [D]. 南昌：江西师范大学，2008.

❽ 常河山. 消费者品牌决策及决策策略的认知加工机制研究 [D]. 上海：华东师范大学，2008.

❾ 江丽英. 品牌个性的各维度对消费者品牌态度的影响 [D]. 南昌：江西师范大学，2009.

❿ 朱立. 品牌文化战略研究 [D]. 武汉：中南财经政法大学，2005.

⓫ 刘长波. 品牌形象对大学生品牌选择影响的探究 [D]. 沈阳：东北大学，2013.

⓬ 吴水龙，胡左浩，于春玲，钟亮. 品牌全球化形象对消费者选择的影响：调节因素的分析 [J]. 商业经济与管理，2012（12）：52-60.

⓭ 胡效芳，魏冉，孙君厚. 大学生体育用品的品牌选择及其影响因素研究 [J]. 统计与信息论坛，2016（2）：95-96.

⓮ 翟凤斐. 品牌形象代言人对大学生品牌选择影响的实证研究 [D]. 大连：东北财经大学，2010.

⓯ KOSTYRA D S, REINER J, NATTER M, et al. Decomposing the effects of online customer reviews on brand, price, and product attributes [J]. International Journal of Research in Marketing, 2015, 33 (1): 11-26.

⓰ 易兰君. 大数据视角下中性在线评论对消费者品牌选择的影响研究 [D]. 哈尔滨：哈尔滨工业大学，2017.

⓱ 张中科. 浅议口碑信息对消费者品牌选择的影响 [J]. 品牌塑造，2009（11）：32.

⓲ 罗嗣明. 影响消费者品牌选择行为的核心要素及营销策略研究 [D]. 南昌：江西师范大学，2005.

⓳ 江晓东，高维和，魏敏菁. 消费者品牌决策影响因素研究：基于中国女性化妆品的实证分析 [J]. 华东经济管理，2009，23（10）：115-120.

当品牌个性越独特、越鲜明,消费者也易于偏好该品牌,[1] 从而影响购买决策行为。再如品牌形象代言人这一要素,对消费者购买决策也会有一些正面或负面的作用。消费者在进行品牌选择时会受品牌形象代言人在知名度、吸引力、专业性、可信任性以及品牌形象代言人与代言产品的一致性等多个方面的影响,从而作出购买决策。[2]

品牌产品特征因素指品牌旗下产品所具有的特征,品牌以产品特征因素为依托间接影响消费者购买决策,主要影响因素包括产品名称、包装[3][4]、价格[5][6][7]、质量[8][9]、功效、产品的新特征[10]等。以产品的价格为例,消费者常以价格为尺度,对商品价值进行衡量与对比,价格也代表着消费者购买决策所付出的货币成本,在人们日常的购买行为中发挥重要影响。[11] 与此同时,产品的定价方式也会影响消费者的购买行为。研究表明,使用尾数定价易使消费者感知到价格便宜,从而显著提高产品

---

[1] 陈卓浩. 品牌个性如何影响消费者的品牌态度?:基于网络品牌和非网络品牌对比下的品牌个性作用机制研究 [C] //中国心理学会. 第十届全国心理学学术大会论文摘要集. 中国心理学会,2005:284.

[2] 谢俊. 品牌代言人与品牌形象匹配度对消费者购买意向影响的实证研究 [D]. 杭州:浙江工业大学,2016.

[3] 舒辉. 论商品无声的魅力 [J]. 标准化报道,1998,19(5):14-15,18.

[4] SILAYOI P, SPEECE M. The importance of packaging attributes: a conjoint analysis approach [J]. European Journal of Marketing, 2007, 41 (11/12): 1495-1517.

[5] DILLON W R, GUPTA S. A segment-level model of category volume and brand choice [J]. Marketing Science, 1996, 15 (1): 38-59.

[6] BUCKLIN R E, GUPTA S. Brand choice, purchase incidence, and segmentation: Anintegrated modeling approach [J]. Journal of Marketing Research, 1992, 29 (2): 201-215.

[7] NGOBO P, LEGOHEREL P, GUEGUEN N. Across-category investigation into the effects of nine-ending pricing on brand choice [J]. Journal of Retailing and Consumer Services, 2010, 17 (5): 374-385.

[8] MIYAZAKI A D, GREWAL D, GOODSTEIN R C. The effect of multiple extrinsic cues on quality perceptions: A matter of consistency [J]. Journal of Consumer Research, 2005, 32 (1): 146-153.

[9] RAO A R, MONROE K B. The effect of price, brand name, and store name on buyers' perceptions of product quality: An integrative review [J]. Journal of Marketing Research, 1989: 26 (3): 351-357.

[10] NOWLIS S M, SIMONSON I. The effect of new product features on brand choice [J]. Journal of Marketing Research, 1996, 33 (2): 36-46.

[11] 王大海,姚唐,姚飞. 买还是不买:矛盾态度视角下的生态产品购买意向研究 [J]. 南开管理评论,2015,18 (2):136-146.

销量，效果优于整数定价❶；利用消费者的吉利数字偏好进行定价，也会促进消费者的购买❷。

品牌所对应的企业行为指管理品牌的企业所开展的各项活动。企业行为主要包括广告宣传❸❹、购买便利、营销❺❻、售后服务、商品陈列❼、购物环境❽❾等。以企业的广告宣传为例，广告宣传向消费者传达商品信息，引导消费者进行商品购买❿；它是扩展品牌知名度的重要形式，也是品牌影响消费者购买决策的方式之一。无论是广告的宣传形式还是内容及频率，对消费者都会产生影响，如相较一眼便能识别出的硬广告而言，软广告以讲故事、演示动画等形式将广告内容穿插其中，易于消除消费者对广告的戒备心理，达到良好的广告效果，促进消费。⓫ 企业营销手段对消费者购买决策的影响也是当前研究的重点之一，如当前企业常采用的节日促销方式，借助情人节、圣诞节、元旦、春节等重要节假日以及近年来电商打造的"6·18""双11""双12"网络购物节，开展不同形式的促销活动，成功激起了消费者的购物热情，较大程

---

❶ NGOBO P, LEGOHEREL P, GUEGUEN N. Across-category investigation into the effects of nine-ending pricing on brand choice [J]. Journal of Retailing and Consumer Services, 2010, 17 (5): 374 - 385.

❷ 黄滕，金雪军. 吉利数字偏好、尾数定价与价格黏性：来自互联网的证据 [J]. 财贸经济, 2014 (12): 121 - 132.

❸ AYANWALE A B, ALIMI T, AYANBIMIPE M A. the influence of advertising on consumer brand preference [J]. Journal Social Science, 2005, 10 (1): 9 - 16

❹ ERDEM T, KEANE'M P, SUN B. A dynamic model of brand choice when price and advertising signal product quality [J]. Marketing Science, 2008, 27 (6): 1111 - 1125.

❺ MELA C F, GUPTA S, LEHMANN D R. The long-term impact of promotion and advertising on consumer brand choice [J]. Journal of Marketing Research, 1997, 34 (2): 248 - 261.

❻ 胡松，赵平，裘晓东. 价格促销对消费者品牌选择的影响研究 [J]. 中国管理科学, 2007 (2): 134 - 140.

❼ 黄赞，王新新. 商品陈列方式、先验品牌知识与品牌选择决策：弱势品牌的视角 [J]. 心理学报, 2015, 47 (5): 663 - 678.

❽ FLORACK A, DIMOFTE C, RÖSSLER K, et al. Brand-related background music and consumer choice [J]. Advances in Consumer Research, 2012, 40: 707.

❾ MADZHAROV A V, BLOCK L G, MORRIN M. The cool scent of power: effects of ambient scent on consumer preferences and choice behavior [J]. Journal of Marketing, 2015, 79 (1): 83 - 96.

❿ 许敏玉. 商业视域下广告审美研究 [D]. 长春：吉林大学, 2013.

⓫ 张素华. 青年与媒介：广告对大学生消费行为影响的分析 [J]. 北京青年研究, 2017, 26 (2): 33 - 39.

度地影响了消费者的购买决策。❶

表 3-1 影响消费者购买决策的品牌要素

要素	内容
品牌自身特征因素	品牌名称、品牌标识、品牌的原产地、品牌知名度、品牌信誉、品牌个性、品牌文化、品牌形象、代言人、品牌口碑、品牌创新性、市场占有率、品牌所属产品类别（消费者介入度的高低）、品牌使用场合、品牌配套设施
品牌产品特征因素	产品名称、包装、价格、质量、功效、产品的新特征
品牌所对应的企业行为	广告宣传、购买便利、营销、售后服务、商品陈列、购物环境

3.1.2 消费者品牌偏好探索

品牌是消费者购买决策的重要考量因素，能够直接或间接影响消费者的购买行为。所以如何识别消费者的品牌偏好已经成为各企业的营销人员以及学者的研究重点。准确识别消费者的品牌偏好能够帮助营销人员合理地分配资源，提高营销的准确性、有效率等。但是消费者品牌偏好的形成以及发生改变的过程是复杂多变的：一方面，消费者品牌偏好的影响因素往往是多样、模糊、不确切的，并且各因素的影响程度不同，相互之间作用的关系复杂；另一方面，消费者品牌偏好形成与时间并非线性关系，难以进行统一的测量。现有关于品牌偏好识别的文献都集中在对偏好维度的分类上，大多采用定性分析与实证调查，开展定量分析的文章并不是很多。❷ 从技术层面来说，已经从最早的人工测量阶段走进机器学习阶段，并向更新的技术迈进。

早期的研究里有关偏好识别方法主要是基于市场调研。❸ 系统化的市场调研被用来识别区域性、群体性消费者的需求和偏好，代表性的方法有问卷法、面谈法、邮寄调查等，在调研结束后会配合定量分析法进

---

❶ 韩军. 节日促销对顾客在线冲动性购买行为影响研究 [D]. 大连：大连理工大学，2014.

❷ 陶宇红，李自琼，井绍平. 消费者品牌偏好变化分析的人工神经网络模型设计：基于绿色营销视角 [J]. 江苏商论，2011（2）：13-16.

❸ 黄玉佳. 数据挖掘技术在消费者偏好中的应用 [D]. 北京：北京林业大学，2015.

行分析。❶ 有些研究采用"问卷＋因素分析"❷"问卷＋层次分析＋模糊综合评价"❸ 的方法来探索和识别消费者偏好的维度。随着社交网络的兴起，消费者有了对产品和服务进行反馈和交流的平台，也给学术界提供了新的数据来源。有学者直接在社交媒体数据中提取消费者数据，如果消费者在社交媒体上提及某一品牌的次数多于同类的其他品牌，则说明消费者对该品牌更加偏好。❹ 虽然这种方法较为粗糙，但也可以为消费者偏好识别提供一种思路。依照这种思路，贡小娟进行了消费者需求识别的研究，她抓取了电商平台上已经清洗过的评论信息，从中抽取特征词，将同质特征词合并，并建立词库，实现了从消费者的评论信息中识别需求。❺ 但是无论是问卷调查还是从在线评论中提取，这两类方法都有各自的优缺点，所以有研究将两者相结合：首先，提取消费者评论并进行预处理得到商品或品牌的关键特征词，即消费者的需求、偏好维度；其次，提取出"特征－评价"对，并进行情感倾向分析，得到关键特征词的情感值，可以得到网络消费群体的偏好和满意度；最后，还可以基于在线评论得到的特征词设计问卷，了解其他消费群体的意见和想法。❻

除了消费者外在表现出来的外显偏好，有更多证据证明消费者行为的内隐过程也会影响其品牌偏好、态度等，❼ 并且影响对偏好、态度的直接衡量，如对消费者进行问卷调查、自我评估等，容易受到社会期望、自我欺骗等因素的影响。相比之下，测量内隐偏好能消除这种影响。❽

---

❶ 雷祺. 消费者需求的识别与培育研究［D］. 南宁：广西大学，2004.
❷ 黄飞. 大学生网络消费偏好识别及影响因素研究［D］. 长沙：中南大学，2013.
❸ 李丹. 消费者空调品牌偏好分析［D］. 阜新：辽宁工程技术大学，2009.
❹ SONG G Y, CHEON Y, LEE K, et al. Inter-category map: building cognition network of general customers through big data mining［J］. Ksii Transactions on Internet & Information Systems，2014，8（2）：583－600.
❺ 贡小娟. 在线个性化产品设计的真实消费者需求识别研究［D］. 杭州：浙江工商大学，2015.
❻ 彭佳丽，闫凯丽，宗思雨，等. 数据驱动下面向产品设计的需求识别研究［J］. 科技经济导刊，2019，27（35）：3－4.
❼ BARGH J A. Losing consciousness: Automatic influences on consumer judgment, behavior and motivation［J］. Journal of Consumer Research，2002（29）：280－285.
❽ GREGG A P, KLYMOWSKY J. The implicit association test in market research: potentials and pitfalls［J］. Psychology and Marketing，2013，30（7）：588－601.

Maison 等提出使用心理学常用的内隐联想测试（the Implicit Association Test，IAT）来测量消费者的内隐偏好：比较某两个品牌与积极词汇和消极词汇进行配对任务时的反应时间。[1][2] 也就是说，当一个品牌与积极的词搭配相较于与消极的词搭配时，被试对该品牌的反应速度更快，表明被试对该品牌的偏好强于对另一个品牌的偏好。在某些场景下，内隐测量比外显测量能更精准、高效地识别消费者的品牌偏好，使用内隐联想测试测得的结果也更能解释消费者的行为。[3][4] 但是该方法也有一定的局限性，任何测量结果都是相对而非绝对，都是单维而非多维。[5] 后来有学者分别提出单类内隐联想测试[6]和多维内隐联想测试[7]来弥补这两类缺陷。

随着技术的进步，机器学习作为一种数据挖掘工具，被广泛地应用于寻找复杂的数据集中属性之间的关系。近些年，有一些研究通过机器学习的方法来识别和预测消费者的品牌偏好。日本学者通过建立决策树和神经网络两个模型来拟合 800 名被试关于某品牌属性偏好的数据样本，从模型中产生了"分类规则"，以区分喜欢和不喜欢该品牌的消费者。[8]

---

[1] MAISON D, GREENWALD A G, BRUIN R H. Predictive validity of the implicit association test in studies of brands, consumer attitudes, and behavior [J]. Journal of Consumer Psychology, 2004, 14 (4): 405 – 415.

[2] BRUNEL F F, TIETJE B C, GREENWALD A G. Is the implicit association test a valid and valuable measure of implicit consumer social cognition? [J]. Journal of Consumer Psychology, 2004, 14 (4): 385 – 404.

[3] GREGG A P, KLYMOWSKY J. The implicit association test in market research: potentials and pitfalls [J]. Psychology and Marketing, 2013, 30 (7): 588 – 601.

[4] MAISON D, GREENWALD A G, BRUIN R H. Predictive validity of the implicit association test in studies of brands, consumer attitudes, and behavior [J]. Journal of Consumer Psychology, 2004, 14 (4): 405 – 415.

[5] 郝洪达，王咏. 内隐联想测验与消费心理 [J]. 心理科学进展，2013，21 (10): 1865 – 1873.

[6] KARPINSKI A, STEINMAN R B. The single category implicit association test as a measure of implicit social cognition [J]. Journal of Personality and Social Psychology, 2006, 91 (1): 16 – 32.

[7] GATTOL V, MARIA SÄÄKSJÄRVI M, CARBON C C. Extending the implicit association test (IAT): assessing consumer attitudes based on multi-dimensional implicit associations [J]. PLOS ONE, 2011, 6 (1): e15849.

[8] HAYASHI Y, HSIEH M – H, SETIONO R. Predicting consumer preference for fast-food Franchises: a data mining approach [J]. The Journal of the Operational Research Society, 2009, 60 (9): 1221 – 1229.

研究结果证明与决策树模型相比，神经网络模型在规则复杂度和输入属性数量上都有很大的优势。有中国学者采用人工神经网络来模拟人脑，建立 BP 网络模型来预测消费者对绿色品牌的偏好，其中选取前期调研得到的影响品牌偏好的主要因素作为输入项，对绿色品牌的偏好程度则为输出项。❶ 但是，上述研究也都还是通过问卷的形式采集品牌特征数据，不仅花费时间较长、效率较低，还可能存在数据主观性强、数据量小、偏好特征不明显等问题。

随着数据采集系统的出现，采集数据变得简单起来，商家的交易数据库有海量的消费数据，可以通过数据挖掘来对消费者偏好进行分析。利用数据挖掘方法挖掘数据库全样本数据进行消费者偏好的识别与分析开始流行，并逐渐成为主流。比较典型的方法有 Logit 分析、聚类分析、关联规则、决策树等。❷ 例如，聚类分析能帮助营销人员将不同偏好的消费者分类，从而进行个性化精准营销；依据双向关联规则和 Apriori 算法很大程度上可以还原消费者商品浏览路径和过程，并按照权重计算消费者的偏好情况。❸ 李雪茹和高洋将挖掘对象由数据库更换为线上社交平台，在消费者个体行为挖掘的基础上，进行横向、纵向拓展：横向对个体多维度多平台数据进行挖掘，纵向对个体的社群关系里的其他个体数据进行挖掘，从而完成全面、立体、动态的消费者偏好识别。❹ 电商领域还会通过跟踪用户行为来分析其偏好，例如浏览、点击、加入购物车等行为所反映的偏好程度并不相同，但是这种方法的效率及准确度并不能得到很好的保证。钱明辉和徐志轩通过抓取社交平台上的品牌口碑信息并对这些信息进行文本语义和情感倾向的分析得到品牌多维量化得分来弥补问卷调查方法存在的不足，同时该研究还模拟消费者动态决策的过程，采集消费者动态的品牌选择数据，实时纳入模型计算，实现传

---

❶ 陶宇红，李自琼，井绍平. 消费者品牌偏好变化分析的人工神经网络模型设计：基于绿色营销视角 [J]. 江苏商论，2011（2）：13-16.
❷ 黄玉佳. 数据挖掘技术在消费者偏好中的应用 [D]. 北京：北京林业大学，2015.
❸ 刘枚莲，刘同存，肖吉军. 基于双向关联规则的网络消费者偏好挖掘研究 [J]. 微电子学与计算机，2013，30（3）：20-26.
❹ 李雪茹，高洋. 基于在线社交数据的消费偏好识别与分析 [J]. 商业经济研究，2018（5）：46-48.

统方式所没有的动态识别。❶

总的来看,现有的品牌偏好识别研究主要存在三个问题:一是研究主要侧重识别、预测每个消费者对某单一品牌的偏好,并侧重于某一消费群体品牌偏好维度识别,缺少对消费者个体多品牌偏好识别的研究;二是现有研究的品牌评价要素都是通过文献梳理人为划分的品牌要素,这些评价维度并不能体现消费者个性化差异;三是大多研究默认消费者长期保持同样的偏好进行消费活动,只有少部分学者关注并考虑偏好的动态变化。

3.1.3　电商平台的个性化推荐系统

个性化推荐从20世纪90年代中期被提出以来,一直在学术界和现实应用中被讨论。❷ 在学术界,相关研究最早在计算机领域被讨论,后来营销学、经济学、统计学等领域的学者也开始研究相关课题;在现实应用中,个性化推荐最开始被应用在个性化导航系统和搜索引擎中,后来亚马逊、易趣等电商网站也采用个性化推荐,现在个性化推荐已经被推广到社交网络、新闻推送、生活服务等领域,但最主要的还是在电子商务领域。有研究显示,在2013年网络零售商500强中,76.4%的零售商会根据个人消费者的需求和偏好进行个性化推荐。❸

学术界普遍认为,电商个性化推荐的定义,即电子商务平台或者网站向其用户主动提供有关商品的信息以及购买建议,可以帮助用户在购买时作出决定,是在模拟销售人员协助用户完成购买流程。❹ 整个推荐的流程主要就是平台或网站采用数据挖掘等技术对消费者的个人特征、购买行为进行挖掘分析获得消费者的个人画像以及消费偏好,并基于此

---

❶ 钱明辉,徐志轩. 基于机器学习的消费者品牌决策偏好动态识别与效果验证研究[J]. 南开管理评论,2019,22(3):66-76.

❷ RESNICK P, IACOVOU N, SUCHAK M, et al. GroupLens: An open architecture for collaborative filtering of netnews[C]// Proceedings of ACM 1994 Conference on Computer Supported Cooperative Work. ACM, 1994: 175-186.

❸ XIAO B, BENBASAT I. Designing warning messages for detecting biased online product recommendations: An empirical investigation[J]. Information Systems Research, 2015, 26(4): 793-811.

❹ RESINICK P, VARIAN H R. Recommender systems[J]. Communications of the ACM, 1997, 40(3): 56-58.

构建用户模型,在经推荐算法计算后主动向消费者推荐产品或服务。[1]

在整个推荐流程的不同阶段,都有不同学者进行研究。梳理文献后笔者发现,目前大部分研究的内容主要集中在:①推荐系统模型和原理;②用户和商品建模;③用户和商品数据挖掘技术;④推荐算法及其改进;⑤推荐系统的性能评价等。简单来说,推荐系统就是找出用户、评分和项目这三类模型之间的相关性,以产生推荐。[2] 所有的推荐算法及其变形都遵循这个模型来计算推荐。推荐算法是个性化推荐系统最核心的一个环节,也是所有研究中被讨论最多的内容。也有学者认为,推荐算法其实就是一种数据过滤。[3] 目前,学术界和实际应用中出现很多推荐算法以及算法的改进,一般情况下,采用哪种推荐算法取决于推荐系统正在处理的数据类型及其计划生成的推荐类型。推荐算法的分类方式很多,也没有特定的标准,例如按照应用领域分类[4]、按照数据挖掘技术分类、按照服务对象分类、按照数据源分类[5]等,通常公认的推荐算法主要分为以下三类。

3.1.3.1 基于内容的过滤

基于内容的过滤(Content-Based Filtering,CBF)主要是分析被推荐对象的描述信息,以识别用户特别感兴趣的内容。[6] 整个推荐可以分为两阶段:一是对与用户的兴趣相关的项目(被推荐的对象可以是商品、服务、新闻等)进行描述分析,并得出该项目的特征标签集;二是项目

---

[1] 孙雨生,张晨,任洁,等. 国内电子商务个性化推荐研究进展:架构与实践 [J]. 现代情报,2017,37(5):151-156.

[2] SIELIS G A, TZANZVARI A, PAPADOPOULOS G A. Recommender systems review: Types, techniques, and applications [J] //MEHDI K-P. Encyclopedia of Information Science & Technology. 3rd ed. IGI Global, 2015:11.

[3] SIELIS G A, TZANAVARI A, PAPADOPOULOS G A. Recommender systems review: types, techniques, and applications [M] //MEHDI K-P. Encyclopedia of Information Science & Technology. 3rd ed. IGI Global, 2015:11.

[4] PARK D H, KIM H K, CHOI I Y, et al. A literature review and classification of recommender systems research [J]. Expert Systems with Applications, 2012, 39 (11):10059-10072.

[5] 朱扬勇,孙婧. 推荐系统研究进展 [J]. 计算机科学与探索,2015,9(5):513-525.

[6] AKSHITA A S, et al. Recommender system: review [J]. International Journal of Computer Applications, 2013, 71 (24):38-42.

推荐策略的实现,利用用户过去喜欢和不喜欢的项目的特征标签分析得到用户的偏好标签集,并与第一步项目特征标签集进行对比匹配,相似度较高的项目就会被推荐给用户。例如,如果一个电影网站的用户看过很多有关牛仔的电影,那么基于内容的推荐算法识别到他的这一偏好后,就会将在数据库中分类标签中含有"牛仔"类型的电影推荐给该用户。

基于内容的过滤源于信息检索方法,不需要用户打分评价的数据,其重点之一就是提取项目中的特征来表示该项目。目前很多推荐系统都是通过对项目的文本信息进行分析来提取项目的内容特征。提取用户的偏好特征是基于内容过滤的另一关键,主要方法是从用户购买历史中构建用户偏好的模型。一般来说,模型会用显式和隐式两种数据,例如,区分用户喜欢的商品和用户不喜欢的商品可以通过显式反馈来实现,通过收集用户在某个反馈界面对商品进行的评分,从而得知其喜好。当然,这也可以通过观察用户与商品隐式的交互实现。例如,如果用户购买某个商品,则表示该用户大概率喜欢该商品;如果用户购买并退回该商品,则表示该用户大概率不喜欢该商品。现在系统中会同时运用显式和隐式这两种数据,因为隐式数据对于用户是否真正喜欢该项目有一些不确定性,但数据量大。相反,虽然显式数据数据量小,但训练数据几乎没有偏差。结合项目的内容特征、用户的偏好特征可以来计算两者的相似性。相似函数的计算方式有很多种,具体采用何种方式取决于数据类型。对于结构化数据,通常使用欧氏距离度量;在使用向量空间模型时,通常使用余弦相似性度量。最后将得到的数值进行排序,即得到呈现给用户的推荐列表。

除了上述推荐方法,还有一些其他技术方法也被用来进行数据处理。例如,决策树在处理属性较少的结构化数据时得到广泛的研究,朴素贝叶斯算法也被研究人员认为是一种性能非常好的文本分类算法,还有神经网络等。这些算法是基于内容的推荐系统的关键组成部分,给定一个新的项目和用户模型,算法就可以预测用户是否对该项目感兴趣。目前,对推荐对象内容进行特征提取还主要集中在对文本内容的特征提取上。对于网络中图像、音视频等内容的特征提取较为困难。有些学者提出使用大众分类法(Folksonomy)来解决此问题,但该方法也存在信息冗余、分类不严谨、准确度不高等缺点。所以说，基于内容的过滤的推荐质量受推荐项目所选特征的限制，同时也存在特征提取困难、新用户冷启动以及没有办法挖掘用户的其他兴趣偏好等问题。

3.1.3.2 协同过滤

协同过滤（Collaborative Filtering，CF）是一种对匹配具有相似兴趣的人或物品的技术探索。该算法的前提是需要许多用户的参与，并且用户会喜欢相似用户（具有相似首选项的用户）所喜欢的项目。这是以一种简单的方式来代表用户的兴趣，并最终采用能够匹配具有相似兴趣的人的算法。❶ 例如，在线音乐平台会向用户推荐与该用户兴趣相投的另一个用户平时收听的歌曲；如果某两首歌曲同时被很多用户喜欢，那么当有用户收听其中一首时，平台会向其推荐另一首。协同过滤算法的现实依据是，当你发现身边与你兴趣相投的朋友购买某商品或服务时，大多数情况下你也会效仿进行购买；当你发现有一款与你喜爱的商品相类似的商品时，大多情况下你也会考虑购买。❷ 相比于基于内容的过滤，协同过滤不需要抽取项目的内容特征，能够处理视频、音乐等不能用结构化文本表示的推荐对象；还能有效地挖掘用户的其他兴趣偏好。

协同过滤算法可以分为两大类——基于记忆的协同过滤和基于模型的协同过滤。其中，基于记忆的协同过滤又可以进一步细分为基于用户的协同过滤和基于项目的协同过滤。❸ 基于记忆的算法将启发法应用于评价矩阵来计算推荐，而基于模型的算法从评价矩阵中归纳出一个模型并使用该模型来推荐项目。首先，基于记忆的协同过滤计算用户和用户或项目和项目之间的相似度，得到相似度矩阵；其次，构建用户对项目的评分矩阵，并与第一步得到的相似度矩阵相乘得到用户对项目的综合评价得分；最后，通过对综合评价得分对项目排序并抽取 Top N 生成推

---

❶ SIELIS G A, TZANAVARI A, PAPADOPOULOS G A. Recommender systems review: Types, techniques, and applications [M] //MEHDI K-P. Encyclopedia of Information Science & Technology. 3rd ed. IGI Global, 2015: 11.

❷ 王国霞, 刘贺平. 个性化推荐系统综述 [J]. 计算机工程与应用, 2012, 48 (7): 66 – 76.

❸ 沈鑫娣, 翟东君, 张得天, 等. 基于 LSH 的隐私保护 POI 推荐算法 [J]. 计算机工程, 2019, 45 (1): 96 – 102.

荐。而基于模型的协同过滤是利用矩阵分解来降维分析，矩阵分解假设原始的评级矩阵值可以通过分解后矩阵的相乘来近似表示，分解后的矩阵可以捕获用户和物品的隐藏特征。❶

协同过滤是电商领域应用最广泛的推荐技术。亚马逊于1998年提出的基于物品的协同过滤算法，就是给用户推荐和他之前喜好商品相似的其他商品。相比于20世纪90年代中期使用的基于用户的协同过滤算法，该算法在商品推荐场景下实时性和效率更高。在该算法投入使用后的几年里，亚马逊约三成的页面浏览都来自推荐系统。❷ 随后，视频平台YouTube、Netflix以及旅游、零售等行业也开始广泛使用这种推荐算法。到今天的20多年里，亚马逊从网上书店发展成为涉及多种服务的综合服务提供商，个性化推荐的需求、场景也更多元复杂。为了顺应挑战，亚马逊基于协同过滤的推荐系统在定义"相关"、冷启动、时间序列等问题上不断更新改进，以提高推荐质量。

虽然应用广泛，但是协同过滤技术还是存在新用户或新项目的冷启动、打分数据稀疏性、对不适合任何口味群的用户无法推荐等问题的困扰。解决这些问题，也是学术界一直在研究的方向。

3.1.3.3 混合过滤

混合过滤（Hybrid Filtering）结合了两种或两种以上的过滤技术，其目的是增强它们的优势，减少它们的劣势或局限性。❸ 美国电影平台Netflix是混合过滤的好例子，Netflix旨在根据人们对电影的偏好，大幅提高人们对电影欣赏程度预测的准确性。主要的混合机制有加权、特征融合、级联、转换等。

加权混合是最常见的。通过使用加权线性函数将每种推荐技术的输

---

❶ CUNHA T, SOARES C, DE CARVALHO A C P L F. Metalearning and recommender systems: A literature review and empirical study on the algorithm selection problem for collaborative filtering [J]. Information Sciences, 2018, 423: 128 – 144.

❷ SMITH B, LINDEN G. Two decades of recommender systems at Amazon.com [M]. [s. n.] IEEE Educational Activities Department, 2017.

❸ CANO E, MORISIO M. Hybrid recommender systems: A systematic literature review [J]. Intelligent Data Analysis, 2017, 21 (6): 1487 – 1524.

出分数相加来计算推荐项目的分数。两个推荐系统根据用户的偏好对每个推荐项都设置不同的权重，可以达到较高的精度。加权混合用这种简单的方法来组合每种相关技术，通过改变权重，还可以很容易地调整每个策略的优先级分配。特征融合的混合过滤是将一个推荐系统的输出视为附加的特征数据，并使用另一个推荐系统（通常是广泛使用项目内容特征的基于内容的推荐系统），加上这些附加特征数据。特征融合能降低初始数据中稀疏性的敏感性。级联混合是分阶段推荐过程的例子。第一种过滤技术用于生成候选项目的粗略排序，如果未完成推荐的需求，则通过第二种过滤技术从第一步的候选集中提炼列表，进行推荐。级联混合是顺序敏感的，例如协同过滤－基于内容（CF-CBF）肯定会产生与基于内容－协同过滤（CBF-CF）不同的结果。

在转换混合系统中，系统根据一些标准在不同的过滤技术之间切换。例如，当没有提供足够可信的推荐时，基于内容的推荐可以被转换成协同过滤－基于内容方法，来达到比较精确的推荐性能。即使是相同技术的不同版本，也可以被融合到同一种转换混合中。还有些学者按照设计策略的不同将混合推荐系统分为整体式、并行式和流水线式。[1] 整体式混合过滤就是将多种过滤技术整合成一体，特征融合的混合过滤就是整体式的；并行式混合过滤是同时进行多种过滤技术，将每种算法的推荐结果整合在一起，加权混合和转换混合就属于并行式混合；而流水线式混合过滤就是将处理流程分为多个阶段，每个阶段都会使用不同的过滤技术，如上文所说，级联混合是流水线式混合过滤的例子。

在实际的推荐系统中很少会采用单一的推荐算法，从系统、结果、融合程度等不同维度进行相应的混合过滤，通常是基于某一种推荐算法并在此基础上进行混合改进。电商会根据提供服务类型的不同来选择不同的推荐技术，例如淘宝就用到了基于关联规则的推荐、基于内容的推荐、基于协同过滤的推荐等多种推荐技术，京东在协同过滤的基础上混合了基于人口统计学的推荐技术。[2] 在学术界，学者们也提出通过各种

---

[1] 黄昕，赵伟，王友本，等．推荐系统与深度学习［M］．北京：清华大学出版社，2018．
[2] 洪亮，任秋圜，梁树贤．国内电子商务网站推荐系统信息服务质量比较研究：以淘宝、京东、亚马逊为例［J］．图书情报工作，2016，60（23）：97－110．

各样的耦合办法来提高推荐系统的预测能力。混合推荐虽然能够弥补某单一推荐算法的缺陷，帮助电商平台提高推荐系统的性能，但是会增加计算的时间和空间复杂度，同时也给系统维系工作增加难度。

3.1.4 基于机器学习的品牌偏好识别模型

本小节首先介绍了整个研究模型构建前的相关技术；其次，梳理了消费者品牌偏好数据和构建模型；最后，详细阐述了利用实验法获取消费者购买意愿数据的实证检验过程。

3.1.4.1 机器学习相关技术

1. 卷积神经网络

深度学习作为一个新兴的领域，近年来发展迅速，受到研究者们的广泛关注。它基于学习多层表示的算法，以便对数据之间的复杂关系建模。与浅层模型相比，深度学习有很多优点，尤其是在特征提取和模型拟合两方面有很大的优势。并非像浅层模型需要依靠人工抽取特征，深度学习能够从原始的输入数据中挖掘分析更加抽象的属性类别或特征的表示。深度学习通过模拟人脑来解释数据，可以解决一些之前在人工智能领域中较为棘手的问题。目前，深度学习在学习和解释文字、图像、声音等数据中表现出色，在自然语言处理、机器翻译、语音识别等领域的应用效果显著。不少学者也将深度学习引进个性化推荐领域中，KIM等将卷积神经网络（Convolutional Neural Network，CNN）和概率矩阵分解（PMF）结合，构建一种基于上下文感知的文档推荐模型——卷积矩阵分解，以解决用户评分数据稀疏的问题。❶ 携程商业智能团队也将深度学习和个性化推荐相结合进行研究和探索，并在人工智能领域的最重要会议——人工智能大会（AAAI）上发表相应的研究成果。团队首先提出一种新的深度学习模型（Additional Stacked Denoising Autoencoder，aSDAE），这个模型可以学习用户和项目的隐向量。aSDAE 是栈式降噪

---

❶ KIM D, PARK C, OH J, et al. Convolutional matrix factorization for document context-aware recommendation [C] // The 10th ACM Conference. ACM, 2016.

自编码器（Stacked Denoising Autoencoder，SDAE）的一个变体，能够有效地将侧面信息整合到所学习的潜在因子中。在模型aSDAE的基础上，团队又提出一种结合aSDAE和矩阵分解的混合协同过滤模型，该混合模型可以从用户－物品评价矩阵、用户及物品的侧面信息中学习有效的潜在因素，来捕捉用户与物品之间的隐性关系。在实际应用中，YouTube利用深度神经网络（DNN）进行视频推荐，以期待最大化用户的观看时长，来培养更高的用户忠诚度。在音乐推荐方面，应用中直接使用卷积神经网络来获取内容信息的潜在因素，性能显著优于传统方法。

深度学习所涉及的技术和算法结构很多，主要的深度学习模型有栈式降噪自编码器、深度置信神经网络（Deep Belief Network，DBN）、卷积神经网络、循环神经网络（Recurrent Neural Network，RNN）等。[1][2]上述模型都被应用到个性化推荐系统中，例如前面提到的aSDAE就是栈式降噪自编码器的变种，可以从用户或项目的相关信息中捕捉用户与物品之间的隐性关系；卷积神经网络可以从项目内容信息中提取隐式特征，从而得到项目的低维特征向量；循环神经网络的优点是处理序列问题，它可以在推荐系统中根据用户行为的时间序列进行模型参数的调整，为用户提供实时推荐的服务。本书主要采用的是卷积神经网络。

卷积神经网络是一种受到生物学里对猫脑视觉皮层的研究启发的多层感知器。[3]它由多种层级结构构成，每一层的工作原理和作用各不一样。卷积神经网络的优势在于能够从复杂对象中自动学习到其特征，相比于人工设计特征，它的泛化能力、解释力以及通用性更强。[4] 所以，卷积神经网络被应用于图像分析、自然语言处理、音频检索等多个领域。本书就是利用卷积神经网络进行文本特征提取的。卷积神经网络的结构一般分为特征提取层和特征映射层两个主要层，其又可细分为输入层、

---

[1] 黄立威，江碧涛，吕守业，等. 基于深度学习的推荐系统研究综述［J］. 计算机学报，2018，41（7）：1619－1647.

[2][3] 周飞燕，金林鹏，董军. 卷积神经网络研究综述［J］. 计算机学报，2017，40（6）：1229－1251.

[4] 李彦冬，郝宗波，雷航. 卷积神经网络研究综述［J］. 计算机应用，2016，36（9）：2508－2515，2565.

卷积层、池化层（又称下采样层）、全连接层和输出层。❶ 顾名思义，输入层就是数据输入的层级，同时也会对输入数据进行标准化处理❷；卷积层是整个结构中最核心的组成部分，用于对输入数据进行特征提取，通过使用不同的卷积核来扫描输入数据，能提取到不同层次的特征；池化层的功能是去掉卷积层传入数据中的无关信息，逐步减小表示的空间大小，以减少网络中的参数和计算量，并且能够控制过度拟合；全连接层的神经元与前一层中的所有神经元都完全连接，用于接收和整合来自卷积层和池化层的数据，将之前提取的特征综合，并将其输出值传递给输出层。❸❹ 一般在图片分析等应用中卷积神经网络结构里会包含多个卷积层和池化层，即卷积层和池化层交错配置，配置的数量越多，就能提取越深层的特征维度。

卷积神经网络在自然语言处理领域大多被用于文本分类或情感分析。❺❻ 其工作原理是，将大量已知分类结果或情感倾向的文本数据输入模型进行卷积计算等操作，不断学习特征，得到训练后的模型；将未知分类结果的新文本数据输入后，即可通过模型计算出其分类结果。❼ 输入层通常是用矩阵表示的句子或者文档，矩阵的每一行都对应一个词向量。现在词向量都是使用词嵌入这种低维的表示形式，如 Word2vec 等，取代传统的 One-hot 向量的形式。与图像处理不同，在文字处理时，卷积核的宽度和词向量的维度通常是一致的，即卷积核可在矩阵的整行上下滑动进行卷积计算，从而生成特征映射，这时便完成特征抽取，不同大小的卷积核会提取多个不同程度的局部特征。紧接着会对每个特征映射进行池化，通常采用的是最大池化的方法来对特征映射进行降维处理，得到特征

---

❶ 毛业璐. 基于卷积神经网络的推荐算法研究 [D]. 南充：西华师范大学，2019.
❷ 汪俊. 基于卷积神经网络的推荐算法的研究 [D]. 南昌：南昌航空大学，2019.
❸ 周飞燕，金林鹏，董军. 卷积神经网络研究综述 [J]. 计算机学报，2017，40（6）：1229 - 1251.
❹ 毛业璐. 基于卷积神经网络的推荐算法研究 [D]. 南充：西华师范大学，2019.
❺ 杨俊峰，尹光花. 基于 Word2vec 和 CNN 的短文本聚类研究 [J]. 信息与电脑（理论版），2019，31（24）：20 - 22.
❻ 蔡慧苹. 基于卷积神经网络的短文本分类方法研究 [D]. 重庆：西南大学，2016.
❼ 李杰，李欢. 基于深度学习的短文本评论产品特征提取及情感分类研究 [J]. 情报理论与实践，2018，41（2）：143 - 148.

向量;最后将特征向量作为输入接入全连接层进行文本分类。❶❷

过去的不少研究已经证明卷积神经网络在文本特征提取和分类上效率显著。当然,这些也被推广到实际案例中,如信息检索、个性化推荐、热点预测等。本书也将利用卷积神经网络对各个品牌的深度特征进行提取,具体内容将会在第4章详细阐述。

2. Word2vec 模型

计算机在处理任务时只能识别数字,但是在人类的语言表达中不仅有数字,更多的还是文字,也就是文本型的数据,这些是计算机识别不了的。为了能够让计算机识别这些数据,需要将文本转换成数字,词语转换成词向量。将词向量输入计算机,计算机便可理解本书数据中的内涵。对文本进行向量化处理的传统方法是 One-Hot Encoder,通过将文本转换成由0、1表示的向量,向量的维度取决于文本中词汇的个数,每个词对应一个位置,用1来表示,其余位置用0来填补。例如,"I have a beautiful pencil"这句话里的单词用 One-Hot Encoder 来表示,"have"这个单词的位置在句中是第二位,它的向量表示为(0, 1, 0, 0, 0),同理可知,位于第五位"pencil"的向量表示为(0, 0, 0, 0, 1)。One-Hot Encoder 方法虽然容易操作,但是也有很大的缺陷:一是对于词汇量较大的文本,词向量的维度将会特别高,给后续的计算带来很大压力;二是这样表示仅仅是将文本数字化,能够用向量区分不同的词汇,但是不能体现词与词之间的相关性,向量中不包含语义信息。为了解决上述问题,有学者提出词语的分布式表示,即通过构建目标词和上下文之间关系的模型让词向量中包含语义信息,这时的向量长度并不受词汇量的限制。Word2vec 便是近些年来自然语言处理中最重要且使用最为广泛的模型。Word2vec 模型可以将 One-Hot Encoder 得到的高维向量转化为低维度的稠密向量,并且其中意思相近的词会被映射到向量空间中相近的

---

❶ 西多士 NLP. 三大特征提取器(RNN/CNN/Transformer)[EB/OL]. [2020 – 04 – 01]. https://www.cnblogs.com/sandwichnlp/p/11612596.html.

❷ Denny Britz. 卷积神经网络在自然语言处理的应用[EB/OL]. (2015 – 11 – 03)[2020 – 04 – 01]. https://www.csdn.net/article/2015 – 11 – 11/2826192.

位置。❶

Word2vec 模型其实是一个多层神经网络,神经网络的输入为用 One-Hot Encoder 来表示单词的 N 维向量,神经网络的输出也是一个 N 维向量,该向量每一维度都代表当前单词出现在输入单词附近的概率,隐藏层由多个神经元构成并且与输出层的每个节点全连接。Word2vec 模型获取词向量的流程简单来说就是,在给定文本中获取对应的输入和输出单词的 One-Hot Encoder 放入模型训练,在训练过程中不断修正神经网络中的参数,训练好的模型中输入层和隐藏层间的权重矩阵便是词向量。❷ 笔者将要利用 Word2vec 模型对本书向量化处理,得到词向量。

3.1.4.2 消费者品牌偏好数据

品牌不仅是一个名称,还包含很多其他特征,如标识、形象等,其中品牌的主要功能就是使一个卖家旗下的产品有别于其他卖家的产品。品牌将消费者和卖家联系起来:一方面,品牌反映产品的质量和品位;另一方面,在高端市场里,一些消费者认为经常购买的品牌反映自己的消费水平和品味。

在如今的市场中,产品同质化程度较高,有时仅从产品的外表特征很难在产品之间找出差别。为了从同类相似的竞争产品中脱颖而出,不少卖家通过压低价格来吸引顾客,导致利润减少。疲于价格战的卖家更没有精力和资金进行产品创新和品牌建设。当大量同质化产品出现在消费者眼前时,会让消费者眼花缭乱,无法快速准确地辨别优劣;当消费者对商品信息和真实使用感受没有把握时,会首先转向对品牌的考量,原因正如上面所提到的:品牌能在很大程度上反映产品的质量,当卖家和消费者两方信息不对称时(消费者无法像卖家一样完全获取产品的品质信息),尤其是在网络购物情境下,品牌就成为很多消费者衡量的标准,消费者更倾向于选择品牌个性、形象、口碑等符合自己的产品,也

---

❶ Zhangzhoubin666. word2vector 大概流程[EB/OL].(2018 – 04 – 09)[2020 – 04 – 01]. https://blog.csdn.net/zhangzhoubin666/article/details/79863454.

❷ Zhangzhoubin666. word2vector 模型[EB/OL].(2018 – 04 – 09)[2020 – 04 – 01]. https://blog.csdn.net/zhangzhoubin666/article/details/79863348.

有消费者在购买商品时会将品牌这一要素放在考量的第一位。

当今网络购物已经成为消费的主流渠道，在无法触及真实产品且产品同质化严重的情况下，电商平台和卖家应该合力判断识别每位消费者的品牌偏好，有针对性地进行精准营销，不仅可以提高消费者的购买率，也可以减少卖家之间的价格竞争。这更可以为一些不知名但有高附加值的小众品牌提供优良而公平的竞争环境。笔者选取产品功能效果类似、可替代性强的口红这一品类作为研究对象，采用实验法较为真实地还原消费者购买过程，通过实验法收集到的数据来进行品牌偏好识别模型的构建以及检验。

这一部分将详细介绍如何用实验法还原消费者的购买过程来获得消费者真实的购买数据，这些数据将作为品牌偏好识别模型的训练集和检验集。具体来说，实验环境为在实验室里使用手机App模拟消费者的网购情景，手机App会展示研究对象的产品信息，被试通过浏览商品信息作出真实的购买决策，做完相应的购买决策之后，手机App还会记录被试未执行购买行为的原因，方便本书后续进行消费者品牌决策影响因素的探究。

1. 实验品类和品牌选取

随着人们对生活品质要求的提高，在一些能提高生活幸福感、满足消费者追求美好生活需求的产品和服务上的消费逐渐增长。化妆品作为能够提升自信的时尚产品一直被崇尚美丽和时尚的女性和男性追逐。口红作为化妆品中的代表，更是消费需求量巨大。在目前的产品市场，口红这一品类的产品用途、功能相对单一，同质化程度较高，可替代性较强。但是不同品牌的产品在品牌个性、品牌形象、情感能量等方面又各具风格。在消费者进行口红购买时，会考虑品牌这一要素。所以，笔者就将通过消费者对口红这一品类的产品进行品牌决策的实验调查，获取消费者的口红品牌购买数据，为后续的品牌偏好识别作准备。

这里笔者参考2019年天猫"双11"榜单、中国美妆网数据中心等选取市场占有率前30名的主流口红品牌作为样本，具体品牌如表3-2所示。选取主流品牌作为样本主要有两个原因：一是后续需要针对每个品牌的在线评论数据进行分析，提取品牌维度特征，主流品牌的评论数据量较大,得到的品牌维度特征结果比较客观、共性、可靠;二是主流品牌的品牌化建设相对完善,对主流品牌的特征维度进行提取,能够涵盖消费者对口红品牌考量的各个要素。

表 3–2　30 个主流口红品牌样本

品牌	品牌	品牌
魅可（M·A·C）	迪奥（Dior）	圣罗兰（YSL）
阿玛尼（Armani）	纪梵希（Givenchy）	汤姆福特（Tom Ford）
香奈儿（CHANEL）	稚优泉（CHIOTURE）	雅诗兰黛（Estēe Lauder）
克里斯提·鲁布托（Christian Louboutin）	完美日记（Perfect Diary）	植村秀（Shu Uemura）
希思黎（Sisley）	卡姿兰（Carslan）	花西子（Florasis）
兰蔻（Lancome）	第三眼（3 CONCEPT EYES）	珂拉琪（Color Key）
美宝莲（Maybelline）	韩熙贞（HEXZE）	悦诗风吟（Innisfree）
橘朵（Judydoll）	欧莱雅（L'ORÉAL）	美康粉黛（MEIKING）
娇兰（Guerlain）	肌肤之钥（Clé de Peau Beauté）	露华浓（Revlon）
毛戈平（MAOGEPING）	小黑管耀色口红（KIKO）	纳斯（NARS）

2. 数据获取

笔者通过线上和线下召集的方式共招募 759 名志愿者参加此次实验,首先对参加实验的志愿者进行口红购买意向的调查,通过询问"是否有过购买口红的行为和意向"来确认志愿者是否有口红购买的意愿和需求。经过筛选后,有 661 名有购买口红需求和经历的被试完成接下来的实验。被试群体主要包括本科生、研究生、教师以及企业员工,年龄主要分布在 18~30 岁,男女比例大约为 1∶10,这符合口红市场的真实消费情况。

为给被试创造一个较为真实的网上购物场景,该实验模拟电商平台上检索"口红"后出现的信息作为实验的素材。其中,素材图片分为两个种类,一种是网络购物时进行关键词检索后呈现的产品推荐列表里品牌的封面信息,封面信息里面包含品牌标志(LOGO)、品牌中英文名称、口红图片以及口红的价格;另一种是当消费者想进一步了解某款口红时,点开封面信息所呈现的详细信息,详细信息除了包含封面信息涵盖的品牌标志、品牌中英文名称、口红图片以及口红的价格,还包含品牌创立时间、出产国、品牌特点和代言人信息。为了避免口红的色号、样式、外观等对被试的选择产生影响,在实验中呈现的所有品牌口红的图片均为相同的虚拟的口红图片,并同时在实验时向被试提示该图片仅供示意,并不涵盖其他信息。所有品牌的封面信息和详细信息里的信息内容均来自品牌的官方网站和线上购物平台的官方旗舰店。实验中呈现的 30 个样本品牌仅封面信息和详细信息的信息内容不同,其他都保持一致。

在实验开始之前,被试被告知这是一次关于消费者购物的学术研究,所有的选择结果都将被保密且不作商用,被试需要按照自己真实的购物习惯和偏好作出选择。实验开始时,会告知被试假设他/她需要在电商平台选购口红,当打开手机购物 App,在搜索框搜索"口红"这一关键字并出现相应的产品列表。

实验过程中,被试在该实验模拟的手机 App 里输入"口红"时,手机 App 中将会随机出现 30 个品牌中任意一个的封面信息,在浏览封面信息之后,被试将要在"我会考虑购买该品牌口红"和"我不会考虑购买该品牌口红"两个选项中选择其中一个:当被试选择第一个选项时,则认为被试对该品牌有偏好,手机 App 记录选择结果为 1;当被试选择第二个选项时,App 会让被试输入不会考虑购买的原因。如果被试因为一些主观原因而不考虑购买(不熟悉或不了解该品牌口红除外),则认为被试对该品牌没有偏好,手机 App 记录选择结果为 0;如果被试因为不熟悉或不了解该品牌的口红而选择不考虑购买,手机 App 会继续呈现该口红品牌的详细信息,待被试浏览完详细信息后,依然要在"我会考虑购买该品牌口红"和"我依然不会考虑购买该品牌口红"两个选项中作出选择:若被试选择第一个选项,则也认为被试在具体了解品牌后对该品牌有偏好,手机 App 记录选择结果为 1,并让被试输入详细信息里的哪些要素使其决定购买该品牌口红;若被试选择第二个选项,则认为被试对该品牌依然没有偏好,手机 App 记录选择结果为 0。到这里,被试关于其中一个品牌的购买决策结果记录完毕，手机 App 将会随机进行下一个品牌的调查，直至 30 个品牌都被测试完。实验流程如图 3-1 所示。

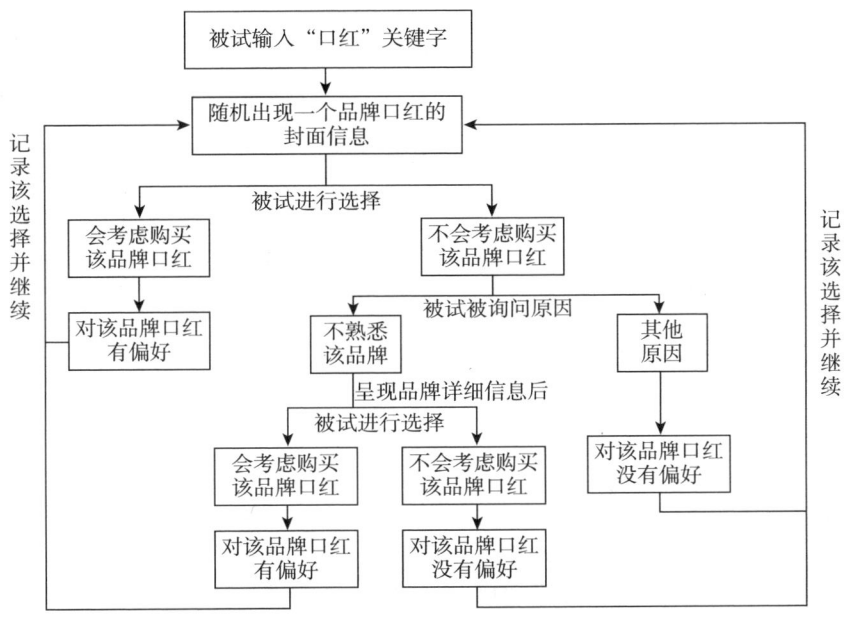

图 3-1　实验流程

实验结束时，实验操作人员记录被试的性别、年龄和职业，并询问被试在选购口红时是否看重品牌，平时是否会经常更换口红的品牌。实验结束后，实验操作人员感谢各位被试的参与，并给予一定的奖励作为答谢。

该实验记录了所有被试对 30 个品牌偏好的结果。其中，将采用聚类的方法选取 10 个品牌的被试品牌偏好的数据作为测试集，其余 20 个品牌的被试品牌偏好的数据将被作为训练集。具体的数据使用情况将会在第 3.1.4.4 节进行介绍。除此之外，笔者还通过分析实验里获得的品牌喜好影响因素、更换品牌的频率等数据，得到以下结论：妨碍被试购买某一品牌口红的原因各不相同，除了对品牌不熟悉、不了解这个原因，其他原因可以归类概括为以下 10 种：①此品牌口红价格过高或过低；②此品牌口红质量不好（如产品安全性、色彩持久度等）；③此品牌口红实用性不高（如不太喜欢色号、味道、质地等）；④此品牌口红与被试自身定位不符；⑤不喜欢此品牌口红的外观设计；⑥不认同此品牌宣传的品牌形象；⑦此品牌口红知名度不高；⑧此品牌口红口碑不好；⑨此品牌口红的销量不高；⑩不喜欢此品牌口红的代言人。其中，被提及最多的是价格、外观、质量和熟悉度这4个原因。可见，最可能干扰消费者口红购买决策的要素就是价格、外观、质量以及品牌熟悉度。

在该实验中，有623名即94.25%的被试在平时选购口红时会看重品牌。这一数据强有力地证明了品牌在消费者决策中的重要性。当消费者购买同质化程度高、可替代性强的产品时，会将品牌这一要素纳入自己的考量标准。对于消费者而言，在购物过程中对几件高度相似的产品无法取舍时，可以选择更符合自己品牌偏好的产品；对于卖家或者营销人员而言，需要加强品牌建设，形成品牌特色，让自己的品牌在众多品牌中快速占领消费者的心智。

近年来，女性越来越重视自己的外表气质，口红作为化妆品的头号代表，几乎是每位女性的必需品，成为化妆品销量市场的主力军。随着口红市场的不断扩大，口红品牌也日益更多，各品牌为了吸引消费者，更新换代的速度很快。在本实验中，461名被试表示会经常更换口红品牌，这对于口红的品牌方来说不是好事。消费者经常更换口红品牌说明用户黏性不高，消费者对某一品牌的品牌忠诚度低。像口红这种可替代性强、推陈出新频率高的产品，品牌方更应该强化品牌建设，紧抓消费者易变的偏好和需求，打造品牌独有的特征特点，努力提升消费者的品牌忠诚度。

在参与实验的661名被试中，男性被试有50名，女性被试有611名，这说明口红并非女性的专属用品，一些男性也会有购买口红的需求。卖家以及电商平台的营销人员不应该受惯性思维的影响，将关注重点只放在女性消费者身上，也应该开拓男性消费市场，向更大范围的消费者群体提供产品服务。

3.1.4.3 模型构建

本小节模型的构建需要两部分数据，一是用于训练和检验模型的消费者购买数据；二是用于提取品牌特征维度的微博在线评论数据。首先，要对获取的微博评论数据进行数据清洗和分词处理,得到以词为最小单位的列表;由于每个品牌评论数据都超过 200 万字,为了减少冗余和无关信息,降低后续操作计算的数据量,在分词结束后针对每个品牌评论文本使用 TF-IDF 方法进行关键词提取,得到各品牌的关键词列表;为了将这些关键词转换成计算机能够识别的数字向量,本书采用谷歌公司于 2013 年提出的 Word2vec 模型将该列表中的文本词汇转化为数字向量;随后便是提取特征向量的步骤:将所有关键词的词向量排列为矩阵,通过深度卷积神经网络扫描上述文本矩阵得到扫描特征,再通过对扫描特征进行采样生成深度特征,至此,得到每个口红品牌的特征向量。在本书中,以特征向量间欧氏距离的倒数代表各品牌间的相似度,部分品牌相似度如表 3-3 所示。该相似度是大众(本书中为大量微博评论用户)认知中品牌的相似情况可以作为对新近加入平台、购买记录偏少的消费者进行推荐的依据,一定程度上可以解决冷启动问题。

得到各个品牌特征向量后,使用聚类的方法对这些品牌进行分类,将 30 个品牌划分为 4 类,并从每类中随机挑选两三个品牌的数据作为测试集,剩下品牌的购买数据作为训练集,最终选择 20 个品牌的购买数据作为训练集,另外 10 个品牌的数据将被作为测试集。将测试集中样本品牌的特征向量和实验法得到的消费者对于各个口红品牌的真实购买意愿输入支持向量机进行模型训练,便得到消费者品牌偏好识别模型。最后,将作为测试集的 10 个品牌的特征向量放入偏好识别模型中,得到预测的购买结果,并将该结果与消费者真实的购买结果进行比较来检验该模型的性能。

3.1.4.4 实证检验

笔者用于提取品牌特征维度的数据来自微博,即用户对各样本品牌的微博评论。笔者利用品牌名称(根据消费者的普遍习惯选择采用品牌的中文名称还是英文名称)作为关键词搜索,收集 2018 年 11 月至 2020 年 2 月的微博数据。由于这些数据来源于微博社交平台,没有规范格式,包含大量标点、表情等,需要对数据进行预处理操作。在进行剔除无关、重复、特殊符号等数据清洗行为后得到 660224 条关于 30 个样本品牌的用户评价信息,每个品牌的评价数据都超过20000条,确保提取的各品牌的特征维度真实全面。这些用户评价信息将被用于提取各品牌客观、共性的特征维度。为了更好地分析信息的特性,在此之前,还需要将这些文本信息进行分词操作。分词的质量也会影响后续关键词提取等操作。笔者采用开源的分词工具Jieba对评论文本进行分词,为后续关键词提取和文本向量化作准备。

Jieba是一款常用的中文分词组件,适合用于中文文本的分词。笔者使用Jieba的精准模式对微博评论进行分词。精准模式的作用就是能够把文本按照大众的语言习惯进行准确的切分,且不会产生冗余。不像英文单词有空格切分,中文文本中没有天然的分界符,分词这一步骤把微博评论切分为以词为最小单位的列表,以供后续的关键词提取和文本向量化操作使用。这时就完成了数据准备工作。

经过数据预处理和分词操作后,得到30个品牌的评论文本,每个品牌的评价数据都超过20000条,每个品牌评论分词后词条数量也都超过200万个。为了减少冗余和无关信息,降低后续操作计算的数据量,在分词结束后针对每个品牌评论文本使用TF-IDF方法提取出现频率最高的前100个关键词,得到各品牌的关键词列表。该关键词表可以表征每个品牌的评论文本。表3-3展示了部分品牌对应的部分关键词。

表3-3 部分品牌提取的关键词示例

品牌	部分关键词示例
卡姿兰	丝绒、滋润、雾面、质感、软萌、水润、保湿、元气
橘朵	好看、单色、国货、热卖、9.9元、喜欢、平价、完美
克里斯提·鲁布托	气场、经典、质感、哑光、丝滑、复古、大牌、心动、精致
香奈儿	红管、哑光、丝绒、黄皮、好看、质地、心动、气色
美康粉黛	哑光、防水、丝绒、保湿、雾面、脱色、国货、少女、平价
汤姆福特	黑管、贵妇、鎏金、限量版、显白、好看、喜欢
完美日记	持久、半价、保湿、推荐、下单、国货、不错、顺滑、推荐

为了将这些关键词文本转换成计算机能够识别的数字向量,得到各品牌的关键词列表后,需要对关键词进行向量化处理。笔者采用

Word2vec 模型，将表 3-3 中的文本词汇转化为数字向量。

Word2vec 模型主要有 CBOW 和 Skip-Gram 两种模型，两者的不同在于 CBOW 模型是通过上下文预测当前词的概率，Skip-Gram 模型则是通过当前词来预测上下文的概率。[1] 两个模型相比，Skip-Gram 模型在学习词向量时更精确，训练时间也更长，也更适合词汇量较少的词汇集。所以笔者采用 Skip-Gram 模型进行文本向量化处理。Word2vec 模型将 One-Hot Encoder 得到的高维向量转换成低维的稠密向量，通常 Word2vec 模型训练得出的词向量维度在 100~300，不同的维度代表不同的特征，特征越多意味着词含义层次越多，越能够区分词与词；但维度过高不易于寻找词与词之间的联系，同时也会增加训练的复杂度。根据实际经验和不断调试，笔者最终确定词向量维度参数为 100。另一个需要设置的参数为窗口大小，即以当前词为中心覆盖的前后文的数量，一般情况下，覆盖的数量越多，越能够准确反映词与词之间的语义关系；但是窗口过大也会造成涉及无关词汇，同时增加计算的负担。结合上述考虑，笔者按照经验选取窗口大小为 5。Word2vec 其他参数设置如表 3-4 所示。

表 3-4 Word2vec 参数设置

参数	参数设置
Min_count	1
Negative	3
Sample	0.001
Hs	1
Workers	4

经过关键词提取和文本向量化两步操作之后，每个品牌都提取前 100 个关键词来代表品牌用户的评论文本，每个关键词都被训练成 100 维的词向量便于计算机进行识别。将这些关键词的词向量组合成 100×100 的矩阵，便可得到每个品牌的评价矩阵。该矩阵将被输入卷积神经网络用于提取品牌的特征向量。

---

[1] 李晓，解辉，李立杰. 基于 Word2vec 的句子语义相似度计算研究 [J]. 计算机科学，2017, 44 (9): 256-260.

卷积神经网络可以从项目内容信息中提取隐式特征，从而得到项目的低维特征向量，并且卷积神经网络的可拓展性强，能够提取到更深层次的特征表达。所以，笔者采用卷积神经网络来提取品牌特征向量。从前面的介绍可知，卷积神经网络的基本结构包括输入层、一组或多组卷积层、池化层、全连接层和输出层。❶ 笔者构建了一个由两组卷积层和池化层叠加的简单模型，由于该模型只用于提取品牌特征向量，因此全连接层不带有分类器，输出的是高度提纯的特征。该模型的输入为上一小节得到的 100×100 的品牌评价矩阵。数据输入模型后，接下来便是卷积层进行特征提取的过程，由卷积核在评价矩阵上扫描获取特征，不同大小的卷积核能提取细微程度不同的数据特征。虽然卷积核的数量越多，越能提取出深层次的特征，但是也会带来运算负荷过高、效率低下等问题。为了适应现有计算机的运行效率，笔者选取 5×5 的卷积核进行卷积操作。由卷积操作得到的特征图输入池化层对特征映射进行降维处理，笔者采用最大池化对特征图取最大值得到输入数据的最重要的整体体征。❷ 经过两组上述的卷积层和池化层叠加操作对品牌微博评论关键词信息进行特征提取，通过全连接层可以输出高度提纯后的各品牌特征向量。

利用得到的品牌特征向量计算其欧氏距离，欧氏距离的倒数可代表各品牌间的相似度。该相似度是基于大量微博用户对品牌的评价，笔者认为该相似度可以代表大众认知中品牌的相似情况，同时可以作为对新近加入平台、购买记录偏少的消费者进行推荐的依据，一定程度上可以解决冷启动问题。

支持向量机（SVM）是一种常用的二分类算法，在处理非线性分类时有着优越的性能。笔者通过对支持向量机进行训练，用训练好的模型识别消费者的品牌偏好，并对消费者进行相应的品牌推荐建议。具体做法是将被选作训练集的 20 个样本品牌的特征向量和由实验法获取的消费

---

❶ 刘淑涵，王艳东，付小康．利用卷积神经网络提取微博中的暴雨灾害信息［J］．地球信息科学学报，2019，21（7）：1009－1017．

❷ 黄孝喜，李晗雨，王荣波，等．基于卷积神经网络与SVM分类器的隐喻识别［J］．数据分析与知识发现，2018（10）：77－83．

者对于相应口红品牌的真实购买意愿输入支持向量机，对被试用户的 20 个训练品牌进行 0、1 分类，用 0、1 来标签品牌特征向量的所属分类，其中 0 代表用户不会购买该品牌口红，1 代表用户会购买该品牌口红，训练出被试用户"会购买"或"不会购买"品牌口红的两种偏好。至此，便得到消费者品牌偏好识别模型，可用于识别消费者对某一品牌的购买决策偏好。

3.1.5 管理启示

本小节在讨论品牌与消费决策、消费者品牌偏好探索和电商平台的个性化推荐系统的基础上，利用深度学习方法构建消费者品牌偏好识别模型。基于研究发现，笔者提出以下管理启示供参考。

1. 品牌宣传需迎合消费者需求

如前文所述，当前市场产品同质化严重，竞争异常激烈，若想脱颖而出，企业只有进行宣传推广，提升品牌知名度与影响力，帮助消费者建立品牌偏好，才能充分发挥品牌价值，提升收益。品牌具有特定的目标市场，其目标消费群体也相对固定。不同消费群体在年龄、职业、收入、观念上有所不同，消费需求也存在较大差异。品牌宣传的过程中应当对品牌进行准确定位，明确目标消费群体，基于目标消费群体的需求采用合适的宣传策略，具体可从以下四个角度提升品牌宣传的效果。

第一，品牌宣传应与消费者的自我概念相匹配。当消费者自我概念与品牌特征相契合时，所产生的心理联结能有效促进消费者的购买。企业需对不同的消费群体进行分类与分析，充分理解消费者的自我概念，从而能够在宣传过程中打造匹配的品牌特征，树立鲜明的品牌个性和价值观，做到有效推动消费者品牌偏好的形成。例如，面向年轻、时尚的消费群体需突出品牌的个性、前卫、新颖、创意，面向高端消费群体需突出品牌的高配、奢华、别致，面对普通消费群体则需更侧重产品的实用以及性价比。如此，从消费者心理出发，在品牌宣传时触发消费者对品牌的认同及共鸣，充分发挥品牌宣传的作用，提升市场占有率。

第二，品牌宣传应基于消费者的特征选择适宜的宣传方式。伴随着

"注意力经济"时代的到来,品牌宣传只有充分抓住消费者的注意力,才可能吸引潜在的消费群体。品牌宣传既可以采用纸质报刊、街边灯牌、派发传单、电视广告、电台广播、手机短信、电子邮件等较为传统的推广渠道,也可以充分利用当前流行的微信、微博、快手、抖音、网络论坛等社交媒体,还可以利用购物网站及平台基于消费者消费习惯进行精准推广。由于不同类型消费者获取信息的渠道不同,只有选择适宜的品牌宣传方式才能事半功倍,准确吸引潜在消费者的注意力。例如,对于花费较多时间在网络上的年轻人而言,可选择使用社交媒体推广;而对于较少接触网络的老年人而言,可选择在社区、公园、超市等区域进行线下活动推广。

第三,品牌宣传应切合消费者喜好,选择合适的代言人。品牌代言人在品牌形象树立的过程中发挥重要作用。品牌通过其代言人实现人格化,更易于消费者理解品牌个性。此外,品牌代言人的名人效应也能有效地促使消费者的品牌态度变得更为积极。❶ 当前,许多品牌通过代言人来进行宣传,塑造品牌形象,提升品牌知名度。然而,并非选择名气越大的代言人,越能取得更好的宣传效果。在选择品牌代言人时,一方面应当选择与品牌形象和风格相匹配的代言人,增加可信度。另一方面还需充分考虑消费者的喜好,判断代言人在目标消费群体中的影响力与号召力,能否有效发挥"粉丝经济"的效应。如步步高家教机曾在2014年选择当时爆红的青少年偶像团体TFboys代言,青春积极活力的形象与该品牌产品的定位十分契合。与此同时,该团体的大量中小学学生粉丝作为家教机的目标消费群体,也为产品的推广销售作出重要贡献。

第四,品牌方需加强对员工的管理与培训,增强营销人员的营销能力。营销人员负责品牌产品的销售工作,是品牌与消费者进行沟通的桥梁。除了进行传统线下销售的售货员,当前主要开展在线销售的淘宝主播、淘宝客服也可纳入品牌营销人员的范畴。优秀的营销人员能有效激起消费者的购物欲望。据统计,2018年,淘宝直播带货销售额超1000

---

❶ 彭博,晁钢令. 品牌代言人对品牌的作用及选择研究 [J]. 现代管理科学, 2011 (12): 17 – 19.

亿元，甚至还有不少淘宝主播年销售额过亿元❶，体现了营销人员的重要价值。品牌方通过加强对营销人员的培训，帮助他们充分理解品牌、产品的特征以及主要目标群体的需求，进行产品推荐的过程中从消费者的角度出发，"看菜下饭，量体裁衣"，采用不同的营销策略，给予不同消费者更为个性化的推荐。

2. 借助消费者产品偏好打造品牌

借助消费者产品偏好打造品牌是提高品牌辨识度不可或缺的环节。首先，需要开展市场调研，关注影响消费者购买决策的产品特征要素。正如前文所言，产品的名称、包装、功效、价格、新特征等均对消费者的购买决策有一定影响。对于不同类型、不同用途的产品而言，消费者关注的重点有差异，对于产品美观性、产品实用性、产品安全性等属性的重视程度有所区别。例如，对于保健类产品，用户更为关注其成分及功效；对于旅游服务类产品，用户更为关注消费过程中的体验；对于食品，用户更为关注其味道及安全性。在初期进行产品定位及设计时，需重点关注消费者所重视的属性，予以强化，同时还需要与市场上的竞品有所区分，尽可能地提升产品的不可替代性。

其次，需要准确把握消费者产品偏好的变化，据此对产品进行更新换代。不同时期消费者对于同一类产品的偏好也会产生变化。以手机为例，最早的大哥大机型庞大、携带不便，于是手机企业更新技术，大大缩小手机体积，使之变得轻巧易携带，其中质量卓越、长久耐用的诺基亚手机广受好评。随着科技的进步、智能手机的出现，消费者不再看重手机的轻巧，而更倾向于选择大屏手机，提升手机使用体验，未能跟上科技发展步伐、及时转移重心的诺基亚只能渐渐在市场中衰落。品牌方需了解市场发展趋势，关注消费者对于相关产品偏好的变化，不断根据消费者需求进行产品的优化创新，才能维持用户黏性，得到消费者长久的青睐。

3. 建设良好的品牌在线口碑

互联网时代，消费者习惯于在线获取品牌及产品相关信息，在线口

---

❶ 海牛大数据. 大数据看淘宝直播网红带货，主播年销售额超1亿［EB/OL］.（2019-06-28）［2020-03-15］. https://baijiahao.baidu.com/s?id=1637576717082088173&wfr=spider&for=pc.

碑也随之在消费者购买决策中扮演着越发重要的角色。品牌在线口碑传播速度快、范围广，深刻影响消费者对品牌的认知。正面的口碑信息能有效提升消费者的品牌忠诚度，❶建立消费者品牌偏好。当前大众点评、口碑等在线口碑传播平台兴起，大量消费者在平台上发布、分享、获取产品信息及评价，对消费者的品牌态度及购买行为产生重要影响，在线口碑的重要价值显而易见。品牌方需建设良好的品牌在线口碑，充分发挥在线口碑的宣传营销价值，具体可从以下两方面开展。

一方面，引导消费者发表正面评论。品牌及产品的评论作为消费者了解相关信息的渠道，在消费者的购买决策中发挥重要影响，积极正面的评论能有效提升消费者对品牌的信任度，促进品牌偏好的形成。品牌方可通过提供优惠券、积分卡及其他福利，鼓励消费者基于实际情况对品牌及产品发表正面的评论，帮助潜在消费者了解相关信息，并基于此逐渐形成品牌偏好。

另一方面，加强对负面口碑的防范与应对。负面口碑对消费者的影响力强于正面口碑，❷建设良好的品牌在线口碑离不开对负面口碑的控制。在负面口碑的防范上，品牌方应如实进行产品信息的宣传，对于产品可能存在的问题提前告知消费者，从而避免消费者期望值过高，实际消费产生失望的情绪后给予品牌负面评价。在负面口碑的应对上，品牌方应当予以重视，积极开展售后工作，与消费者加强沟通，尽可能提供合适的解决办法，如进行退换货、经济补偿等来促使消费者取消负面评价或追加正面评价。此外，对于负面口碑中较为普遍的问题，品牌方需进行总结分析，据此改进生产和销售中的不足。

4. 树立良好的平台形象

电商平台本身也是一类品牌，品牌效应同样适用于电商平台的运营。当前市场上各式电商平台层出不穷，竞争激烈。消费者在进行网上购物

---

❶ BOWMAN D, NARAYANDAS D. Managing customer-initiated contacts with manufacturers: The impact on share of category requirements and word-of-mouth behavior [J]. Journal of Marketing Research, 2001, 38 (3): 291-297.

❷ 马艳丽. 矛盾性在线评论对消费者购买态度和行为意向的影响研究 [D]. 济南：山东大学, 2014.

时会选择更为信任的电商消费平台,对于其推荐结果也会更为信任,感知风险更低,消费体验更佳。而商家也更乐意进驻品牌形象良好、发展成熟的电商平台,以期获取更多的利益。因此,树立良好的平台形象有利于吸引更多用户在平台上进行消费,形成忠实的用户群体,促进电商平台的良性发展。树立良好的平台形象需要从以下三方面入手。

第一,电商平台树立良好的平台形象需要制定完善的平台规则,对平台商家行为进行约束与规范,保护消费者的合法权益。一方面,商家以获取利益为目标,如果缺乏完善的规则的约束,就易出现不正当的竞争现象,对市场秩序产生严重危害,损害公众利益;另一方面,在线交易过程中生成存储大量用户有关信息,需要完善的规则来保护用户隐私,减少用户在线交易中的不安全感。因此,平台需依据有关法律法规,制定完善的平台规则,明确用户权利与义务,对于出售假冒伪劣产品、泄露他人信息、不正当牟利、刷好评等违规行为及其处理方式进行详细规定,才能保障电商平台有规可循,良性发展。

第二,电商平台应加强对商家的监管,落实平台规则,增加平台公信力。在制定完善的规则后,还需依据规则加强监督管理,通过安排专人负责监管工作以外,还需借助消费者的力量,重视消费者的反馈,对于违反规则的商家进行处罚。具体处罚方式可采取扣除商家信用积分、限制商品浏览量等方式,督促违规商家进行整改。

第三,电商平台还可以通过开展具有公益性质的活动等方式,认真履行企业的社会责任,建设良好的平台声誉。例如,京东的公益物资募捐平台可以帮助公众传递爱心物资,借助自有平台开展公益活动,实现阳光、创新、高效的募捐,广受好评。❶ 又如,淘宝的公益宝贝计划在 2018 年带动 4 亿多人参与公益捐赠,阿里巴巴也因此被评为 2018 年度公益企业。❷ 诸如此类的活动有利于电商平台树立良好的形象,获得用户的认可与信任。

---

❶ 章泽天:京东公益让爱心在指尖传递[EB/OL].(2019 - 01 - 07)[2020 - 03 - 15]. https://sohu.com/a/130073273_310397.
❷ 淘宝公益宝贝屡屡获奖成 2018 年度现象级互联网公益项目[EB/OL].(2019 - 01 - 07)[2020 - 03 - 15]. https://baijiahao.baidu.com/s? id = 1622895883409211400&wfr = spider&for = pc.

5. 优化个性化推荐系统

个性化推荐是当前电商平台常用的精准营销的方式，它能准确把握用户需求，帮助消费者快速找到目标商品，减少消费过程中的时间成本，优化消费者的购物体验，有利于提高用户对电商平台的满意度及忠诚度。正如前文所述，品牌是消费者购买决策的重要考量因素，直接或间接影响着消费者的购买行为，故电商平台的个性化推荐中理应关注消费者的品牌偏好，而当前大部分电商平台的个性化推荐系统在这一方面还有所欠缺。电商平台不仅要关注消费者的价格敏感度，也要将目光投向消费者的品牌敏感度，尤其在一些品牌因素对消费者影响较大的品类更应该关注消费者的品牌偏好，如奢侈品、婴儿奶粉等，因此需要强化消费者的品牌偏好识别，并据此优化个性化推荐系统，为用户提供更好的平台服务。电商平台可以从拓展数据来源和更新推荐算法技术来实现个性化推荐系统的优化。

拓展数据来源指电商平台个性化推荐系统在前期进行数据挖掘时，不局限于消费者在电商平台内部的历史信息，而将数据来源拓展至电商平台外部数据。消费者日常在上网的过程中，会在各类平台上留下大量记录。电商平台内部数据有限，如果能有效利用外部平台如百度、微博、大众点评等平台的信息，便能更好地分析消费者的购物偏好，提升个性化推荐的精确度。与此同时，在尊重用户隐私的情况下，与外部平台进行数据资源共建共享，有利于充分发掘数据资源中的隐性价值，为用户提供更为优质的服务，实现合作多赢。因此，电商平台可积极与外部平台加强沟通联系，建立稳定的合作关系，进行平台数据共享，实现数据多源化，为个性化推荐奠定坚实的基础。

推荐算法的优劣对推荐系统的效能产生直接的影响，因而优化推荐算法能有效提升个性化推荐结果的准确性，是充分发挥个性化推荐系统价值的关键。当前电商系统所使用的推荐算法虽然具有一定的实用性，但还有较大的提升空间。学术界和技术人员对推荐系统的探索一直都没有停止，都在致力于提升推荐系统的性能。学者们推出不少在传统的推荐算法基础上改进的新算法，但是这些技术却都局限于学术研究，并未广泛地应用于实际的电商推荐系统中。电商平台应该多加关注推荐热点新技术,加强对新技术的试验和实践,同时,也要跳出针对产品外部特征的进行推荐的视野局限,重视消费者的品牌偏好,及时更新推荐模型。除此之外,从用户体验角度,电商平台可以通过问卷调查等形式了解用户对现有推荐方式的认可程度,了解用户对不同推荐方式的偏好程度,可针对不同的消费群体采用不同的推荐组合,从而提升推荐服务的质量,增强用户对电商平台的使用黏性。

3.2 品牌调研人称信息运用与态度谬误

随着信息技术的不断发展,市场调查方法也在悄然发生变化,在线问卷调查更是在近几年迎来迅猛的发展,应用到学术、商业、科技等多个方面。然而,与当下学者热衷于使用问卷调查法开展学术研究的现象相比,学界对问卷调查法本身的讨论较少,学术成果数量与采用此方法发表的学术论文数量比例严重失衡。同时,现有的对问卷调查法的讨论,关注点多在具体的技术环节上,缺少针对问卷调查法具体研究现状的总结把握和自我反思与自我批判。因此,从整体上把握问卷调查法在市场调查研究中的运用,总结成绩,寻找问题,并对其积极主动地进行反思、批判就显得十分必要,也是此次研究的主要内容。

本节基于对人称信息在市场营销中应用的系统梳理,阐述人称信息、问卷调查、心理距离、品牌态度等概念的历史渊源与最新发展,提出人称信息对消费者品牌态度的影响机制研究及相关假设。这一研究主要基于心理距离的中介作用而形成,同时受到产品类型和品牌熟悉度的调节作用的影响。笔者采用情景模拟方法,设置8种[2(人称信息:第一人称/第二人称)×2(品牌熟悉度:高/低)×2(产品类型:搜索型/体验型)]情景的组间实验,运用SPSS 25.0软件对回收的数据进行分析,验证实验假设。

3.2.1 人称信息对于用户品牌态度的影响

本小节的目的是通过初步的研究,探索人称信息能否对消费者品牌态度产生影响。

3.2.1.1 基本概念

1. 人称信息

人称代词指的是直接指代人或者事物的代词。在英语和汉语中都有三种人称代词，即第一人称（我、我们）、第二人称（你、你们）和第三人称（他、她、它，他们、她们、它们）。根据人称代词在句中所充当的成分，可以分为主格人称代词、宾格人称代词。另外，人称代词有单复数之分。通用的第三人称代词"其"与"之"可泛指人、事、物，涵盖"他""她""它""他们""她们""它们"。笔者只讨论第一人称和第二人称的情况，因为在调查问卷中通常只会用第一人称（我、我们）和第二人称（你、你们，您、您们），而不会使用第三人称（他、她、它，他们、她们、它们）。在第二人称的选择上也会采用"您"这一第二人称敬语，这种方式也符合商家对消费者的礼貌称呼，使用范围较为广泛。

人称代词的历史非常悠久，最早起源于古希腊文的指示语（deixis）一词。1904年，德国语言学家伯格曼（Brugman K.）率先把人称代词引入指示语的范围，进而将"语言交际主体"这一概念引入指示语研究，为人称代词的研究打下基础。进一步地，有学者将人称代词作进一步归类，他将人称代词归为四类指称标记之一，即谈话双方所认可的指称规范。人称指称是实现语篇衔接的重要语法手段，普遍存在于各种语言体系中，第一人称指说话者本身，第二人称指与说话人相对的听话人，第三人称指说话人与听话人以外的第三方。随着语言学家对人称指称研究的进一步深入，他们发现人称代词不仅是语言中的一种指示代称，还包含其他重要的功能。研究发现，人称代词除了表达代替人或事物的名称，还可以表明沟通中双方的态度，甚至有助于谈话双方建立特定的联系。❶人称代词在一些特殊语境下的表达还可以体现谈话双方各自的立场和等

---

❶ RONALD C, et al. Working with texts [M]. London: Routledge, 1997.

级关系。❶ 在实践应用中，人称代词在广告营销宣传中的使用最为广泛。在广告宣传中，人称代词能够快速拉近广告投放者与受众之间的距离。越来越多的研究将人称代词作为沟通中的关键点，探讨其在建立和维护沟通双方之间关系的重要作用。❷ 也有研究表明，人称代词"我"同时也象征个体对自我的表达与诉求。❸ 在这里，人称代词"我"具有两层含义。第一层是"我"表示与自我相联系的内容。第二层是"我"建立起双方更为紧密的关系，激发使用者的优势加工，获得更多的认知资源，从而强化有关信息的记忆。❹❺

在国内的研究中，有学者列举了大量英汉双语中的人称指示语的实例，并进行详细的分析和说明，对莱文逊（Levinson）所著的《语用学》一书中主要的指示语和人称指示的观点进行了阐释。❻ 学者余维首次对汉语人称指示中的第二人称制定了一个理论框架。❼ 他优化了 Head B. F. 提出的"人称可以表达物理性的距离，表明交流对象之间的社会距离和亲密度，第三人称比第二人称距离远，复数可以拉开与单数的间隔距离"❽ 的理论。他认为，在汉语第二人称的使用中，随着距离的增大，亲密度就会下降，而尊敬度就会上升。另外，复数也会淡化个别的亲密程度，增大疏远度。

---

❶ GRAMLEY S, PETZOLD M. A survey of modern english [M]. London：Routledge，1992.

❷ GORDON P C, GROSZ B J, GILLIOM L A. Pronouns, names, and the centering of attention in discourse [J]. Cognitive Science，1993，17（3）：311－347.

❸ ZHOU A, SHI Z, ZHANG P, et al. An erp study on the effect of self-relevant possessive pronoun [J]. Neuroscience Letters，2010，480（2）：162－166.

❹ BLUME C, HERBERT C. The hismine-paradigm：A new paradigm to investigate self-awareness employing pronouns [J]. Social Neuroscience，2014，9（3）：289－299.

❺ HERBERT C, SFÄRLEA A, BLUMENTHAL T. Your emotion or mine：Labeling feelings alters emotional face perception：an erp study on automatic and intentional affect labeling [J]. Frontiers in Human Neuroscience，2013，7：1－14.

❻ 陈治安，彭宣维. 人称指示语研究 [J]. 外国语（上海外国语大学学报），1994（3）：28－34.

❼ 余维. 亲疏尊轻的理论框架与人称指示的语用对比分析：汉外对比语用学的尝试 [J]. 外国语（上海外国语大学学报），1998（4）：64－69.

❽ HEAD B F. Respect degrees in pronominal reference [G] // GREENBERG J H, FERGUSON C A, MORAVCISK E A. Universal of Human Language：Volume 3：Word Structure Redwood City：Stanford University Press，1978.

沟通交流中的人称选择问题也受到广泛关注。❶ 有学者研究了说话者在听话者面前人称选择的问题，人称的选择受到亲疏和地位两方面的影响，说话者一般选择语境里与第三者关系最亲密的人的视点。说话者在地位比听话者低时，一般选择第一人称视点，在地位比听话者高时，一般选择第二人称视点。因为汉语的独特性和中华民族典型的文化特点，汉语单数第一人称"我"和"咱"两种形式也会在不同语境情况下交替使用，反映了中华传统文化中包容性强、群体意识强以及"你中有我、我中有你"的人际关系。❷

在营销沟通中，研究者关注在广告中使用第一人称和第二人称代词（我、你）如何影响顾客对广告产品的评价。例如，使用第一或第二人称的广告策略能够通过提高对广告品牌的认知和情感反应而增强说服力。在广告中采用"我"或"你"的人称代词指代顾客会激发顾客的分析性和叙事性自我参照记忆，从而促使其将与自我有关的信息整合到品牌评价之中，由此正向影响对品牌的评价，因为个体总是倾向于对与自我相关的信息给予正面评价。进一步地，在商业广告中，人称代词也能起到不同作用，广告中细微的语言差别可以影响消费者的品牌评价，❸ 使用"我们"与"我和你"会对消费者的品牌感知亲密性造成影响。这种差异源于采用"我们"指代顾客和品牌之间的关系能够提高顾客对品牌的信任度，因为这种关系暗含促使顾客采用具有信任特性的亲密人际关系隐喻对待自己与品牌之间的关系。除此之外，在对复数人称的研究中，人们可以在交流沟通中通过使用人称代词来给自己或他人分配一个角色。❹ 而借由包容性人称代词"我们"的使用，传播者将自身置于普通大众之中，与受众身处同一立场。这很容易使受众群体认为双方是具有

---

❶ 陈辉，陈国华. 人称指示视点的选择及其语用原则［J］. 当代语言学，2001（3）：175 - 186，237.

❷ 李谨香. 对比语用学视角下的第一人称指示语［J］. 湖南师范大学教育科学学报，2011，10（5）：121 - 123.

❸ SELA A, WHEELER S C, SARIAL-ABI G. We are not the same as you and I: causal effects of minor language variations on consumers' attitudes toward brands［J］. Social Science Electronic Publishing, 2012, 39（3）: 644 - 661.

❹ THOMPSON G. Introducing functional grammar［M］. 北京：外语教学与研究出版社，2012.

共同利益的,因而更倾向于接纳传播内容。

国内人称代词研究多集中于广告学和语言学领域,主要是通过文本分析,从广告实例结合语言学理论进行探析,如人称代词的互动性研究。从语言学角度来看,广告也可视为商家与顾客之间的一种特殊形式的会话。在广告这种特殊的交际中,广告传播者作为主体是说话人,顾客作为受众是听话人。源于这种会话的特点,商家在广告中会经常使用人称代词来构建契合的人际关系。❶ 比如,运用第一人称来指代消费者,努力诠释消费者的感觉,从而拉近距离,将受众带入一种情境认同的氛围当中;使用第二人称来构建交流沟通关系,辅助传播者与受众之间的对话;而第三人称代词则给听众带来讲述者是以比较客观的态度或局外人的角度来评论事物的效果,增加内容可信度。❷ 对于服务行业特别是销售性质的行业,使用不同的人称会在一定程度上影响业绩,❸ 比如保险从业人员会采用第一人称指示语"我"来代替第二人称指示语"你"进行营销,符合礼貌得体的原则,从而利于推销的成功。

人称代词有时还在广告语中采用,一般为加上"的"形成物主代词进行使用。比如,作为物主代词暗示个体与目标物存在所有权关系。物主代词"我的"和个人名字之间也存在相应的联系,两者都与个体的自我和所有权表征紧密相连。物主代词"我的"代表个体所有的拥有物,而拥有物是个体延伸自我的一部分,所以物主代词"我的"同时也是个体自我的一种表征。❹

人称信息可以通过消费者基于以自我为参照类别的自动分类而直接影响对目标产品或者品牌的心理距离。从实际应用的角度来说,选择不同的人称除了表明说话者对于涉及的事物的看法,还能够体现出说话者

---

❶ 孙飞凤. 英汉人称代词社交指示功能的语用对比研究 [J]. 集美大学学报(哲学社会科学版), 2006, 9 (1): 81–86.

❷ 杨英新. 自我参照效应对广告传播效果的影响与运用 [J]. 商业经济, 2012 (8): 128–129.

❸ 杨晓. 保险营销员推销话语中第一人称指示语的语用分析 [J]. 湖北第二师范学院学报, 2012, 29 (11): 17–20.

❹ PACKARD G, MOORE S G, MCFERRAN B. (I'm) Happy to Help (You): The impact of personal pronoun use in customer-firm interactions [J]. Journal of Marketing Research, 2018.

的权势、说话者对听话人的态度以及说话者与听话者双方的亲密程度。❶所以,人称信息的选用可以帮助语言沟通中的双方建立起某种特殊的关系。❷ 因此,在某个特定语境下,代词的选择性使用为研究语篇中说话者对受话者的态度以及相互关系提供了线索。❸

已有研究表明,不同的人称信息(第一人称、第二人称)在广告中的使用将影响消费者对于广告产品的评价。这种使用人称的广告策略通过提高对广告品牌的认知和情感反应来增加说服力。❹ 广告使用"我""你"等人称代词有助于消费者将与自我有关的信息与产品评价相联结。营销学者认为个体倾向于将拥有物和产品分为两类:属于自我的部分和不属于自我的部分。❺ 向消费者展示品牌名称与第一人称代词"我"的主格或宾格进行强制配对的信息会促使消费者将品牌视为属于自我的一类,从而提高消费者与品牌的自我联结,缩短消费者心理距离。❻ 认知心理学的研究发现,将第一人称物主代词"我的"和实验刺激物进行同时或先后展示使得被试对目标物表现出更快的认知反应速度并投入更多的认知资源。❼ 消费者十分反感商家反复的购买劝说、强制性的购买建议和高高在上的语气。相反,消费者更希望从自身的角度出发,有自己的主动选择权。当不存在购买压力的时候,消费者会对品牌更加具有好感。在一些消费者自主选择性强的服务行业中,这类现象十分明显。❽在酒店的英文宣传介绍方面,代词 we、us 和 our 这些包容性的第一人称复数代词被频繁地使用,这种方式成功地将自己置身于读者当中,似乎

---

❶ STEPHAN G, PATZOLD K. A survey of modern English [M]. New York:Routledge, 1992:287.

❷ 许慎. 说文解字(现代版)[Z]. 北京:社会科学文献出版社, 2005:196.

❸ 何兆熊. 新编语用学概要 [M]. 上海:上海外语教育出版社, 2000:63 - 66.

❹ ESCALAS J E. Self-referencing and persuasion:Narrative transportation versus analytical elaboration [J]. Journal of Consumer Research, 2007, 33 (4):421 - 429.

❺ WEISS L, JOHAR G V. Egocentric categorization and product judgment:Seeing your traits in what you own (and their opposite in what you don't) [J]. Journal of Consumer Research, 2013, 40 (1):185 - 201.

❻ PERKINS A W, FOREHAND M R. Implicit self-referencing:The effect of nonvolitional self association on brand and product attitude [J]. Journal of Consumer Research, 2012, 39 (1):142 - 156.

❼ SHI Z, ZHOU A, HAN W, et al. Effects of ownership expressed by the first-person possessive pronoun [J]. Consciousness and Cognition, 2011, 20 (3):951 - 955.

❽ 吴奇宣. 酒店英文简介中语气与人称的人际功能 [J]. 科教文汇, 2014 (19):122 - 124.

正站在读者的立场说话,与读者处于同一群体,这就有利于缩短酒店与潜在客人之间的心理距离,从而使双方建立起亲密的人际关系。可见,使用第一人称能够更快与自我相关信息相联结,拉近双方的心理距离。

第二人称代词也在一定程度上起到拉近双方心理距离的作用。在广告中,代词"你"(you)的使用可以帮助说话者迅速激发听话者的情感,并使听话者参与交际。❶ 这种直接的称呼,以一种循循善诱的方式让听话者加入到说话者所谈论的内容,让听话者对说话者所讨论的事情感兴趣。而在酒店简介中,第二人称"你"(you)用于泛指简介的读者及潜在的客户。虽然他们在浏览纸质版或者电子版的酒店简介并没有与商家进行面对面的交流,但是当使用"你"(you)这一第二人称代词时,简介中所描绘的场景就成为一个假想的对话场景,仿佛酒店工作人员此时就站在客户身边当面介绍这些服务,创造出双方直接面对面交流的场景,读者及潜在的客户就能加入其中,主动积极地与酒店进行直接交流。

语境即言语环境,主要包括情景语境和文化语境两大类。不论是哪种类型,语境都会对语言的效果产生很大的影响。对语境的认识,需要从话语范围(field of discourse)、话语方式(mode of discourse)和话语基调(tenor of discourse)这三个方面来认识。❷ 话语范围(语场)指正在发生的事情及其环境,话语方式(语式)是语言的交际渠道以及语言所要达到的目的,话语基调(语旨)强调参与讲话者之间的角色关系。这使得人们对"情景语境"内容的认知更加清晰和具体。其中,话语范围体现语言的概念意义,话语方式体现语篇意义,话语基调则体现人际意义。这对进一步了解言语意义的结构、意义如何生成以及如何在特定情境中发挥功能提供可识别的参考路径和借鉴价值。同样的词语或者对话,被带入到不同的语境中,往往会产生不同的效果与意义,赋予言语内容额外的意义。不仅如此,语境的研究范围也可以扩大到修辞学、逻辑学、社会学等方面。同时,语境更强调一种社会关系与社会意义。它让词语脱离只被研究词的词汇意义或语法意义的范畴,上升到另一种高度——

---

❶ COOK G. The Discourse of Advertising [M]. London: Routledge, 1992: 157.
❷ 王婷. 意义生成与语境建构:"语域"视阈下传统文化类节目研究 [J]. 现代传播(中国传媒大学学报), 2019, 41 (1): 103 – 107.

从人及人所引带的社会关系出发的新高度。在众多的社会意义当中，人际意义无疑是十分有特点的一种。人际意义的构建通过语境中的人际系统进行构建，其中包括人称系统、情态系统和语气系统。❶ 人称系统又包括人称代词和物主代词，它们对于实现对话的人际功能和人际意义具有重要作用。❷

人称代词是指用于人的称谓，大部分具有名词或形容词的语法功能的词类。不同的人称代词在特定的语境下出现，会带来不同的效果。第一人称的使用可以带来较好的代入感，容易寻求用户与企业的共鸣；如果采用复数的形式，则能够展现自己的"集体身份"，引发集体文化认同感。❸ 第二人称的使用会带来一种"对话性"的体验，有一种互动的人际意义。它通过制造和用户平等对话的交流氛围，来实现自己的人际功能，从而达到与用户互动的意义。在所有形式的文本中我们都可以利用它的这种人际意义来增添文本的可读性和互动性，调动用户与企业之间的交流，让用户也参与进来，使用户在不知不觉中对企业的观点产生一种共鸣。

综上，目前国内外学者对广告中人称信息的研究存在明显不足：一是关于人称信息的研究主要集中于语言学领域，在营销学领域未能得到足够重视；二是广告中人称代词的研究主要用于广告语方面，基于其他营销的研究较少；三是学者们虽然注意到广告中人称代词的作用并提出相应的观点，但缺乏实证研究，未能得出令人信服的结论。

2. 品牌态度

关于对态度的看法，不同的学者有不同的定义。有学者将态度总结为三要素，即获取到既定的信息、表达自己满意或不满意的喜好、具有行为上的倾向。❹ 将态度的三要素运用到品牌上，就得出品牌态度是消费群体通过组织经验（包括直接的消费经验和间接的他人或媒体宣传）

---

❶ 宋来全，杨忠. 人际语法隐喻的发生理据和文体功能研究：以商务英语信函中的人际语法隐喻为例 [J]. 外语学刊，2019（2）：50-55.

❷ HALLIDAY M A K. An introduction to functional grammar [M]. 3rd ed. Beijing: Foreign Language Teaching and Research Press, 2008: 115-118.

❸ 王艳丽. 第一人称复数指示语的语用移情功能 [J]. 华章，2013（19）：98.

❹ 刘凤军，王镠莹. 品牌形象对顾客品牌态度的影响研究 [J]. 科学决策，2009（1）：67-74.

和情感体验所形成的对该品牌的正面或负面的评价,进而产生倾向于购买或不购买该品牌产品的心理状态。❶ 品牌态度通常包含两个方面的内容,一是消费者对品牌是否喜爱❷,二是消费者是否有购买意向❸。随着研究的深入,品牌态度的研究更倾向于动态化。❹ 品牌态度如同其他态度一样,会在一定的社会影响下发生变化,比如接收到其他信息。有学者认为,影响消费者的品牌态度的因素主要有时间和情境。❺ 在原始态度形成之后,消费者仍然会对之后遇到的品牌信息进行加工处理,并作用于原始品牌态度,形成新的品牌态度。除此之外,一些与产品本身无关的积极信息,比如品牌在绿色环保上的努力,将在很大程度上改变消费者的品牌态度。❻ 有关品牌态度的相关研究一直是市场营销学和心理学关注的热点,也经过较长时间的发展。品牌态度最早是从消费者行为学中"态度"这一概念演化而来的。消费者态度直接反映企业营销活动的效果,是企业制定营销战略、策划营销活动的重要依据。在企业的品牌营销活动中,最核心的内容就是掌握顾客的需求,了解顾客的品牌态度;有了以上信息,企业才能制定更有针对性的营销策略。❼ 从心理学的角度而言,态度是人对事物的主观评价。这种评价既具有稳定性,也具有针对性;评价可以是积极的,也可以是消极的。从营销学的角度来看,态度是个人对物品或服务的认知评价。这种认知评价是较为稳定的,且具有两面性,它会对个人的情绪及行为造成影响。❽

---

❶ 宋永高,水常青. 国内消费者对本国品牌的态度极其改变的可能性研究[J]. 南开管理评论,2004,7(2):41-45.

❷ SENGUPTA J, FITZSIMONS G J. The effect of analyzing reasons on the stability of brand attitudes: a reconciliation of opposing predictions [J]. Journal of Consumer Research, 2004, 31 (3): 705-711.

❸ FAYANTI R K, MCMANAMON M K, WHIPPLE T. The effects of aging on brand attitude measurement [J]. Journal of Consumer Marketing, 2004, 21 (4): 264-273.

❹ 申荷永. 社会心理学:原理与应用[M]. 广州:暨南大学出版社,1999:111.

❺ LAI C K, HOFFMAN K M, NOSEK B A. Reducing implicit prejudice [J]. Social Science Electronic Publishing, 2012, 7 (5): 315-330.

❻ OLSEN M C. Green claims and message frames: how green new products change brand attitude [J]. Journal of Marketing, 2014, 78 (5): 119-137.

❼ BIRD M, CHANNON C, EHRENBERG A S C. Brand image and brand usage [J]. Journal of Marketing Research, 1970, 7 (3): 307-314.

❽ 邱玲,张爽. 涉入程度在品牌延伸评价中的影响效应[J]. 商业研究,2014 (4):105-111.

影响品牌态度的因素有很多，许多专家学者从不同的角度探讨消费者品牌态度的影响因素。对于传统的奢侈品品牌而言，如果有抄袭的行为，将会比新奢侈品品牌的抄袭行为更严重地影响消费者的品牌态度。❶ 这主要是受品牌联想、品牌形象、品牌信誉和品牌领导力等多方面的影响。近年来，企业文化也逐渐成为影响品牌态度的重要因素。❷ 企业文化作为一个独立的概念，受到品牌信念的引导，可以成为品牌态度的决定性因素。企业的社会责任不仅对企业所处的社区和企业员工产生影响，而且能够引起消费者的社会认同，进一步影响消费者的品牌态度。❸

除了企业文化，企业员工和管理者的认知和行为也会影响消费者的品牌态度。企业员工的责任感认知将会产生外部影响，即影响消费者对于企业的认同和品牌态度。❹ 企业家前台化行为就是企业家通过一系列展示向公众呈现自己的个人品质、领导能力、身份背景、创业故事等方面。企业家前台化行为的类型、数量及企业家自身公众形象等方面，会使公众产生共鸣或情感联系，对品牌态度造成影响。❺ 随着信息技术的飞速发展，网络媒体对于消费者品牌态度的影响越发重要。不同情况下负面网络口碑对于品牌态度的影响不同。❻ 对于预先态度好的熟悉品牌而言，负面网络口碑对品牌态度的影响小；对于预先态度差的不熟悉品牌而言，负面网络口碑对品牌态度的影响大。在品牌营销中，品牌网络发言人与消费者的互动可以增强品牌的互动声誉、互动密度和互动权威，

---

❶ VOGEL A T. Consumer evaluations of trend imitation: brand equity, consumer attitudes and preference [J]. Journal of Product & Brand Management, 2017, 26 (5): 516 – 527.

❷ RIZVI W H. The influence of emotional confidence on brand attitude: Using brand belief as mediating variable [J] Journal of Marketing Research, 2018, 31 (1): 158 – 170.

❸ FAROOQ O, PAYAUD M, MERUNKA D, et al. The impact of corporate social responsibility on organizational commitment: exploring multiple mediation mechanisms [J]. Journal of Business Ethics, 2014, 4 (4): 563 – 580.

❹ 刘凤军，朱国超，李辉. 企业内部责任外显机制研究：内部责任感知对消费者品牌态度的影响 [J]. 营销科学学报，2016，12 (4): 89 – 108.

❺ 朱丽娅，黄静，童泽林. 企业家前台化行为对品牌的影响述评 [J]. 中国软科学，2014 (1): 171 – 179.

❻ 戢芳，周庭锐，尹训国. 负面网络口碑特征对消费者品牌态度变化的影响：信息易获得性与诊断力理论视角 [J]. 财经论丛，2013 (5): 95 – 99.

引起消费者品牌共鸣,从而提升消费者的品牌态度依附。❶ 对于虚拟产品而言,单纯虚拟在场产品经验与社交虚拟产品经验的品牌态度,都受到消费者的从众行为和社会联结的影响。❷

综上所述,品牌态度的研究由心理学的范畴演化而来,从线下的营销活动到线上的在线互动、网络口碑,对于品牌态度的研究不断结合新的领域和学科,与时俱进。究其根本,品牌态度包含消费者的心理作用机制,属于心理学与市场营销学的交叉内容。基于此,笔者选择心理距离这一变量作为中介变量,探究人称信息的变化对消费者品牌态度的影响,并借由这一变量使得研究的逻辑更为通畅。

3.2.1.2 理论框架

人称信息可以用于宣传、广告、语言等地方,通过实现其人际意义,达到提供信息、激发顾客兴趣和敦促顾客购买服务的目的。第一人称代词可以拉近商家与顾客之间的心理距离,建立起友好亲密和团结一致的关系。第二人称代词则能够建立起一种双方平等交流与沟通的场景,使顾客有持续了解产品或服务的兴趣。通过巧妙地使用人称信息,商家能够表达出自身的立场和观点,实现对顾客的宣传和劝说,最终影响潜在顾客的态度和行为。基于以上研究内容,笔者提出如下假设:

H1:人称信息对心理距离有正向作用。相比第二人称,第一人称更能拉近用户心理距离。

有研究表明,在营销中使用具有细微差异的关系暗含语对于消费者的感知、态度和行为都会产生不同影响。如使用"我"相比于使用"你"来说,更能提高消费者对于品牌的信任度,因为这种人称代词可以使消费者用更加亲密的人际关系来对待自己与品牌之间的关系。❸ 最

---

❶ 范晓明,王晓玉. 品牌网络发言人互动特征对消费者品牌共鸣的影响 [J]. 当代财经,2017 (4):79-88.

❷ 耿庆瑞,陈昱欣,黄映瑄. 单纯虚拟在场产品经验与社交虚拟产品经验对品牌态度与购买意图之影响:以从众行为与社会连结为干扰变数 [J]. 交大管理学报,2018 (2):57-94.

❸ SELA A, WHEELER S C, SARIAL-ABI G. We are not the same as you and I: Causal effects of minor language variations on consumers' attitudes toward brands [J]. Journal of Consumer Research, 2012, 39 (3): 644-661.

近的研究表明，企业在媒体传播中采用第二人称"你"同样也可以提高消费者的自我参照，进而促进消费者的参与度和品牌态度。❶ 在品牌命名方面，相比不含任何人称信息的品牌，含有人称代词"我"和"你"都会获得消费者更高的积极评价和喜爱度。❷❸ 在与消费者的沟通中，如果员工能够称"我"，将会比使用"你"更能提高顾客对于品牌的信任感，从而提高沟通的效果，因为"我"这一人称代词将能够增加消费者的移情性和顾客利益代表的感知。❹

  品牌宣传稿件作为一种广告类的文本，在语言表达方面具有煽动性，能够对消费者产生号召力和鼓动性。在品牌宣传稿件中灵活地使用人称，可以吸引消费者的注意力，改变消费者的视角，拉近品牌与消费者之间的距离，使消费者增加对品牌的好感，刺激他们的购买欲望。使用第一人称时，商家可以巧妙地引导消费者从第一人称来了解公司，增强消费者的亲切感，形成消费者对于品牌的偏好。在原来没有人称信息的基础上，添加第二人称信息的宣传，也有助于构建与消费者之间的桥梁，提升宣传效果，增进品牌态度。在体育品牌英语广告中，用第二人称代词可以帮助不同消费者群体捕捉到商品的价值收益，第二人称代词本身带有诚恳交流的话语特色，更能增强消费者的参与感，影响消费者对品牌的看法。❺ 在微信的文体使用中，对于人称信息的活用，特别是将第二人称活用为第一人称，能够借众人之口提出观点，从受众亲身体验的角度讲出自己的诉求，激发受众的参与意愿。❻ 例如，阿迪达斯使用贝克汉姆的自述作为广告，全篇采用"我"这一第一人称，表明"我"在足球运动中没有被困难打败并持之以恒地努力拼

---

❶ CRUZ R E, LEONHARDT J M, PEZZUTI T. Second person pronouns enhance consumer involvement and brand attitude [J]. Journal of Interactive Marketing, 2017, 39: 104 – 116.

❷ FENNIS B M, WIEBENGA J H. Me, myself, and ikea: Qualifying generic self-referencing effects in brand judgment [J]. Journal of Business Research, 2017, 72: 69 – 79.

❸ KACHERSKY L, PALERMO N. How personal pronouns influence brand name preference [J]. Journal of Brand Management, 2013, 20 (7): 558 – 570.

❹ PACKARD G, MOORE S G, MCFERRAN B. (I'm) Happy to Help (You): The impact of personal pronoun use in customer-firm interactions [J]. Journal of Marketing Research, 2018.

❺ 韩清华. 体育品牌英语广告语言特点研究 [J]. 海外英语, 2019 (1): 193 – 194.

❻ 苏文倩. 高校微信公众号文本中的人称指示研究：以武汉地区高校为例 [J]. 兰州教育学院学报, 2017, 33 (7): 42 – 43.

搏，最终取得成功。第一人称的视角让消费者仿佛置身于挥洒汗水的绿茵场上，引发消费者共鸣，使其产生更为正面的品牌印象。基于以上内容，笔者提出如下假设。

H2：人称信息对品牌态度有正向作用。相对于第二人称，第一人称对消费者品牌态度有正向作用。

关于心理距离对品牌态度的影响，国内外的研究已经比较全面。社会心理学认为，作为评估的依据，心理距离将影响群体之间的冲突。心理距离越小，个体对其态度就越积极。❶ 当心理距离越远时，个体会加强危机感意识，加剧心理障碍，建立牢固的自我防卫意识；相反，当心理距离较近时，个体容易产生轻松、自在、真实的情感。随着消费者行为学的发展，心理距离在市场营销领域的使用也越来越广泛，这一概念用于描述人与品牌之间的距离的感知。❷ 还有学者基于心理距离理论，通过实证研究分析在线评论内容如何作用于消费者购买意愿。❸ 企业社会责任也会对外群体品牌态度产生影响❹，当利他性价值观水平越高时，心理距离越能正向地影响外群体品牌态度。这种情况结合心理距离中假设性的概念，可以解释用户感知的心理距离与他们对信息伤害危机事件的理解的关系。❺ 进一步地，网站会影响消费者的心理距离，不同的网站质量和网站设计等会造成消费者与网站之间不同的联结关系和信任程度。当品牌犯错时，心理距离中空间距离和社会距离两个维度会同时影响品牌评价。当这两个维度都较近时，消费者对品牌的差评指数较高，反之则较低。基于以上内容，笔者提出如下假设。

H3：心理距离的缩短对品牌态度有正向作用。

---

❶ LIBERMAN V, SAMUELS S M. The name of the game: Predictive power of reputation versus situational labels in determining prisoner's dilemma game moves [J]. Personality and Social Psychology Bulletin, 2004, 30 (9): 1175 – 1185.

❷ ESCALAS J E, BETTMAN L R. Self-construal, reference groups, and brand meaning [J]. Journal of Consumer Research, 2005, 32 (3): 378 – 389.

❸ 周梅华，李佩锢，牟宇鹏. 在线评论对消费者购买意愿的影响：心理距离的中介作用 [J]. 软科学, 2015 (1): 101 – 104.

❹ 袁海霞，田虹. 企业社会责任匹配性能否提升外群体品牌态度：基于消费者心理距离的中介作用研究 [J]. 经济管理, 2014, 36 (4): 82 – 93.

❺ 张敏，唐国庆，张艳. 负面在线情绪下搜索用户持续使用意向的双路径研究 [J]. 图书馆学研究, 2018 (9): 23 – 30, 83.

3.2.1.3 实验研究

本小节主要就人称信息对用户品牌态度的影响实验过程以及结论进行陈述与讨论。

1. 量表的设置

下文将对多种量表的设计进行介绍。

（1）人称信息的测量

关于人称信息的测量，之前没有明确的研究提出，但是问卷调查的过程中都不可避免地涉及人称信息。为了保证其他变量一致，问卷的开头设置测试文章，文章之后有7个市场调查的问题。如果变量为第一人称，则在测试文章和第二部分的市场调查中均使用"我"这一人称。如果变量为第二人称，则在测试文章和第二部分的市场调查中均使用"您"这一人称。后续的心理距离与品牌态度调查均使用"您"这一人称。为了确保被试注意到人称信息，文章中多次提到，以强化被试印象。

（2）心理距离的测量

笔者对心理距离的测量按照四个维度进行划分，分别是时间距离、空间距离、社会距离和假设性。在量表的选取上结合熊立和杜建刚的心理距离量表，并就具体的品牌进行更改，如表3-5所示。

表3-5 心理距离量表题项

测量变量	编码	测量题项
心理距离	PD1	在了解产品的过程中，您感到该品牌离您很近
	PD2	您很喜爱该品牌
	PD3	拥有该品牌能够让您更好地融入当时的环境
	PD4	不管有没有购买，您都会记得该品牌
	PD5	即使距离比较远，如果该品牌举办活动或者推出新品，您也会去参加

（3）品牌态度的测量

根据前文品牌态度的文献综述，笔者认为认知性品牌态度、情感性品牌态度和品牌购买意愿是笔者所需要测量的品牌态度的三个维度。

Chris 采用九级量表的方式测量消费者的品牌态度,[1] 询问消费者是否喜欢该品牌、消费者对该品牌的感知是否良好、购买该品牌是否开心等。Maria 开发了 4 个题项的量表,询问消费者对该品牌是否喜欢、购买该品牌是否让人开心、该品牌本身好不好、该品牌的质量好不好。[2] 我国学者柴俊武开发出了 6 个题项的测量问卷,加入消费者对品牌的信任感。[3] 还有学者对前人的研究作出总结,为品牌态度归纳出认知性品牌态度、情感性品牌态度和品牌购买意愿三个维度[4],开发出 9 个题项的问卷。笔者在结合上述量表的同时,按照具体的情况进行更改,如表 3-6 所示。

表 3-6 品牌态度量表题项

测量变量	编码	测量题项
品牌态度	BA1	在其他地方看到该品牌,您会感到亲切
	BA2	在您的心目中,该品牌不比其他同类品牌差
	BA3	如果以后有机会,您会倾向于购买该品牌的产品
	BA4	如果周围的同事或者朋友问起,您愿意向他们宣传并推荐该品牌的产品
	BA5	您对该品牌的其他产品也很感兴趣
	BA6	经过对品牌的了解,您觉得这个品牌是有价值的
	BA7	该品牌的产品使用起来令您放心
	BA8	同等价位情况下,您会选择该品牌的产品

2. 实验操作

笔者通过实验研究考察品牌态度的调查中,人称信息对于消费者心理距离和品牌态度的影响。故本书有三个操纵变量——人称信息、品牌熟悉度和产品类型。其中,人称信息的区分度较高,采用第一人称

---

[1] CHRIS J. The influence of print advertisement organization on affect toward a brand name [J]. Journal of Consumer Research, 1990, 17 (1): 53-65.

[2] 袁登华, 罗嗣明, 叶金辉. 内隐品牌态度与外显品牌态度分离研究 [J]. 心理科学, 2009, 32 (6): 1298-1301.

[3] 柴俊武, 陈倩倩, 刘梦聪. 基于体验学习的中华老字号品牌态度的影响机制研究 [J]. 广义虚拟经济研究, 2015, 6 (2): 59-70.

[4] 张耘堂, 李东. 原产地形象对农产品电商品牌化的影响路径研究 [J]. 中国软科学, 2016 (5): 43-54.

"我"和第二人称"您"来进行区分。品牌熟悉度则采用两个虚拟品牌和李宁以及华为这两个国内知名度较高的品牌。产品类型的筛选则是通过题项设置验证被试对变量的认知,判断被试是否认真阅读刺激材料。具体来说,在阅读完相关材料之后,所有被试被要求填写一道有关产品类型的操纵检验问题,即出现的产品属于何种类型。对于操纵检验问题未准确判断的样本予以剔除。

笔者选择的实验产品为滑雪服。选择滑雪服为实验产品的原因如下:第一,滑雪服是一种明显的体验型产品,便于与之后设计的搜索型产品进行对比;第二,滑雪服的使用场景比较特殊,普及性较低,可以减少被试固有观念对实验的影响;第三,预实验采用虚拟品牌的滑雪服,也可以进一步降低被试原有品牌态度对主效应的影响。

实验采用的是组间设计,包含两个组——使用第一人称信息的实验组和使用第二人称信息的实验组。总共有70人(女性占56.7%)参与该实验,并被随机分配至两个实验组。

该实验设定一个场景,即让被试阅读一段文字,想象自己将要参与一场滑雪活动,但是缺少滑雪服,于是去店铺进行线下购买。实验描述了在不同人称信息("我"和"您")的场景下,产品的宣传信息以及市场调查问卷。除了人称信息不同,两者在产品类型、宣传语、目标受众和产品款式及陈列等方面都相同。接着被试将完成一份带有不同人称信息的市场调查问卷,最后完成心理距离问卷及品牌态度问卷。

3. 数据收集与分析

研究的对象主要为中国人民大学及周边学校的学生。共发放70份问卷,其中无效数据为7份,去掉无效数据之后,共得到有效数据63份,有效率达到90%。在所有收集到的问卷当中,男性被试26人,占总被试的41.27%;女性被试37人,占总被试的58.73%。学历方面,大专7人,占总被试人数的11.11%;本科22人,占总被试的34.92%;硕士28人,占总被试的44.44%;博士6人,占被受试者的9.52%。被试的年龄均在18~50岁。回收预调研实验数据之后,通过SPSS 25.0软件对回收的数据进行信度和效度分析,并检验主效应的显著性。

(1) 量表的信度检验

信度检验也称可靠性检验,可以检验出问项之间内部一致性的情况。对于问项内部一致性的判断主要通过 α 系数的大小,α 系数越大,则表明量表各问项之间具有的一致性越高,问卷的可靠性越强。一般研究认为,α 系数是 0.6~0.65 为不可信,0.65~0.70 为最小可接受值,0.7~0.8 为相当好,0.8~0.9 就是非常好。

通过 SPSS 25.0 软件对问卷数据进行分析,汇总得到如表 3-7 所示的信息,可以看出,三个量表的 α 系数均在 0.9 左右,这说明量表的问项设计一致性较高,量表具有较高的可信度,调查问卷基本可以用于以后的研究。

表 3-7　人称信息实验信度检验表

题项	测量指标	Cronbach's α 系数
市场调查	7	0.921
心理距离	5	0.889
品牌态度	8	0.945

(2) 量表的效度检验

效度检验也称有效性检验,是为了检验量表的问项能否准确测出所需内容。效度检验一般通过 *KMO* 值和巴特利特(Bartlett)球度检验,*KMO* 值越大,表明量表的效度就越好,*KMO* 值在 0.9 以上表示非常合适作因子分析;0.8 表示合适作因子分析;0.7 表示一般;0.6 表示不太合适作因子分析;0.5 以下表示极不合适作因子分析。

通过 SPSS 25.0 软件对收集到的数据进行效度分析,得到如表 3-8 的结果,可以看出,量表的 *KMO* 值均大于 0.8,巴特利特球度检验(Bartlet 球度检验)的显著性均为 0.000,具有很好的显著性。效度检测的 *KMO* 值和巴特利特球度值表明量表具有很好的效度,可以进一步开展研究。

表 3-8　人称信息实验效度检验表

题项	题号	因子载荷量	KMO 值	Bartlett 球度检验显著性
市场调查	Q1	0.681	0.862	0.000
	Q2	0.764		
	Q3	0.740		
	Q4	0.820		
	Q5	0.767		
	Q6	0.867		
	Q7	0.812		
心理距离	Q1	0.809	0.853	0.000
	Q2	0.805		
	Q3	0.727		
	Q4	0.835		
	Q5	0.734		
品牌态度	Q1	0.886	0.932	0.000
	Q2	0.852		
	Q3	0.780		
	Q4	0.831		
	Q5	0.840		
	Q6	0.745		
	Q7	0.804		
	Q8	0.789		

通过对预调研收集的数据进行分析可以看出，各量表的信度和效度情况较好，问卷设计较为合理，可以进一步开展后续的研究。

（3）方差齐性检验

在此初步证明阶段，以品牌态度平均分为因变量，以人称信息为自变量，对于实验收集到的数据进行方差分析。方差齐性检验结果大于 0.05，如表 3-9 所示，因此可以进行后续的方差分析。

表 3-9　人称信息实验方差齐性检验

变量		莱文统计	自由度 1	自由度 2	P
品牌态度平均分	基于平均值	0.800	1	61	0.374
	基于中位数	0.176	1	61	0.676
	基于中位数并具有调整后自由度	0.176	1	530.573	0.676
	基于剪除后平均值	0.419	1	61	0.520

（4）单因素方差分析

除了人称信息不同，两组的其他因素均相同，因此采用单因素方差分析来检验人称信息对于品牌态度的影响效果。人称信息对于品牌态度有显著影响，P 值小于 0.05，说明实验的主效应较为明显，可以进行后续研究，如表 3-10 所示。这验证了 H1：相比第二人称，第一人称更能拉近用户心理距离。各组箱线图如图 3-2 所示（其中 1 表示第一人称，2 表示第二人称）。

表 3-10　人称信息实验方差分析的描述性统计

组别	平方和	自由度	均方	F	P
组间	16.113	1	16.113	12.018	0.001
组内	81.789	61	1.341		
总计	97.902	62			

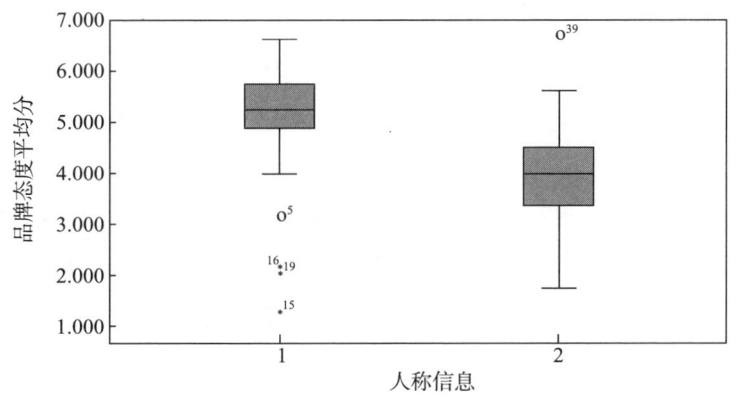

图 3-2　人称信息实验组箱线图

4. 结果与讨论

在研究过程中,研究的主效应得到验证,即人称信息对于消费者品牌态度的影响情况。并且发现不同的人称信息对于消费者品牌态度的影响差异显著,从图 3-2 就可以看出,使用第一人称时平均的品牌态度为 5,使用第二人称时平均的品牌态度为 3.98。这验证了 H1,即相比第二人称,第一人称更能拉近用户心理距离。但是由于这种情况下的模型比较简单,还会存在其他因素导致消费者品牌态度的变化,需要加入中介变量及调节变量的影响进行综合考虑,笔者将会在接下来的实验中探讨中介变量及调节变量的作用。

3.2.2 心理距离的中介作用

本小节将讨论心理距离在人称信息和品牌态度之间起的中介作用。

3.2.2.1 基本概念——心理距离

心理距离这一概念最早是由瑞士心理学家、语言学家布洛(Edward Bullough)于 1912 年提出的。此时的心理距离更多地应用于艺术鉴赏领域,即与艺术品保持心理距离能够消除人们对作品的实用态度,进而产生崭新的体验。此时的审美观点认为,审美的本质是无功利的,而生活的本质是有功利的,因此日常生活是不可能审美的,审美只有通过心理距离的方式与日常意识拉开距离才能得到。❶ 心理距离于 1956 年由贝克尔曼首次运用到社会经济领域,他发现地理位置越相近的国家之间贸易流动规模越大的规律,建立了贸易引力模型,后来将国家间的距离运用到个人心理层面。1998 年,托普和利伯曼提出心理距离跨越的不同形式,指出个体思考的角度可以包括过去、未来、遥远的地方,他人的角度和不同的情况,首次用社会心理学的角度解释了心理距离。❷ 心理距

---

❶ MANDOKI K. Everyday aesthetics: Prosaics, the play of culture and social identities [M]. Burlington: Ashgate Publishing Company, 2007: 7-42.

❷ JOHN K. Economics as applied ethics: value judgements in welfare economics [J]. Business Ethics Quarterly, 2012, 22 (4): 778-781.

离与市场营销学的联系在 21 世纪之后才出现，有学者研究了消费者个人的心理感知水平，从此心理距离进入市场营销学的相关研究中。

心理距离是指感知者自身与刺激之间的距离，是感知者以个体的直接经验（此时、此地、自身）为参照点，对其与刺激之间距离的心理表征❶，它包含空间距离、时间距离、社会性距离等维度，当心理距离的任意维度（如空间距离）被激活时，心理距离就会自动激活。❷❸❹❺

有研究从日常生活入手，分析人们在推特上讨论重大灾难和事故时使用的语言，发现人们在讨论这些让人感受到痛苦的事件时，较少使用第一人称，自发地拉开与那些悲剧的距离，他们还发现那些心理距离较远的个体，他们使用较少的消极词语。在演讲的过程中使用"we"能更好地将演讲主题与听众联系起来，把自己融入听众之中，拉近双方的心理距离使演讲取得更好的效果。❻ 对于一些外贸公司而言，能够正确理解并运用对方的人称代词也至关重要。❼ 比如，茶叶出口企业会使用"we"缩短与贸易伙伴的心理距离，将社会距离从"陌生人"转为"同事"或"朋友"，从而使彼此的利益紧密相连、互相依存，以期建立互惠友好的贸易关系。也会使用"you"激活口头交际模式，营造一种面对面亲切交流的氛围，把双方拉到平等的地位。这种替他人着想的语用策略可以引发贸易伙伴的认同感，有助于提高对方的参与感。当个体的

---

❶ TROPE Y, LIBERMAN N, WAKSLAK C. Construal levels and psychological distance: Effects on representation, prediction, evaluation, and behavior [J]. Journal of Consumer Psychology, 2007, 17 (2): 83 – 95.

❷ BAR-ANAN Y, LIBERMAN N, TROPE Y, et al. Automatic processing of psychological distance: Evidence from a Stroop Task [J]. Journal of Experimental Psychology: General, 2007, 136 (4): 610 – 622.

❸ HENDERSON M D, FUJITA K F, TROPE Y, et al. Transcending the "here": The effect of spatial distance on social judgment [J]. Journal of Personality and Social Psychology, 2006, 91 (5): 845 – 856.

❹ LIBERMAN N, TROPE Y. The psychology of transcending the here and now [J]. Science, 2008, 322 (5905): 1201 – 1205.

❺ TROPE Y, LIBERMAN N. Construal-level theory of psychological distance [J]. Psychological Review, 2010, 117 (2): 440 – 463.

❻ LEVINSON S C. Pragmatics [M]. Cambridge: Cambridge University Press, 1983.

❼ 熊小秦. 茶企商务英语信函人称指示语的语用移情探析 [J]. 福建茶叶, 2019, 41 (1): 233 – 234.

心理距离较远时，他会用高解释水平来理解事物，更关注宏观方面的内容；当个体的心理距离较近时，他会用低解释水平来理解事物，更关注微观方面的内容。相比于第一人称单数❶，第一人称复数指示语更能体现显著的语用移情功能，揭示人际关系的适应与顺应，其使用可以提高话语的亲和力和说服力，缩短交际主体之间的心理或情感距离，对言语交际行为进行主动的调节和干预，从而促进交际的顺利进行，实现交际目的，提高交际效率。

3.2.2.2 理论框架

人称信息可以通过心理距离的中介作用促进消费者品牌态度的变化。人称代词"我"是个体自我的重要代表部分。❷ 具体来说，第一人称"我"既具有表征自我的一般性❸，其所代表的拥有物又被视为个体的一种延伸自我❹。因此，第一人称代词"我"在产品中的使用将缩短顾客自我和产品的心理距离。此外，顾客关系研究发现，顾客心理距离和其与企业人员的先存友谊呈正相关关系，因为友谊促使顾客将企业人员的自我［包括其自我概念、资源（产品/品牌）以及观点］纳入顾客的自我，从而提高顾客与产品或者品牌的联结，提升顾客的品牌态度。❺ 因此，人称信息可以通过缩短心理距离提升品牌态度。基于以上的研究内容，笔者提出如下假设。

H4：心理距离在人称信息和品牌态度之间起到中介作用。

3.2.2.3 实验研究

在第3.2.1.3节的实验完成并且效果显著之后，在已有的2组实验

---

❶ 王艳丽. 第一人称复数指示语的语用移情功能［J］. 华章, 2013 (19)：98.

❷ NUTTIN J M. Narcissism beyond gestalt and awareness: The name letter effect［J］. European Journal of Social Psychology, 1985, 15 (3)：353 – 361.

❸ 周爱保, 朱婧, 夏瑞雪, 等. 寻找自我：自我相关物主代词的编码与theta节律的活动［J］. 心理学报, 2013, 45 (7)：790 – 796.

❹ BELK R W. Possessions and the extended self［J］. Journal of Consumer Research, 1988, 15 (2)：139 – 168.

❺ KOU Y, POWPAKA S. Why friends pay more: An alternative explanation based on self expansion motives［J］. Social Behavior and Personality, 2017, 45 (9)：1537 – 1552.

的基础上,再添加其他 6 组问卷。采用组间实验设计的方法:共有 8 种 [2(人称信息:第一人称/第二人称)×2(品牌熟悉度:高/低)×2(产品类型:搜索型/体验型)]情景,每名被调查者都被随机分配到以上 8 种情景中的一种中。

1. 实验设计

该实验添加一个不同产品类型的场景,即让被试阅读一段文字,想象自己因为工作的原因需要出差,但是缺少一台合适的平板电脑,于是去店铺进行线下购买。实验描述了在不同人称信息("我"和"您")的场景下,产品的相关参数以及市场调查问卷。除了人称信息不同,两者在价格、宣传语、目标受众和产品款式及陈列等方面相同。接着被试将完成一份带有不同人称信息的市场调查问卷,最后完成心理距离问卷及品牌态度问卷。

首先,向被试介绍实验的情况及要求,并且发放 8 组问卷,要求被试仔细阅读问卷的导语,并想象相关的场景,接下来被试将仔细阅读并完成第一部分的市场调查问卷。然后被试将基于之前的阅读和回答完成后面的心理距离量表和品牌态度量表,并在最后填写个人基本信息,结束填写之后问卷被收回。

2. 数据收集与分析

研究的对象主要为中国人民大学及周边学校的学生,还包括部分微信群组的成员。该实验最终收回 261 份问卷,经过一系列筛选之后,真正有效的问卷数量共有 248 份,此次调查问卷有效回收率达到 95.02%。在所有收集到的问卷当中,男性被试 107 人,占总被试的 43.15%,女性被试 141 人,占总被试的 56.85%。学历方面,高中 4 人,占总被试的 1.61%;大专 20 人,占总被试的 8.06%;本科 84 人,占总被试的 33.87%;硕士 116 人,占总被试的 46.78%;博士 24 人,占总被试的 9.68%。被试的年龄均在 60 岁以下。回收预调研实验数据之后,通过 SPSS 25.0 软件对回收的数据进行信度和效度分析,并检验主效应的显著性。

(1)调查问卷的样本特征

笔者针对收集到的 248 份有效问卷进行描述性统计分析,包括性别、年龄、学历，并对这三项作频数分析，得到如表 3 - 11 所示的样本特征。

表 3 - 11 调查问卷的样本特征

特征	类型	人数/人	比例/%
性别	男	107	43.15
	女	141	56.85
年龄	18 岁以下	3	1.21
	18~25 岁	170	68.55
	26~30 岁	47	18.95
	31~40 岁	21	8.47
	41~50 岁	6	2.42
	51~60 岁	1	0.40
学历	高中及以下	4	1.61
	大专	20	8.06
	本科	84	33.87
	硕士	116	46.78
	博士及以上	24	9.68

从表 3 - 11 中可以看出，被试中男性 107 人，女性 141 人，很明显女性占据被试的一半以上，多于男性。被试中 68.55% 的年龄集中在 18 ~ 25 岁，18.95% 的年龄集中在 26 ~ 30 岁。也就是说，本次调查人群主要是 18 ~ 30 岁，总占比 87.50%。从学历上看，此次调查被试的学历主要集中在本科和研究生及以上两个类别，占到总人数的 80.66%。由于该实验主要针对中国人民大学的大学生群体，所以年龄和学历比较集中。

（2）性别对各变量的独立样本 T 检验

为了验证被试的性别是否对心理距离和品牌态度产生影响，需要对性别进行检验，由于性别属于分组变量，所以采用 SPSS 25.0 软件中的独立样本 t 检验方法。在给定的显著性水平下，当检验统计量的概率 $P \leqslant 0.05$ 时，则有理由拒绝原假设，认为两总体的均值是不等的；反之，当 $P > 0.05$ 时，则接受原假设，认为两总体的均值是相等的。由表 3 - 12

中可知，性别对心理距离的 $t=-0.319$，$P=0.750$，明显大于 0.05，代表性别不会显著影响心理距离；性别对品牌态度的 $t=0.556$，$P=0.579$，明显大于 0.05，代表性别不会显著影响消费者品牌态度。

表 3-12　性别对各变量的独立样本 T 检验结果

题项		莱文方差等同性检验		平均值等同性 T 检验					95% 置信区间	
		F	P	t	自由度	P	平均值差值	标准误差差值	下限	上限
心理距离	假定等方差	2.554	0.111	-0.319	246	0.750	-0.222	0.695	-1.592	1.148
	不假定等方差			-0.314	211.328	0.754	-0.222	0.708	-1.618	1.174
品牌态度	假定等方差	1.145	0.286	0.556	246	0.579	0.612	1.101	-1.557	2.781
	不假定等方差			0.559	232.535	0.577	0.612	1.096	-1.546	2.771

（3）年龄对各变量的单因素方差分析

笔者将年龄划分为 6 个阶段，由于年龄是连续变量，应该采用单因素方差分析法来验证不同的年龄阶段对心理距离和品牌态度是否产生影响。给定显著性水平，如果 $P \leqslant 0.05$，则应拒绝原假设，认为控制变量不同水平下观测变量各总体的均值存在显著性差异；如果 $P > 0.05$，则应接受原假设，认为控制变量不同水平下观测变量各总体的均值无显著性差异。

由表 3-13 可知，年龄对感知有用性的 $F=0.915$，$P=0.472$，P 值大于 0.05，代表消费者的不同年龄不会显著影响心理距离；年龄对购买意愿的 $F=1.056$，$P=0.385$，大于 0.05，代表消费者的不同年龄不会显著影响其品牌态度。

表 3-13 年龄对各变量的单因素方差分析结果

题项	组别	平方和	自由度	均方	F	P
心理距离	组间	134.348	5	26.870	0.915	0.472
	组内	7105.164	242	29.360		
	总计	7239.512	247			
品牌态度	组间	388.204	5	77.641	1.056	0.385
	组内	17785.344	242	73.493		
	总计	18173.548	247			

（4）学历对各变量的单因素方差分析

学历与年龄都属于连续变量，所以要验证学历对心理距离和品牌态度是否产生影响，应该同样采用单因素方差分析法。

由表 3-14 可知，学历对心理距离的 $F=1.263$，$P=0.285$，P 值明显大于 0.05，代表消费者的不同学历不会显著影响心理距离；学历对品牌态度的 $F=0.399$，$P=0.809$，P 值明显大于 0.05，代表消费者的不同学历不会显著影响消费者品牌态度。

表 3-14 学历对各变量的单因素方差分析结果

题项	组别	平方和	自由度	均方	F	P
心理距离	组间	147.479	4	36.870	1.263	0.285
	组内	7092.033	243	29.185		
	总计	7239.512	247			
品牌态度	组间	118.667	4	29.667	0.399	0.809
	组内	18054.882	243	74.300		
	总计	18173.548	247			

（5）信度分析

信度是被测特征真实程度的指标，它的功用在于检查测量本身是否稳定。为了使内容分析的结果更具有可信度，信度分析是一个必备前提。信度一般用信度指标来衡量，信度系数是用来测量信度指标的具体数值。关于对信度系数的界定范围，学者们的看法各不相同，笔者采取常用的界定方法认为，0.6~0.65 为不可信，0.65~0.70 为最小可接受值，

0.7~0.8 为相当好，0.8~0.9 就是非常好。笔者采用 Cronbach's α 值系数法，结合 SPSS 25.0 软件，检验调查测量量表题项之间的信度。

由表 3-15 可知，市场调查、心理距离和品牌态度的 Cronbach's α 值分别为 0.872、0.802 和 0.892，均大于 0.8，表明本小节问卷中各变量本身都很稳定，内容分析更可靠。

表 3-15 各变量信度检验

题项	测量指标	Cronbach's α 系数
市场调查	7	0.872
心理距离	5	0.802
品牌态度	8	0.892

（6）效度分析

在信度检验的基础上，笔者采用因子分析法来检验问卷的结构效度，并对每个因子相应题项的因子载荷量进行效度检验。因子分析法更加倾向于描述原始变量之间的相关关系。因子分析主要是使用现有变量抽取的抽象变量来展示数据的基本框架，这种方法主要是通过降低维度进一步呈现各变量之间的关系强度。因子分析的前提是原有变量之间应该存在较强的相关关系。以往研究通常采用巴特利特球度检验和 KMO 检验法对变量间的相关关系进行检验。Bartlett 球度检验的标准如下：如果 $P \leqslant 0.05$，则应拒绝原假设，认为原有变量适合作因子分析；如果 $P > 0.05$，则不应该拒绝原假设，认为原有变量不适合作因子分析。KMO 检验法的取值范围在 0~1，如果 KMO 值越接近于 0，代表各变量之间的相关关系越弱，认为原变量不适合作因子分析；反之，KMO 值越接近于 1，则代表各变量间的相关关系越强，认为原变量适合作因子分析。笔者采用 Kaiser 学者界定的 KMO 度量标准，认为 KMO 值在 0.9 以上非常合适作因子分析；0.8 代表合适作因子分析；0.7 代表一般；0.6 代表不太合适作因子分析；0.5 以下代表极不合适作因子分析。由表 3-16 可知，3 个变量的因子载荷量分别为 0.858、0.745 和 0.898，均大于 0.7，3 个变量的 P 为 0.000，均小于 0.05，说明这 3 个变量的题项都适合作因子分析，且问卷的结构效度良好。

表 3-16 各变量效度分析

题项	题号	因子载荷量	KMO 值	Bartlett 球度检验显著性
市场调查	Q1	0.788	0.858	0.000
	Q2	0.661		
	Q3	0.774		
	Q4	0.752		
	Q5	0.768		
	Q6	0.737		
	Q7	0.789		
心理距离	Q1	0.807	0.745	0.000
	Q2	0.728		
	Q3	0.788		
	Q4	0.715		
	Q5	0.705		
品牌态度	Q1	0.82	0.898	0.000
	Q2	0.74		
	Q3	0.784		
	Q4	0.768		
	Q5	0.737		
	Q6	0.647		
	Q7	0.799		
	Q8	0.759		

(7) 人称信息对消费者心理距离的影响

笔者利用 SPSS 25.0 软件，采用单因素方差分析法，分析人称信息对消费者心理距离的影响。首先在问卷收集工作完成后，对被试在给定的不同情境内（第一人称和第二人称信息）进行分类。其中，第一人称的问卷有 122 份，第二人称的问卷有 126 份。接着，以人称信息为自变量，心理距离为因变量，进行单因素方差分析，具体结果如表 3-17 和

表 3-18 所示。

表 3-17 单因素方差分析的描述性统计

题项	个案数/个	平均值	标准偏差	标准误差	95%置信区间		最小值	最大值
					下限	上限		
第一人称	122	25.25	5.222	0.473	24.32	26.19	9	35
第二人称	126	24.17	5.563	0.496	23.19	25.16	8	35
总计	248	24.71	5.414	0.344	24.03	25.38	8	35

表 3-18 人称信息对消费者心理距离的单因素方差分析

组别	平方和	自由度	均方	F	P
组间	72.23	1	72.23	2.479	0.117
组内	7167.282	246	29.135		
总计	7239.512	247			

结果显示，$M_1 = 25.25$，比 M_2 的均值大 1.08，$F(1, 248) = 2.479$，$P = 0.117$，P 值大于 0.05，说明人称信息对消费者心理距离产生部分影响。由图 3-3 可知，当使用第一人称时，消费者的心理距离较近；当使用第二人称时，消费者的心理距离变得稍远。

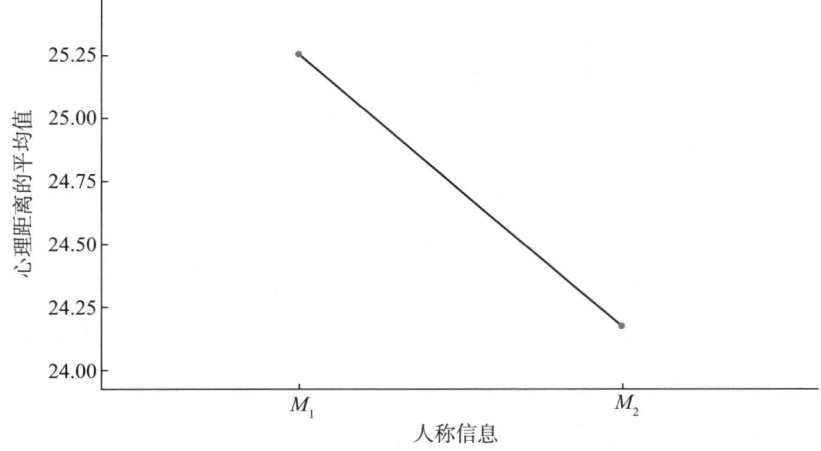

图 3-3 人称信息对消费者心理距离影响均值

（8）心理距离对品牌态度的影响

首先，使用 SPSS 25.0 对心理距离与品牌态度作线性回归分析，建立以心理距离自变量、品牌态度为因变量的回归模型，得到相关性分析结果，如表 3-19 所示。相关系数是反映两个变量间的密切程度的指标。Pearson 相关系数应用较广，当 $r=0$ 时，表示不存在线性相关；当 $0 \leqslant |r| \leqslant 0.3$ 时，为微弱相关；当 $0.3<|r| \leqslant 0.5$ 时，为低度相关；当 $0.5<|r| \leqslant 0.8$ 时，为显著相关；当 $0.8<|r|<1$ 时，为高度相关；当 $|r|=0$ 时，为完全线性相关。如果 $P<0.001$，则代表感知有用性与购买意愿之间为显著相关。从表 3-19 中可以看出，$P=0.000$，代表心理距离与品牌态度之间相关，且两者之间的相关系数为 0.839，表明心理距离与品牌态度之间相关性显著。

表 3-19 相关性分析结果

题项		心理距离总分	品牌态度总分
心理距离总分	皮尔逊相关性	1	0.839**
	P		0.000
	个案数	248	248
品牌态度总分	皮尔逊相关性	0.839**	1
	P	0.000	
	个案数	248	248

注：** 表示 5% 的水平下显著。

接下来得到回归模型摘要如表 3-20 所示，判定系数（R^2）为 0.013，表明心理距离可以解释品牌态度的 0.9%。德宾-沃森（Durbin-Watson，DW）检验是推断小样本序列是否存在自相关的统计检验法。DW 取值为 0~4。对 DW 观测值的直观判断标准为：当 $DW=4$ 时，残差序列存在完全负自相关；当 DW 值介于 2~4 时，残差序列存在负自相关；当 DW 介于 0~2 时，残差序列存在正自相关。由表 3-20 可知，DW 值为 1.373，表明误差项间是正相关的关系。由此，H2 得到验证，相对于第二人称，第一人称对消费者品牌态度有正向作用。

表 3-20　回归模型摘要

模型	R	R^2	调整后 R^2	标准估算的错误	DW
1	0.113[a]	0.013	0.009	8.540	1.373

（9）心理距离的中介作用

为了进一步考察人称信息、心理距离与品牌态度之间的关系，笔者按照 Baron 和 Kenny 在其研究中提到的验证中介作用的三阶段回归法，分三个阶段分别验证两两变量之间的关系。首先，对自变量和中介变量作回归分析；然后，对中介变量和因变量作回归分析；最后，依次对自变量、因变量，自变量，中介变量同时和因变量作回归分析，如果后者分析得到的回归系数小于前者分析得到的回归系数，则可以推断出中介变量发挥中介作用，即自变量通过中介变量作用于因变量。人称信息对心理距离的作用已经得到验证，现在对人称信息和品牌态度作线性回归分析，建立以人称信息为自变量、品牌态度为因变量的回归模型，得到如表 3-21 所示的回归系数。其中，人称信息与品牌态度的回归系数为 -1.941，且 $P=0.075$，P 值大于 0.05，表明两者之间相关性不显著。

表 3-21　人称信息对品牌态度的回归系数

模型		未标准化系数		标准化系数	t	P
		B	标准错误	Beta		
1	（常量）	42.589	1.723		24.713	0.000
	人称信息	-1.941	1.085	-0.113	-1.790	0.075

接下来，对人称信息、心理距离与品牌态度作线性回归分析。其中，以人称信息和心理距离作为自变量，品牌态度作为因变量，得到的回归分析结果如表 3-22 所示，$P=0.000$，说明人称信息与心理距离显著影响品牌态度。但当加入心理距离这一变量之后，人称信息的非标准化系数由原来的 -1.941 变为 -0.512，说明心理距离起到部分中介的作用。由此，H3、H4 得到验证，即心理距离的缩短对品牌态度有正向作用。心理距离在人称信息和品牌态度之间起到中介作用。

表 3-22　人称信息、心理距离对品牌态度的回归系数

模型		未标准化系数		标准化系数	t	P
		B	标准错误	Beta		
1	（常量）	7.720	1.736		4.446	0.000
	人称信息	-0.512	0.598	-0.030	-0.856	0.393
	心理距离总分	1.324	0.055	0.836	23.937	0.000

3. 结果与讨论

在研究的过程中，研究的中介效应得到验证，即心理距离在人称信息对消费者品牌态度影响的作用。在上一研究的基础上进一步验证第一人称对于品牌态度的积极作用，验证 H2，即相对于第二人称，第一人称对消费者品牌态度有正向作用。在实验的过程中也发现，品牌态度的提升是由于心理距离部分中介的作用，验证 H3，即心理距离的缩短对品牌态度有正向作用，以及 H4，即心理距离在人称信息和品牌态度之间起到中介作用。

3.2.3　产品类型及品牌熟悉度的调节作用

本小节将讨论产品类型调节人称信息和心理距离的关系。

3.2.3.1　理论框架

调节作用指的是一个或多个调节变量在因变量和自变量之间调节，使得自变量对因变量的影响效果发生变化。该实验将以人称信息为自变量，以产品类型和品牌熟悉度为调节变量，探究产品类型和品牌熟悉度在人称信息和消费者品牌态度之间的调节作用。由于本书的自变量与调节变量都为分类变量，笔者采用有交互作用的双因素及多因素方差分析来验证调节作用的存在。

有研究表明，在学术期刊中，市场学研究的第一人称代词使用数量远超应用语言学研究和机械学研究。市场学研究意图通过第一人称代词与读者进行互动进而实现交际目的。而机械工程学科研究较少使用第一人称代词来建构本书身份，是因为机械工程学作为自然科学，客观性是其研究所遵守的主要原则之一，因此机械学研究常常避免使用第一人称

代词这类体现研究身份的语言资源。❶ 同理，产品类型分为搜索型产品和体验型产品。搜索型产品是指仅根据具体参数就可以决定购买的产品，如工具、办公软件、数码相机、计算机等。体验型产品是指难以通过参数决定购买的产品，如服装、零食、酒等。也就是说，消费者更看重搜索型产品专业的能力，希望其能够展现专业化的能力、严谨的态度，或者能够对消费者的需求有所回应，希望产品与自身保持一定的距离。对于体验型产品而言，消费者更加重视情感上的满足和寄托，需要有归属感和亲近感，希望产品与自身的距离缩短。

基于以上研究内容，笔者提出如下假设：

H5：产品类型调节人称信息和心理距离的关系。

H5a：对于搜索型产品而言，与第一人称相比，使用第二人称效果更好。

H5b：对于体验型产品而言，与第二人称相比，使用第一人称效果更好。

消费者的品牌熟悉度反映消费者对于某一品牌已有的知识和经验。在信息化时代，消费者对品牌的认知受到企业线下营销（如投放广告、开办品牌发布会等）的影响，同时受到线上口碑的影响越发强烈。❷ 但是不管是线上还是线下的影响，都是基于消费者已有的留存印象。品牌熟悉度高意味着消费者对品牌的信任感更深，购买的意愿也更加强烈。❸ 可见，品牌熟悉度对于消费者的态度和行为都有显著的影响。

研究表明，企业的营销活动对不同品牌熟悉度的消费者有不同程度的影响，因而需要被差别对待。❹ 拥有不同品牌熟悉度的消费者对营销沟通中用以指代自己的第一人称代词和第二人称代词的反应也存在差异。这种对营销活动的不同反应来自消费者对品牌的喜爱度、品牌关系和涉

---

❶ 何荷. 国外英语学术期刊论文中建议话语的身份建构：一项实证研究［J］. 外语教学理论与实践，2016（1）：34-40，54.

❷ ARVIDSSON A, CALIANDRO A. Brand public［J］. Journal of Consumer Research，2016，42（5）：727-748.

❸ CAMPBELL M C, KELLER K L. Brand familiarity and advertising repetition effects［J］. Journal of Consumer Research，2003，30（2）：292-304.

❹ CHANG C-T, FENG C-C. Bygone eras vs. the good ol' days：How consumption context and self-construal influence nostalgic appeal selection［J］. International Journal of Advertising，2016，35（3）：589-615.

入度不同。❶ 相比于品牌熟悉度高的消费者，品牌熟悉度低的消费者对品牌的留存印象少、直接体验少且相关知识缺乏，所以他们对品牌的积极态度更弱、涉入度更低，而且与品牌之间的关系更为疏远。品牌熟悉度高的消费者与品牌之间关系更为亲密，所以更喜欢企业采用与自己的关系感知相一致的沟通语言，如第一人称代词"我"；而品牌熟悉度低的消费者与品牌之间的关系较为疏远，所以更喜欢企业采用第二人称"你"。基于以上研究内容，笔者提出如下假设：

H6：品牌熟悉度调节人称信息和心理距离的关系。

H6a：品牌熟悉度越高，与第二人称相比，使用第一人称对消费者的品牌态度影响更大。

H6b：品牌熟悉度越低，与第一人称相比，使用第二人称对消费者的品牌态度影响更大。

3.2.3.2 实验设计

（1）产品类型的测量

依据通用的产品类型的定义及划分的代表性产品❷，笔者直接在问卷场景中选择搜索型产品和体验型产品的代表产品，搜索型产品选择的是平板电脑，体验型产品选择的是滑雪服。为保证被试与测量意图一致，专门设置了筛选题目，让被试通过阅读搜索型产品和体验型产品的定义，再结合上文选择测试的产品类型。如果选择不一致，则问卷终止作答。

（2）品牌熟悉度的测量

在品牌熟悉度实验的测量上，参考 Park 在 2009 年的实验设计中提出的理论❸，选择一个真实且大众耳熟能详的品牌，同时设置一个虚拟品牌，前者作为品牌熟悉度高的代表，后者作为品牌熟悉度低的代表。

---

❶ SELA A, WHEELER S C, SARIAL-ABI G. We are not the same as you and I: Causal effects of minor language variations on consumers' attitudes toward brands [J]. Journal of Consumer Research, 2012, 39 (3): 644-661.

❷ 朱翊敏. 在线品牌社群成员参与程度对其社群认同的影响：产品类型和品牌熟悉度的调节 [J]. 商业经济与管理, 2019 (2): 51-61.

❸ PARK C W, MACINNIS D J, PRIESTER J, et al. Brand attachment and brand attitude strength: Conceptual and empirical differentiation of two critical brand equity drivers [J]. Journal of Marketing, 2010, 74 (6): 1-17.

对搜索型产品,品牌熟悉度高的代表选择华为,品牌熟悉度低的代表虚拟 Splank 这一品牌;对体验型产品,品牌熟悉度高的代表选择李宁,品牌熟悉度低的代表虚拟奥都兰这一品牌。

在第 3.2.2 节的实验完成并且效果显著之后,加入调节作用的场景,即不同的产品类型及不同的品牌熟悉度这两个调节变量,测量调节变量的影响。产品类型中的搜索型产品选择的是平板电脑,平板电脑是一种比较典型的搜索型产品,被试可以通过参数来决定是否购买。品牌熟悉度的调节则分别选用现实品牌和虚拟品牌,现实品牌选择知名度较高的李宁和华为。

由于第 3.2.2 节的实验已经包含不同产品类型以及不同品牌熟悉度的内容,因此没有更改原有的问卷,而是对问卷原有的数据从产品类型和品牌熟悉度两个方面进行进一步的分析。

3.2.3.3 实验研究

1. 产品类型的调节作用

多因素方差分析是用来研究两个及两个以上的控制变量是否对观察变量产生显著性影响。所以笔者利用多因素方差分析法检验人称信息和产品类型对心理距离是否产生显著性影响。从表 3 – 23 可以看出,人称信息(第一人称与第二人称)$P = 0.117$,大于 0.05,对心理距离有无显著影响,而产品类型对心理距离的 P 为 0.001,小于 0.05,说明产品类型对心理距离有显著影响,而人称信息与产品类型的交互作用对心理距离影响不显著($F = 0.896$,$P = 0.345$,大于 0.05)。由上述分析可得,产品类型在人称信息和心理距离之间的调节作用不明显。

表 3 – 23 人称信息实验主体间效应的检验 1

源	Ⅲ类平方和	自由度	均方	F	P
修正模型	444.221a	3	148.074	5.317	0.001
截距	151565.452	1	151565.452	5442.294	0.000
人称信息	69.081	1	69.081	2.480	0.117
产品类型	343.975	1	343.975	12.351	0.001
人称信息×产品类型	24.955	1	24.955	0.896	0.345
误差	6795.291	244	27.850		

续表

源	Ⅲ类平方和	自由度	均方	F	P
总计	158611.000	248			
修正后总计	7239.512	247			

在理论假设中人们对不同类型的产品有不同的期望：对于搜索型产品而言，消费者希望体验到其专业、严肃、高效的功能；对于体验型产品而言，消费者希望获得良好的服务、归属感和亲密感。但是在实际生活中，任何一种商品使用较为亲密的称呼可能都会引起消费者的好感度提升，哪怕一些商品的功能性价值更受到期待。还有另一种可能的解释就是，消费者可能并没有特别区分开人称代词"我""你""您"和物主代词"我的""你的""您的"，因为后者一定程度上表明所有权隐含的意思，也可能会造成自我感觉的优势加工。由此，H5 与 H5b 成立，即产品类型调节人称信息和心理距离的关系。对于体验型产品而言，与第二人称相比，使用第一人称效果更好。假设 H5a 不成立。

2. 品牌熟悉度的调节作用

同样，笔者利用多因素方差分析法检验人称信息和品牌熟悉度对心理距离是否产生显著性影响。从表 3-24 可以看出，人称信息（第一人称与第二人称）$P=0.075$，大于 0.05，对心理距离有无显著影响，而品牌熟悉度对心理距离的 P 为 0.000，小于 0.05，说明品牌熟悉度对心理距离有显著影响，而人称信息与品牌熟悉度的交互作用对心理距离影响显著（$F=5.423$，$P=0.021$，小于 0.05）。由上述分析可得，品牌熟悉度在人称信息和心理距离之间起到调节作用。

表 3-24　人称信息实验主体间效应的检验 2

源	Ⅲ类平方和	自由度	均方	F	P
修正模型	1468.119a	3	489.373	20.689	0.000
截距	151268.996	1	151268.996	6395.273	0.000
人称信息	75.558	1	75.558	3.194	0.075
品牌熟悉度	1280.232	1	1280.232	54.125	0.000
人称信息×品牌熟悉度	128.269	1	128.269	5.423	0.021

续表

源	Ⅲ类平方和	自由度	均方	F	P
误差	5771.393	244	23.653		
总计	158611.000	248			
修正后总计	7239.512	247			

这与实际情况相符，在现实生活中，人们比较倾向于购买自己熟悉度高的品牌产品。因为相对于低熟悉度品牌产品，消费者对于自己熟悉的品牌产品印象更深，容易提取关于产品的相关信息。由此，假设 H6 与 H6a 成立，即品牌熟悉度调节人称信息和心理距离的关系。品牌熟悉度越高，与第二人称相比，使用第一人称对消费者的品牌态度影响更大。假设 H6b 不成立。

3. 三因素交互作用对心理距离的影响

首先，利用 SPSS 25.0 软件中的变量转换功能，将人称信息、品牌熟悉度与产品类型三者转换成一个新的交互项，然后分析这个交互项对心理距离有用性的影响。由表 3-25 可知，人称信息、品牌熟悉度与产品类型三者交互项对心理距离影响的 $P = 0.051$，大于 0.05，说明人称信息、品牌熟悉度与产品类型三者对心理距离的交互作用不显著。

表 3-25 人称信息实验主体间效应的检验 3

源	Ⅲ类平方和	自由度	均方	F	P
修正模型	5338.088a	7	762.584	14.259	0.000
截距	390401.904	1	390401.904	7299.813	0.000
人称信息	228.593	1	228.593	4.274	0.040
产品类型	867.623	1	867.623	16.223	0.000
品牌熟悉度	3432.113	1	3432.113	64.174	0.000
人称信息×产品类型	62.131	1	62.131	1.162	0.282
人称信息×品牌熟悉度	468.291	1	468.291	8.756	0.003
产品类型×品牌熟悉度	98.756	1	98.756	1.847	0.175
人称信息×产品类型×品牌熟悉度	206.322	1	206.322	3.858	0.051
误差	12835.461	240	53.481		
总计	408282.000	248			
修正后总计	18173.548	247			

3.2.3.4 结果与讨论

在第 3.2.3.3 节的实验过程中，研究的调节效应得到验证，即产品类型和品牌熟悉度的调节作用。H5 和 H5b 得到验证，但是 H5a 不成立。H6 和 H6a 得到验证，但是 H6b 不成立。

3.2.4 管理启示

本小节基于品牌心理距离的中介作用，受到产品类型和品牌熟悉度的调节作用的影响，对人称信息、品牌熟悉度与产品类型之间的关系进行研究，并通过 SPSS 25.0 软件进行分析验证，基于研究发现，笔者提出以下管理启示可供参考。

第一，大量研究采用问卷调查的方法来进行数据的收集，却少有研究聚焦于问卷调查法本身。网络调查问卷平台具有打破时间和空间的限制、节约成本、使用可视化数据分析功能提高效率等优势，越来越多的市场调查采用网络调查问卷平台开展研究。在运用问卷法收集数据的过程中，如果存在问题将会影响具体的调查结果和企业的战略规划。基于具体的试验，笔者发现问卷调查中采用不同人称信息——第一人称单数"我"和第二人称单数"您"会导致问卷的结果产生差异，进而影响顾客的心理距离和品牌态度。这说明问卷调查中的人称信息可以影响顾客态度和行为。在本书的实验中，笔者发现人称信息对品牌态度的影响存在于不同熟悉度和不同类型的产品中，如现实品牌和虚拟品牌，电子产品和个人服饰产品。了解这一规律之后，也有助于企业科学合理地设计问卷，将产品、服务的相关信息传送给消费者，而消费者也可以将自己的个性信息传输给企业。这种对应的关系可以实现调查数据的有序性和稳定性，使企业的发展变得更加有序和稳定。

第二，本小节的研究还有一些实践上的启示，问卷调查作为企业常用的市场调查方式首先受到关注。在实际应用中，市场调查问卷是企业与消费者进行相互沟通的媒介和渠道，如何科学合理地设计问卷对于企业收集数据具有重要意义。对于问卷的设计不仅要克服程序化的缺陷，更重要的是保持其客观性和稳定性。笔者发现，调查问卷中的人称信息可以通过改变心理距离进而影响消费者的品牌态度。因此商家在采用问卷进行市场调研的时候，要特别注意人称信息的合理使用，避免出现诱导性，导致收集上来的数据与实际情况差异过大。首先，要保持各阶段、各部分问卷人称信息使用的一致性，企业在一项产品或者服务的不同阶段的调研，应当使用固定的人称和语序。在比较不同产品或服务时，也应当采取固定的人称和语序。其次，由于品牌熟悉度和产品类型都会对调研结果产生影响，在问卷设计方面应当注重对象化，即针对细分化的目标群体设置问卷，例如围绕品牌熟悉度、产品类型等特征点设置题项，通过这些题项，实现对消费者的细分，使问卷分析结果更加精确。最后，题项的答案编写应该具有结论性和预测性，即一类答案应该包含明确的意思，为固定性答案，另一类答案应当具备预测的特性，为非固定性答案。这样既可以保证题项的答案包括全集，也有助于得到真实有效的答案。

第三，商家如要使用问卷这一市场调研手段，要特别注意问卷的设计，提升消费者体验感，比如题目的数量、题项的长短、题型的设置、答题的时间、问卷的布局、字体、字号、图片和背景音乐的使用、问卷发放的时间、问卷发放的方式、奖项的设置、问卷后续的反馈、答卷者的隐私保护等问题。此外，还要合理规划调查问卷的实施步骤，按照确立研究目的与问题、问卷设计、确定调查对象、实施问卷调查、回收问卷、对数据整理分析的步骤进行。总之，问卷的设计需要能够让消费者尽快理解题目的含义，并且在相对空闲的时间，轻松地完成题目，如果有一些奖励，就将很大程度上提高消费者填写问卷的热情。只有提升用户的答卷体验，才能更好地引起消费者的兴趣，引导消费者在仔细阅读问卷并领会其含义的基础上认真回答；否则，不合理的问卷设置会使消费者胡乱填写，影响数据的合理性与有效性。

第四，在问卷的回收使用上仍然要注重其自身信息反馈的功能，及时回应消费者在问卷中提到的问题，给消费者满意的答复。对于得分偏低的一些项目，也要尽快分析原因，及时整改，努力为消费者提供质优价廉的产品和周到细心的服务。只有这样才是保持良好口碑的长久之计。

第五，对于一些需要长期稳定客户的商家，如保险、汽车维修保养、金融理财等，还可以根据不同用户在问卷中加入一定量的主观选择，方便为客户制定差异化的产品和服务，授权客户参与产品的改进和更新来拉近客户的心理距离，在线上和线下同时增进用户与商家的情感互动，提升消费者体验。

第六，一般而言，高质量的研究往往来源于高质量的数据，而科学严谨的研究过程是获得高质量数据的保证，也是研究者基本素养的反映。同时，问卷调查法作为一种高度标准化、规范化的研究方法，问卷的设计、问卷的施测以及问卷数据的处理和分析等都要规范化操作，才能保证问卷调查法的科学性、准确性和有效性。因此，在市场调查中，研究者在应用问卷调查法时应更加注意研究过程的科学严谨以及研究结果的规范性，以便更加准确地描述、说明和解释市场调查相关问题。

3.3 在线评论中的品牌满意度测量

近些年，国内外图书馆都更加重视用户满意度的提高，通过开展各种各样的特色服务来吸引用户、提升用户满意度，采用哪种方法或模型能更有效地测评图书馆用户满意度受到众多学者和管理者的关注，目前图书馆领域使用最多的方法还是基于用户满意度模型及相关理论，构建图书馆用户满意度评价指标体系，并根据该指标体系设置调查问卷收集满意度数据。随着互联网和社交媒体的快速发展，有学者开始尝试在市场营销、计算机、新闻传播等领域利用用户生成内容（User Generated Content）之一的在线评论来探究用户满意度，且取得较好的效果。进一步表明，基于在线的用户满意度评价方法具有可行性，然而在图书馆领域，仍然缺乏将在线评论与用户满意度相结合的类似研究。因此，笔者提出研究问题：是否能打破传统图书馆用户满意度评价方法，找到一种基于在线评论的公共图书馆用户满意度评价方法？该方法在信度和效度方面是否能令人满意？

本节选取公共图书馆为研究对象。为奠定后期机器学习模型构建的基础，需要先构建在线评论-用户满意度得分的语料库，因此笔者进行了以下工作：首先，采集32家省级公共图书馆在大众点评平台上的所有在线评论文本，并进行降噪处理；然后，借鉴用户满意度模型及已有的图书馆满意度评价指标体系研究,提出适用于本书的公共图书馆用户满意度评价维度;其次,人工标注每条在线评论文本在不同维度上的用户满意度得分;最后,进行数据标准化,以降低不同人工标注参与者的判断差异。在准备好语料库后,需要对其进行文本分析、文本向量化,将自然语言转换为计算机可以识别的语言,接着引入 LSTM 模型训练在线评论,整体而言 LSTM 模型准确率较高,但训练速度较慢,且准确率从模型结果上表明本书提出的基于在线评论的公共图书馆用户满意度评价方法可行。为进一步证明笔者训练出的模型可靠且有区分度,一方面,利用问卷调查国家图书馆用户满意度,将其结果与通过模型所获结果比较,两种方法的得分情况基本保持一致,模型信度得以验证;另一方面,选取几家不同图书馆的在线评论文本放入模型,分别计算其在馆员、馆藏资源、环境、服务、整体满意度方面的得分并进行排名,结果存在较大差异,模型效度得以验证。

总体而言,笔者希望通过一系列实验研究,提出一种基于在线评论的公共图书馆用户满意度评价方法,帮助图书馆更加高效准确地获取用户满意度、了解用户需求、提升服务质量。

3.3.1 理论基础

3.3.1.1 用户满意度概念

满意度(satisfaction)起源于心理学,1965 年被 Cardozo 首次引入市场营销领域中,演变为消费者满意度,也被翻译为用户满意度。[1] 之后关于用户满意度的研究掀起了热潮,国内外学者纷纷站在不同视角对其进行定义。Howard 和 Sheth 认为,满意度是一种特殊的认知和感受,是用户将得到的回报和付出的成本进行比较后所获得的;[2] Tse 等提出,用户满意度是用户对使用前抱有的期望与使用后形成的实际感知间所存在

---

[1] CARDOZO R N. An experimental study of customer effort, expectation, and satisfaction [J]. Journal of Marketing Research, 1965, 2 (3): 244-249.

[2] HOWARD J A, SHETH J N, The theory of buyer behavior [M]. New York: John Wiley&Sons, 1969: 89.

差异作的评价❶；Kotler 将用户满意度视作感知与期望的函数，满意度是由两者之间的差异程度所构成的❷；Churchill 和 Surprenant 指出，用户满意度是用户在购买产品或服务后，在比较收益与成本时产生的一种使用效果❸；Westbrook 提出，用户满意度是面对不同结果时，拥有不同经历者所表现出的具有差异化的个人主观评价❹，后又和 Oliver 将用户满意度定义为用户在使用某种产品或服务时所形成的一种情感响应❺；Cadotte 等认为，用户满意度由用户对某次产品或服务的使用经历催生的一种感受❻；Fornell 将用户满意度描述为用户在整个消费过程结束后，形成的总体的评价感受❼。总的来说，学者们对用户满意度的理解都集中于用户获得产品的真实感受与期望的契合度，或者满足用户需求后的心理及情感表现。其中，得到普遍认可的是 Olive 在 1981 年和 1997 年分别提出的"用户满意度是对先前期望和实际体验之间感知差异的总体情感反应，即期望不一致理论"和"用户满意度是指消费者既定的心理需求得到充分满足并且产品及其附属服务令用户获得愉悦情感的程度"理论。❽❾

学术界将满意度概念应用到图书馆领域，衍生为图书馆用户满意度。初景利指出，基于用户感知和期望，当用户对图书馆服务工作达到或超

---

❶ TSE D K, NICOSIA F M, WILTON P C. Consumer satisfaction as a process [J]. Psychology and Marketing, 1990 (7): 177–193.

❷ KOTLER P. Marketing management, analysis, planning, implementation and control [M]. New Jersey: Prentice-Hall, 1997: 23–46.

❸ CHURCHILL G A, SURPRENANT C. An investigation into the determinants of customer satisfaction [J]. Journal of Marketing Research, 1982, 19 (4): 491–504.

❹ WESTBROOK R A. Intrapersonal affective influences on consumer satisfaction with products [J]. Journal of Marketing Research, 1980, 7 (7): 49–54.

❺ WESTBROOK R A, OLIVER R L, Developing better measures of consumer satisfaction: some preliminary results [J]. Advance in Consumer Research, 1981, 8 (1): 94–99.

❻ CADOTTE E R, WOODRUFF R B, JENKINS R L. Expectations and norms in models of consumer satisfaction [J]. Journal of Marketing Research, 1987, 24 (8): 305–314.

❼ FORNELL C. A national customer satisfaction barometer: the Swedish experience [J]. Journal of Marketing, 1992, 56 (1): 6–21.

❽ OLIVER R L. Measurement and evaluation of satisfaction processes in retail settings [J]. Journal of Retailing, 1981, 57 (3): 25–48.

❾ OLIVER R L. A behavioral perspective on the Consumer [J]. Asia Pacific Journal of Management, 1997, 2 (2): 285–286.

过某一标准程度时内心会形成一种主观感受和评价，即图书馆用户满意度❶；曹树金和张永华等将图书馆用户满意度定义为，从用户视角出发，图书馆的产品和服务质量是否达到或超过其预期的一种感受❷❸；黄营营认为，用户对图书馆服务质量的期望值与实际经历之间总体上存在差距，该差距便是用户满意度❹；齐向华等认为，图书馆用户满意度是用户对之前所有到馆经历的整体性评价，是一种长期积累性的满意度❺；颜培亮将图书馆满意度描述为相对于主观预期的衡量标准，体现为主观获得感与预期值差，差额越大，满意度越高❻。

总体而言，在图书馆领域，对用户满意度的定义目前较为统一，即用户对图书馆服务的先前期望与实际体验之间感知差异的总体情感反应。

3.3.1.2 用户满意度模型

1. KANO 模型

受双因素理论启发，日本质量管理大师狩野纪昭提出质量属性满足情况与用户满意度的双维度认知模型，即 KANO 模型。❼ 该模型常被用于解决用户需求分析❽、产品设计❾、图书馆服务质量改善❿等这类关于产品功能与用户需求间差异的问题。

依据不同质量属性与用户满意度间的关系，Kano 等将质量属性分为

---

❶ 初景利. 用户满意论 [J]. 情报资料工作，1999 (4)：10 - 12.

❷ 曹树金，陈忆金，杨涛. 基于用户需求的图书馆用户满意实证研究 [J]. 中国图书馆学报，2013，39 (5)：60 - 75.

❸ 张永东，朱卫华. 浅谈图书馆用户满意度 [J]. 科学大众（科学教育），2018 (9)：188.

❹ 黄营营. 试论高校图书馆用户满意度 [J]. 科技风，2013 (3)：196，198.

❺ 齐向华，刘小晶，张婷. 图书馆服务质量对用户满意度的影响研究 [J]. 图书馆研究，2019，49 (1)：73 - 79.

❻ 颜培亮. 基于用户满意度的图书馆信息资源建设研究 [J]. 辽宁经济职业技术学院（辽宁经济管理干部学院学报），2019 (5)：39 - 41.

❼ 徐倩. 基于 KANO 模型的移动图书馆用户满意度提升策略研究：以重庆医科大学为例 [J]. 情报探索，2019 (4)：76 - 81.

❽ 孟庆良，邹农基，陈晓君，等. 基于 KANO 模型的客户隐性知识的显性化方法及应用 [J]. 管理评论，2009，21 (12)：86 - 93.

❾ 姚湘，胡鸿雁. 基于 Kano 模型的产品造型设计情感层次研究 [J]. 武汉理工大学学报（信息与管理工程版），2014，36 (5)：673 - 676.

❿ 施国洪，岳江君. KANO 模型在图书馆服务质量管理中的应用研究 [J]. 情报杂志，2009，28 (8)：57 - 61.

5类：①魅力质量属性（Attractive Quality）：惊奇或惊喜属性，其充分时，能有效引起用户满意，但不充分也不会引起不满。在满足基本属性基础上，这是取得竞争优势的关键；②线性质量属性（One-dimensional Quality）：是期望的质量要求，满足时能提高用户满意度，不满足会引发不满；③必备质量属性（Must-be Quality）：是理所当然的质量要求，作为用户的基本需求，图书馆应首先满足用户的这些指标要求；④无差异质量属性（Indifferent Quality）：用户不关心的属性，拥有该特性与否都不会直接导致用户满意或不满；⑤逆向质量属性（Reverse Quality）：用户讨厌的属性，当其充足时，会降低用户满意度。❶

在此基础上，狩野纪昭教授等研究设计了 KANO 质量属性评价表，该表是采用 KANO 模型进行问卷调查的核心。在这种特殊问卷调查形式中，每个质量属性都由正向和负向两个成对问题组成，分别测量用户在面对存在或不存在某项质量属性时所作出的反应，问卷答案一般采用五级选项，分别是"我喜欢这样""它必须这样""我无所谓""我可以忍受""我讨厌这样"。❷ KANO 模型侧重于事前控制，可以在用户差异性需求基础上，运用它进行图书馆服务质量属性的调研和分析，来开发用户期望的服务，帮助图书馆找到提高用户满意度的切入点。严格来说，它不是一个测量用户满意度的模型，而是对质量属性的分类，无法直接应用于用户满意度的评价，可以作为前期工作的研究辅助模型。

2. CSI 模型

用户满意度指数（Customer Satisfaction Index，CSI），是通过特定的因果关系模型对用户满意度测评的结果❸，是测量用户对产品或服务的满意度和忠诚度的经验模型。该模型提出用户期望、感知质量和感知价值三个变量，它们能影响用户满意度，是其前因。❹ 引入"价值"到模

---

❶ KANO N, SERAKU N, TAKAHASHI F, et al. Attractive quality and must be quality [J]. The Journal of Japanese Society of Quality Control, 1984, 14 (2): 39 – 48.

❷ 杨嘉骆. 基于 KANO 模型的公共图书馆读者需求研究：以广州图书馆为例 [J]. 图书馆杂志, 2018, 37 (1): 58 – 65.

❸ 应可福, 薛恒新. 基于重要性的顾客满意度指数的测评 [J]. 商业研究, 2005 (22): 1 – 4.

❹ 唐虹. 基于用户满意度分析的图书馆服务质量评价研究 [D]. 长沙：中南大学, 2010.

型中,使跨系统、跨部门、跨图书馆间的比较有了可能❶,这也是其最大优势。

目前普遍应用的 CSI 模型中,比较有影响力的主要有三个。第一个是美国密歇根大学国家质量研究中心于 1989 年提出的瑞典用户满意度指数模型——SCSB 模型,它是对用户使用某产品所有经历的满意度评价,强调评价的整体性,模型包括感知价值、用户期望、用户抱怨、用户忠诚 4 个变量。第二个是 Fornell 等于 1994 年基于 SCSB 模型提出的美国用户满意度指数模型——ACSI 模型,该模型是衡量经济产出质量的宏观指标,是以产品和服务消费的过程为基础,对用户满意度水平的综合评价指数;模型以顾客行为理论为基础,选取 6 个结构变量,包括间接反映用户满意度的 3 个前置变量感知质量、感知价值、用户期望,体现态度的 2 个结果变量用户抱怨、用户忠诚,以及最终所求的目标变量用户满意度,每个结构变量又包含一个或多个观测变量,观测变量通过实际调查收集数据得到。第三个是欧盟在 1999 年建立的欧洲用户满意度指数模型——ECSI 模型,该模型去掉用户抱怨这个潜在变量,并增加另一个潜在变量企业形象。在以上三个模型的基础上,清华大学中国企业研究中心于 2001 年提出中国用户满意度指数模型——CCSI 模型,它是国内唯一通过国家级鉴定的用户满意度测评方法,由 7 个结构变量组成,包括感知质量、预期质量、形象、感知价值、顾客满意度、顾客抱怨和顾客忠诚。

中国用户满意度指数 CCSI 的测量,首先要建立用户满意度指标体系;然后确定各测评指标组的权重;接着划分用户,不同特征用户对服务评价不同,舍弃影响力小的,抽取影响力大的因素,通过模型确定整体用户满意度水平;再调查不同服务项目的用户评价;最后利用加权平均思想计算出整个产品或服务的用户满意度分值。❷

总体而言,CSI 模型实质上是一种多元线性回归模型,将用户满意度视作多目标、多层次、多因素影响的复杂决策系统,它测量的是用户

---

❶ 何洁. 顾客满意度测评方法研究 [D]. 广州:华南理工大学,2005.
❷ 唐虹. 基于用户满意度分析的图书馆服务质量评价研究 [D]. 长沙:中南大学,2010.

对服务的组成部分或某种属性的综合或分化的感觉，可以灵活设计衡量项目。适合纵向分析比较图书馆内服务项目单个因素的用户满意度，或横向研究对比多家图书馆的用户满意度。

3. LibQUAL+®模型

LibQUAL+®模型的理论依据和方法基本源于ServQUAL模型，该模型最早于20世纪80年代末在服务行业兴起。1988年，美国市场营销学家Parasuraman等依据"全面质量管理"（TQM）理论提出服务质量评价体系ServQUAL。❶ 其理论核心是"服务质量差距模型（又称期望–感知模型）"，即服务质量取决于用户所感知的服务水平与用户所期望的服务水平之间的差别程度。它主要包括有形性、可靠性、反应性、保障性、移情性五大指标，每个指标又下设多个问题（共计22个），要求用户阅读每个问题后，选取其认为的最低可接受值、实际感受值和期望值得分，最终获得用户的客观评价。后期的应用实践证明ServQUAL并不是很适用于图书馆，它没有全面涉及用户感知图书馆服务质量的方面❷，需要修改。

为克服ServQUAL用于图书馆评价的不足，1999年，美国研究图书馆学会启动LibQUAL初始计划"New Measures Initiatives"。2000年，正式确定LibQUAL+TM，后经过多轮实验、修订，LibQUAL+®推广至美国研究图书馆学会成员馆及更大范围，成为美国乃至世界图书馆领域最有影响的服务质量评价方法和体系。❸ 2004年，LibQUAL+®通过用户访谈，确定了100个本地问题集合❹，图书馆可以根据本馆需求从中挑选5个测评，并且最终形成服务感受、图书馆环境、信息控制三大层面，22个核心问题+5个本地问题的评价模式。但是LibQUAL+®存在一些

---

❶ PARASURAMAN A, ZEITHAML V A, BERRY L L. SERVQUAL: A multiple-Item scale for measuring consumer perceptions of service quality [J]. Journal of Retailing, 1988, 64 (1): 12–40.

❷ 吴冬曼，郭依群. LibQUAL+®的演进与我国本地化研究与实践 [J]. 图书情报工作, 2012, 56 (15): 42–48.

❸ 于良芝，谷松，赵峥. SERVQUAL与图书馆服务质量评估：十年研究述评 [J]. 大学图书馆学报, 2005, 23 (1): 51–57.

❹ LibQUAL+TM spring 2003 survey group results: ARL [EB/OL]. (2011–08–15) [2020–12–30]. http://www.LibQUAL.org/documents/admin/ARL_Notebook2003.Pdf.

不足,例如调查问题对用户过多,需要花费大量时间,导致用户回复率较低,仅 15%~20%。因此,2008 年,LibQUAL+® Lite 问世,它是 LibQUAL+® 的精简版方案,采用问题抽样法收集 22 个问题的数据,且只要求用户挑选其中 8 个作答,有效弥补了上述不足。

总体而言,LibQUAL+® 是在较成熟的 ServQUAL 基础上改进和完善而来的,侧重事后控制,适宜用来测量图书馆用户的满意度。但它对被调查用户的信息素养要求较高,很难普遍开展,更适合针对高校图书馆和研究型图书馆进行用户满意度评价。

3.3.1.3 图书馆用户满意度评价指标体系

为了解用户对服务质量的满意度,图书馆一般根据用户满意度评价指标体系设置调查问卷、收集数据,目前该体系的构建大都是基于用户满意度模型,其中应用最为广泛的是 LibQUAL+® 模型。在我国,首先对该模型开展实践应用的是高校图书馆,大都为基于评价模型原型进行本地化改造的探索,而特别针对公共图书馆和专业图书馆构建评价指标体系的研究相对较少。清华大学图书馆于 2004 年参考 LibQUAL+®,在全校范围内进行读者满意度调查,最终确定 4 组 22 项调查指标,包括服务情感/服务效果、信息/资源的获取、设施/环境条件、用户个人控制,此外还增加一个总体综合评价。❶ 北京大学图书馆于 2006 年对 LibQUAL+® 本地化,有针对性地开发读者调查问卷,该问卷涵盖图书馆服务、资源建设与使用、设备与环境、图书馆员、总体评价 5 个方面 25 个评价项目。❷ 宋晓丹以清华大学对 LibQUAL+® 本土化的成果为基础构建用户满意度调查的评价指标体系,包括文献资源、资源获取便利性、环境与设施、馆员与服务 4 个一级指标、38 个二级指标,然后利用德尔菲法和模糊层次分析法确定指标权重,最后采用模糊综合评价法对

---

❶ 董丽,吴冬曼,周虹,等. 基于 LibQUAL+TM 的图书馆服务质量评估方法研究和实践分析 [J]. 现代图书情报技术,2006(3):76-81.

❷ 李晓东,卢振波. 本地化读者调查问卷的定量评价研究:北京大学图书馆案例研究 [J]. 大学图书馆学报,2007(6):61-64.

大连理工大学图书馆进行评价分析。[1] 王翌根据山东大学图书馆的实际对 LibQUAL+® 模型改进，提出包括图书馆员、服务效果、图书馆环境/设施、馆藏资源 4 个层面 23 个核心项目的指标体系来设置问卷，调查山东大学图书馆用户，然后采用乘积标度法计算各层面重要性权重并加以分析，发现用户最看重的是馆藏资源，其后依次为环境/设施、服务效果、馆员。[2] 夏有根等以浙江林学院图书馆为研究对象，将 LibQUAL+® 加以修正，从图书馆员、服务效果、馆藏资源、设施设备、图书馆环境这 5 个层面 22 个问题设计问卷，发现用户对图书馆服务的重视程度依次为馆藏资源、设施/设备、环境、服务效果、馆员，并结合调查结果探讨了 LibQUAL+® 的局限性。[3] 王晶静基于用户满意度理论，修正 LibQUAL+® 模型，确定由图书馆员、服务效果、图书馆环境和馆藏资源这 4 个服务层面 24 个相关问题构成的指标体系，并利用该体系设计问卷及访谈对国家农业图书馆用户进行调查，为该馆提升服务质量提供了建议，此外还发现用户认为图书馆服务中，馆藏资源最重要，其后依次为服务效果、环境、馆员，这与用户对以上四个层面的关注度排序相一致。[4] 施国洪等在 SERVQUAL 修正模型的基础上，构建一个本土化的图书馆用户感知服务质量测评量表，包括图书馆环境、资源可获性、服务保证、服务情感、服务魅力 5 个维度 26 个测量指标，并经过问卷调查、实证研究等分析证明该量表具备良好的信度和效度。[5] 王静一和毕强提出以用户为中心评价图书馆服务质量的观点，并借鉴 LibQUAL+® 构建指标体系，对东北三省省级和地级市公共图书馆评价分析，该评价指标体系包括服务满意度、服务环境、服务能力、服务可靠性 4 个维度 18 个

---

[1] 宋晓丹. 基于 LibQUAL+TM 高校图书馆服务质量测评研究 [D]. 大连：大连理工大学，2010.

[2] 王翌. 基于 LibQUAL+TM 的高校图书馆服务质量评价研究：山东大学图书馆个案研究 [D]. 济南：山东大学，2009.

[3] 夏有根，潘继进，徐一忠. 基于 LibQUAL 的图书馆服务质量评价及实证研究 [J]. 情报理论与实践，2009，32（6）：13，32–35.

[4] 王晶静. 基于用户满意度的国家农业图书馆服务质量评价研究 [D]. 北京：中国农业科学院，2012.

[5] 施国洪，岳江君，陈敬贤. 我国图书馆服务质量测评量表构建及实证研究 [J]. 中国图书馆学报，2010，36（4）：37–46.

细分指标。❶ 史乐乐从价值共创视角出发，在 LibQUAL+®指标基础上增加用户信息素养的考量，最终验证分析得到图书馆设备、信息资源、馆员素质、馆员服务及用户信息素养 5 个指标会影响图书馆信息资源建设用户满意度。❷ 苏艳对广州图书馆进行用户评价的项目包括图书馆环境、服务效果、对图书馆员的评价、信息控制 4 个方面。❸ 吴冬曼和郭依群对国内众多图书馆的实证分析进行总结，发现 LibQUAL+®本土化的图书馆评价模型一般集中在馆员、服务效果、馆藏资源、设备设施、环境 5 个层面（名称或顺序可能不同，但基本含义极为相近）。❹

部分学者基于 CSI 模型构建图书馆用户满意度指标体系。Andaleeb 和 Simmonds 从资源质量、环境、馆员的反应性、馆员能力和馆员道德 5 个维度建模，对宾夕法尼亚州伊利市 3 所高校图书馆用户满意度进行调查来验证模型。❺ Martensen 和 Gronholdt 开发应用结构方程，定量测量用户对丹麦 5 家图书馆的感知质量、满意度、忠诚度，并从馆藏资源、服务、技术设备、环境、馆员 5 个层面来调查分析用户满意度。❻ 崔春艳基于 ACSI 模型，从藏馆图书、图书借阅、馆内环境、其他服务 4 个方面 17 项指标进行问卷调查，评价用户对中北大学图书馆的满意度情况。❼

除基于单个用户满意度模型之外，一些研究还参考借鉴多个用户满意度模型或其他学科的理论模型来构建评价指标体系。程豪杰综合 LibQUAL+®与 CSI 模型，从馆藏资源、资源获取、馆员服务能力、图书馆服务、服务保障、环境设施 6 个层面 53 个维度对国家图书馆用户进

---

❶ 王静一，毕强. 基于 LibQUAL+的公共图书馆服务质量评价：东北三省省地级公共图书馆服务质量调查与思考［J］. 国家图书馆学刊，2010，19（2）：55-59，77.

❷ 史乐乐. 价值共创视角下图书馆信息资源建设的用户满意度研究［D］. 济南：山东大学，2017.

❸ 苏艳. 基于用户评价的广州图书馆服务提升策略研究［D］. 广州：华南理工大学，2016.

❹ 吴冬曼，郭依群. LibQUAL+®的演进与我国本地化研究与实践［J］. 图书情报工作，2012，56（15）：42-48.

❺ ANDALEEB S，SIMMONDS P L. Explaining user satisfaction with academic libraries：strategic implications［J］. College&Research Libraries，1998，59（2）：156-167.

❻ MARTENSEN A，GRØNHOLDT L. Improving library users' perceived quality, satisfaction and loyalty：an integrated measurement and management system［J］. The Journal of Academic Librarianship，2003，29（3）：140-147.

❼ 崔春艳. 中北大学图书馆用户满意度调查［J］. 教育现代化，2019，6（38）：197-198.

行满意度问卷调查。❶ 曹树金等结合信息系统成功模型与期望一致理论，提出用户对图书馆信息资源质量、信息服务质量、信息系统质量三个方面的需求与感知不一致形成整体满意度。❷ 其构建的图书馆用户满意度模型除了测量以上三方面满意度，还采用"整体来说，我对图书馆感到满意""我使用图书馆的经历是愉快的""我认为图书馆的决定是明智的"问项单独测量整体满意度。通过对高校图书馆和公共图书馆用户进行问卷调查收集数据，并采用结构方程来验证图书馆用户满意度模型，最终发现这三方面的满意度均正向影响图书馆整体满意度。刘康弟于2019年基于神经网络提出用户满意度评价指标体系，包括设施环境条件、服务质量、资源建设这三大层面，共11个指标。其中，设施环境条件设有服务系统稳定性、服务系统响应速度、网络安全顺畅性、资源获取便利性4个指标，服务质量设有服务流程规范性、服务人员专业性、服务内容个性化3个指标，资源建设有信息资源权威性、信息内容时效性、资源结构完备性、信息推送准确性4个指标。❸

总体而言，一方面，目前图书馆用户满意度评价指标体系中的细分评价维度虽存在较大差异，但基本都是从馆藏资源、图书馆员、图书馆环境、图书馆服务4个层面出发进行测评；另一方面，前人关于图书馆用户满意度评价指标体系的研究对象大多集中在高校图书馆，评价维度较多、设计的语义逻辑较抽象，而考虑公共图书馆特性、具有针对性的评价指标体系相关研究仍然较少、不够成熟。

3.3.1.4 在线评论概念

随着网络交易平台的兴起，用户开始利用互联网的开放性和交互性，进行产品的探讨和交流，在线评论（Online Reviews）的雏形由此形成。2001年，Barbara和Robert在探讨用户购买产品时是否会参考已购买产

---

❶ 程豪杰. 国家图书馆读者满意度实证研究 [D]. 天津：天津师范大学，2017.
❷ 曹树金，陈忆金，杨涛. 基于用户需求的图书馆用户满意实证研究 [J]. 中国图书馆学报，2013，39（5）：60-75.
❸ 刘康弟. 基于神经网络的图书馆用户满意度综合评价方法研究 [J]. 河南图书馆学刊，2019，39（7）：119-121.

品用户评论时,首次提出"在线评论"的概念。❶ 之后其他学者对在线评论的研究逐渐使它的内涵丰富起来。Litvin 等认为在线评论是用户之间依靠网络对某产品或服务进行相关信息的沟通。❷ Cui 等发现在线评论是网购用户对产品进行口碑传播的重要手段,是潜在用户获取产品信息的途径。❸ Park 和 Kim 将在线评论视为在线口碑的一种表现形式,是用户对产品的正面评价或负面评价。❹ 郭国庆等提出在线评论是网购用户发表在网络上,涉及对产品满意或抱怨,或内心使用感受的表达。❺ 张晓娟认为在线评论是用户在网络平台上发布的,关于产品本身、卖家服务、物流服务等方面所作出的带情感倾向的评论。❻ 周晶晶认为用户发布的在线评论可以是自己的亲身体验,也可以是他人经历。❼ 在线评论网站一般被分为两类,一类是像亚马逊、淘宝等由零售商或生产商赞助支持,以促进产品和服务的销售为目的的电子商务网站;另一类是像大众点评、口碑网等独立于商家、不以销售产品或服务为目的的第三方评论网站。❽❾

很多研究证明在线评论在塑造用户认知方面的作用至关重要。Park 等提出在线评论具有双重作用,作为信息提供者,为其他用户提供导向

---

❶ BARBARA B, ROBERT M S. Internet forums as influential sources of consumer information [J]. Journal of Interactive Marketing, 2001, 15 (3): 31 – 40.

❷ LITVIN S W, GOLDSMITH R E, PAN B. Electronic word-of-mouth in hospitality and tourism management [J]. Tourism Management, 2007, 29 (3): 458 – 468.

❸ CUI G, LUI H K, GUO X N. The effect of online consumer reviews on new product sales [J]. International Journal of Electronic Commerce, 2012, 17 (1): 39 – 58.

❹ PARK D, KIM S. The effects of consumer knowledge on message processing of electronic word-of-mouth via online consumer reviews [J]. Electronic Commerce Research and Applications, 2007, 7 (4).

❺ 郭国庆,陈凯,何飞. 消费者在线评论可信度的影响因素研究 [J]. 当代经济管理,2010,32 (10): 17 – 23.

❻ 张小娟. 在线评论情感倾向对顾客购买意愿的影响研究 [D]. 上海: 上海工程技术大学,2016.

❼ 周晶晶. 在线客户评论对消费者购买决策的影响力研究 [D]. 杭州: 浙江大学,2010.

❽ BOUSH D M, KAHLE L. Evaluating negative information in online consumer discussions: From qualitative analysis to signal detection [J]. Journal of Euromarketing, 2002, 11 (2): 89 – 105.

❾ 常亚平,肖万福,覃伍,等. 网络环境下第三方评论对冲动购买意愿的影响机制:以产品类别和评论员级别为调节变量 [J]. 心理学报,2012,44 (9): 1244 – 1264.

信息，作为信息推荐者，通过在线口碑形式向新用户提供建议。❶ Wernerfelt 认为在线评论是营销沟通的一种新元素，可以发挥"销售助手"的作用，帮助用户识别符合自身个性化需求的产品，影响力巨大。❷ Ludwig 发现大部分网购用户都想参考在线评论意见，并证明比起商家发布的产品信息，他们更信任在线评论。❸ Floh 等指出在线评论内容显著影响着用户消费时的态度或行为。❹

总体而言，在线评论是用户发布在电子商务网站或第三方评论网站上、关于产品或服务的评价信息，包含用户的情感倾向，具有信息提供者和推荐者双重作用，是一种有重要商业价值的信息资源。

3.3.1.5 在线评论应用研究

目前，国内外对在线评论的研究基本集中在市场营销、计算机、新闻传播等领域，关注的热点是在线评论有用性、对消费者或企业的影响、情感分析、情感倾向、实证研究、网络口碑等。图书情报领域仍较少关于在线评论的研究，且大多关于网络社区、电子商务、竞争情报等，目前几乎没有对图书馆在线评论直接讨论的文献研究。

在消费者层面，毕继东根据 TAM 理论，从个体差异和顾客感知这两个角度，通过实际案例分析得出消费者购买意愿和在线评论间存在正负向关系。❺ 宋亚非和王秀芹建立了消极评论对消费者购买意愿的影响因子研究模型。❻ 于丽萍等提出 6 个影响消费者网络购买意愿的方面，包

---

❶ PARK D, LEE J, HAN I. The effect of on-line consumer reviews on consumer purchasing intention: The moderating role of involvement [J]. International Journal of Electronic Commerce, 2007, 11 (4): 125 – 148.

❷ WERNERFELT. B. On the function of sales assistance [J]. Marketing Science, 1994, 13 (1): 68 – 82.

❸ LUDWIG S, RUYTER D, et al. More than words: The influence of affective content and linguistic style matches in online reviews on conversion rates [J]. Journal of Marketing, 2013, 77 (1): 87 – 103.

❹ FLOH A, KOLLER M, ZAUNER A. Taking a deeper look at online reviews: The asymmetric effect of valence intensity on shopping behavior [J]. Journal of Marketing Management, 2013, 29 (5/6): 646 – 670.

❺ 毕继东. 网络口碑对消费者购买意愿影响实证研究 [J]. 情报杂志, 2009, 28 (11): 46 – 51.

❻ 宋亚非, 王秀芹. 负面口碑对购买意愿的影响分析: 基于传统口碑与网络口碑的对比 [J]. 财经问题研究, 2011 (12): 22 – 27.

括评论文本的数量质量、评论受众的专业水平、感知风险能力等。❶ 张德鹏等对O2O外卖平台的在线评论进行研究，结果表明线上评论能明显增强购买意愿，消费者信任充当中介变量。❷ Zhao等提出产品在线评论可以让消费者在评估和比较多种替代品后，再作出购买决策。❸

在企业层面，研究大多集中在在线评论与产品销量的内在关系上。彭丽徽等提出在线评论数量正向影响产品销量，而评论时效性不会影响产品销量。❹ 孙克琳等通过对当当网不同种类图书的在线评论进行研究，发现好评与图书销量呈正相关，但差评对图书销量没有明显阻碍作用。❺ 王君珺和闫强通过对京东商城中手机在线评论及销量的研究，得出对于搜索型产品，热门品牌的评论长度、评论及时度对非热门品牌的产品销量具有显著影响。❻ Duan等发现电影的在线评论文本数量对未来电影票房有积极影响。❼ Lee等提出在线评论与电影票房销售有相关性。❽ Kumar和Benbasat表示在线评论能吸引潜在消费者，使其作出更好的购物决策，提高消费者的企业产品忠诚度。❾ Ho-Dac等提出亚马逊产品的在线评论对销量有影响。❿

---

❶ 于丽萍，夏志杰，王冰冰. 在线评论对消费者网络购买意愿影响的研究［J］. 现代情报，2014，34（11）：34-38.

❷ 张德鹏，陈春峰，张馥丽. 在线评价对顾客消费行为的影响：以外卖O2O平台为例［J］. 企业经济，2017，36（3）：144-149.

❸ ZHAO K X, STYLIANOU A C, ZHENG Y M. Sources and impacts of social influence from online anonymous user reviews［J］. Information & Management, 2018, 55（1）：16-30.

❹ 彭丽徽，李贺，张艳丰，等. 基于品牌声誉感知差异的在线评论有用性影响因素实证研究［J］. 情报科学，2017，35（9）：159-164.

❺ 孙克琳，张心悦，林浡夏，等. 电子商务中在线评论对商品销售的影响：以当当网自营图书为例［J］. 电子商务，2018（2）：33-34.

❻ 王君珺，闫强. 不同热度搜索型产品的在线评论对销量影响的实证研究［J］. 中国管理科学，2013，21（S2）：406-411.

❼ DUAN W, GU B, WHINSTON A B. Do online reviews matter? An empirical investigation of panel data［J］. Decision Support Systems, 2008, 45（4）：1007-1016.

❽ LEE J H, JUNG S H, PARK J. The role of entropy of review text sentiments on online WOM and movie box office sales［J］. Electronic Commerce Research and Applications, 2017, 22：42-52.

❾ KUMAR N, BENBASAT I. Research note: The influence of recommendations and consumer reviews on evaluations of websites［J］. Information Systems Research, 2006, 17（4）：425-439.

❿ HO-DAC N N, CARSON S J, MOORE W L. The effects of positive and negative online customer reviews: Do brand strength and category maturity matter?［J］. Journal of Marketing, 2013, 77（6）：37-53.

在有用性层面，Jensen 等表示在线评论能成为使用之前无法轻易表征的产品质量的可靠信息来源。[1] Maree 等认为叙述性评论或根据体验写出的评论被认为更有用。廖成林等发现评论深度、购买经验对在线评论有用性具有正向影响。[2] 单晓红等基于聚类的异常点检测技术进行在线评论有用性分析。[3] 张艳丰等结合 Topsis 分析法，为中文在线评论提供了一种兼顾评论客观信息和语义特性的有用性排序方法。[4]

在评论文本内容挖掘及研究层面，主要集中在信息抽取、情感分析、文本分类，其中，信息抽取的关键技术包括文档频率提取法（TF-IDF）、信息增益（IG）、互信息（MI）、统计量 X^2，情感分析的关键技术包括词语极性推测法、点互信息法（PMI）、利用 Bootstrapping 抽取主观表达法、构造情感词典法，文本分类的关键技术包括支持向量机（SVM）、朴素贝叶斯（NB）、K-近邻（KNN）、最大熵模型（Maximum Entropy Model）。[5] 贾强等利用 TF-IDF 对文本关键内容提取。[6] 涂海丽和唐晓波对旅游在线评论进行情感分析，为旅游企业提出针对性建议。[7] 蔡慧苹等通过词向量和卷积神经网络相结合的方法进行在线评论文本分类，使其分类方法较传统机器学习法提高了 5.04%。[8]

---

[1] JENSEN M L, AVERBECK J M, ZHANG Z, et al. Credibility of anonymous online product reviews: a language expectancy perspective [J]. Journal of Management Information Systems, 2013, 30 (1): 293-324.

[2] 廖成林, 蔡春江, 李忆. 电子商务中在线评论有用性影响因素实证研究 [J]. 软科学, 2013, 27 (5): 46-50.

[3] 单晓红, 张晓月, 刘晓燕, 等. 在线产品评论有用性识别方法研究 [J]. 北京工业大学学报（社会科学版）, 2018, 18 (5): 73-82.

[4] 张艳丰, 李贺, 翟倩, 等. 基于模糊 TOPSIS 分析的在线评论有用性排序过滤模型研究：以亚马逊手机评论为例 [J]. 图书情报工作, 2016, 60 (13): 109-117, 125.

[5] 房文敏, 张宁, 韩雁雁. 在线评论信息挖掘研究综述 [J]. 信息资源管理学报, 2016, 6 (1): 4-11.

[6] 贾强, 冯锡炜, 王志峰, 等. 基于改进的 TF-IDF 文本特征词提取算法研究 [J]. 辽宁石油化工大学学报, 2017, 37 (4): 61-64, 69.

[7] 涂海丽, 唐晓波. 基于在线评论的游客情感分析模型构建 [J]. 现代情报, 2016, 36 (4): 70-77.

[8] 蔡慧苹, 王丽丹, 段书凯. 基于 word embedding 和 CNN 的情感分类模型 [J]. 计算机应用研究, 2016, 33 (10): 2902-2905, 2909.

3.3.1.6 在线评论语义分析模型

1. Word2vec 词向量技术

2013 年,谷歌公司提出一种新的词语语义计算技术,即基于深度学习的 Word2vec 词向量技术,它能根据给定语料库,利用深度学习的循环神经网络快速有效地训练语言模型,是近些年自然语言处理的研究热点。❶ Word2vec 基于词嵌入,能将几万个词特征缩减至几百甚至几十维度,来解决文本分类维度灾难问题❷,不用引入外部知识库。它还考虑文本的语义特征,能用于分类❸、聚类❹,还有词的相似度计算❺。

Word2vec 提供两种经典的语言模型进行训练,分别是连续词袋(CBOW)模型、Skip_gram 模型。两者都利用人工神经网络作为分类算法,包含输入层、映射层和输出层,以文本集为输入,通过训练输出每个词对应的词向量。❻ CBOW 模型通过上下文进行当前词的预测,将上下文视为一个观察对象来平滑文本中单词的分布情况,适用于较小的数据集;而 Skip_gram 模型则利用当前词来进行其上下文的预测,将每个上下文与目标视为一个新的观察对象,适用于较大的数据集。

由于 CBOW 模型和 Skip_gram 模型的训练均需要更新"输入向量""输出向量",但前者操作简单,后者却比较耗时,仅训练一个目标特征词和它的上下文就要遍历整个特征词词典,这对于大规模语料库将是一个极大的挑战。❼ 基于此,产生两种优化方案,即 Hierachy Softmax 模型和 Negative Sampling 模型。前者利用一个二叉树表示特征词典中的所有特征词,后者选择部分非目标特征词协助目标特征词的"输出向量"进

---

❶ MIKOLOV T, CHEN K, CORRADO G, et al. Efficient estimation of word representations in vector space [J/OL]. Computer Science, 2013, [2017-04-30]. https://arxiv.org/abs/1301.3781.

❷ MIKOLOV T, ZWEIG G. Context dependent recurrent neural network language model [C] //Proceedings of the 2012 IEEE Spoken Language Technology Workshop, 2013, 8537 (11): 234-239.

❸ 江大鹏. 基于词向量的短文本分类方法研究 [D]. 杭州:浙江大学, 2015.

❹ 郑文超, 徐鹏. 利用 Word2vec 对中文词进行聚类的研究 [J]. 软件, 2013, 34 (12): 160-162.

❺ 董文. 基于 LDA 和 Word2Vec 的推荐算法研究 [D]. 北京:北京邮电大学, 2015.

❻ 王仁武, 宋家怡, 陈川宝. 基于 Word2vec 的情感分析在品牌认知中的应用研究 [J]. 图书情报工作, 2017, 61 (22): 6-12.

❼ 朱磊. 基于 Word2vec 词向量的文本分类研究 [D]. 重庆:西南大学, 2017.

行更新。

在应用方面,由于英文语料的词语间有空格,Word2vec 能根据这些空格识别不同词语,但对于中文语料却无法直接识别,需要先对中文语料进行分词,才能再训练词向量。[1] 此外,数据量较小时,Word2vec 得到的词向量关联性可能无法达到应用精度要求。[2] 在计算出词向量后,对文本的特征矩阵进行词去重,再取词向量的平均数,能获得更好的分类效果。[3] 在使用 Word2vec 进行文本向量化时,可以使用 TF-IDF 表示一个词在文本中的重要性,或者使用 N-gram 在文本表示中添加词的先后顺序信息,优化效果。

2. LSTM 模型

循环神经网络(RNN)是一种对序列建模的人工神经网络模型,其节点之间的连接形成沿着序列的有向图[4],采用循环反馈机制学习数据特征,每一时刻的输入都包括上一时刻隐藏层单元的输出,可以实现记忆功能,有效利用数据中长距离依赖的能力。然而 RNN 处理序列长时间的依赖问题非常困难,当序列长度超过一定阈值时,就会变得不稳定,当前时间节点对远距离信息的记忆功能随着参数的不断更新而下降,在训练时极易出现梯度消失和梯度爆炸这两个问题,导致失去长时间的记忆,不适合训练过长的文本数据。因此,一种特殊的循环神经网络——长短时记忆神经网络(Long Short-Term Memory Network,LSTM)出现,通过对 RNN 隐单元结构修改,它可以成功解决该缺陷,是目前比较流行的循环神经网络,适用于时间序列中间隔和延迟非常长的重要事件的处理和预测。

LSTM 模型的核心在于其经过特殊设计的记忆单元,包括输入门、

---

[1] 周练. Word2vec 的工作原理及应用探究 [J]. 科技情报开发与经济,2015,25(2):145 - 148.

[2] LEVY O, GOLDBERG Y, DAGAN I. Improving distributional similarity with lessons learned from word embeddings [J]. Transactions of the Association for Computational Linguistics,2015(3):211 - 225.

[3] 李心蕾,王昊,刘小敏,等. 面向微博短文本分类的文本向量化方法比较研究 [J]. 数据分析与知识发现,2018,2(8):41 - 50.

[4] 刘建伟,王园方,罗雄麟. 深度记忆网络研究进展 [J/OL]. 计算机学报,2020:1 - 52 [2020 - 03 - 14]. http://kns.cnki.net/kcms/detail/11.1826.TP.20200114.1543.004.html.

遗忘门、输出门三个门，用于控制是否忽略当前信息或者将其传递到下一单元，只有算法认定的部分才能被保留，否则会被遗忘门遗忘，因此，LSTM 模型能发现和建立输入值之间的长期依赖关系，从而充分利用上下文信息来抽取文本的高层抽象特征。[1] 首先由称为"遗忘门"的 Sigmoid 层决定从单元状态中去除哪些信息，其次控制在单元状态中存储哪些新信息，接着将旧单元状态更新为新单元状态，最后基于新单元状态计算决定输出的内容。[2]

近年来，很多学者提出诸多方案对 LSTM 的内部构造进行优化。任勉和甘刚提出双向 LSTM 模型进行情感分类，相比传统 LSTM，达到了更优的召回率和准确率。[3] Cho 等提出 GRU（Gate Recurrent Unit），将输入门和遗忘门融合，来降低 LSTM 模型的参数。[4] 但对于大规模数据集合，GRU 的表现不如 LSTM。[5] Shi 等提出 ConvLSTM，将 LSTM 门结构计算方式改为卷积，在应用效果上，图像领域较优异，语音方面改善效果有限。[6] Tao 和 Liu 提出 Advanced LSTM，在情感识别上效果较好。[7] Zhang 等提出 Feedforward Sequential Memory Neural Networks，在语音识别、语音合成任务上效果显著。[8]

---

[1] 邓楠. 基于 LSTM 的汽车评论文本分类研究与应用 [D]. 合肥：合肥工业大学，2018.

[2] 刘建伟，王园方，罗雄麟. 深度记忆网络研究进展 [J/OL]. 计算机学报，2020：1 - 52 [2020 - 03 - 14]. http://kns.cnki.net/kcms/detail/11.1826.TP.20200114.1543.004.html.

[3] 任勉，甘刚. 基于双向 LSTM 模型的文本情感分类 [J]. 计算机工程与设计，2018，39 (7)：2064 - 2068.

[4] CHO K, VAN MERRIENBOER B, GULCEHRE C, et al. Learning phrase representations using RNN encoder-decoder for statistical machine translation [J]. Computer Science, 2014：1724 - 1734.

[5] BRITZ D, GOLDIE A, LUONG M T, et al. Massive exploration of neural machine translation architectures [J]. Computer Science, 2017：1442 - 1451.

[6] SHI X J, CHEN Z R, WANG H, et al. Convolutional LSTM network：A machine learning approach for precipitation nowcasting [C] //CORTS C, LEE D D. SUGIYAMA M, et al. NIPS'15：Proceedings of the 28th International Cofference on Neural Information Processing Systems：Volume I. Cambridge, Mass.：MIT Press, 2015：802 - 210.

[7] TAO F, LIU G. Advanced LSTM：A study about better time dependency modeling in emotion recognition [C] //2018 IEEE International Conference on Acoustics, Speech and Signal Processing (ICASSP) IEEE, 2018：2906 - 2910.

[8] ZHANG S L, JIANG H, WEI S, et al. Feed forward sequential memory neural networks without recurrent feedback [J]. Computer Science, 2015.

3.3.1.7 基于在线评论的用户满意度研究

Trappey 等先利用开放式调查问卷采集用户描述其交通体验的正反文本对话,再利用文本挖掘法和聚类技术生成用户体验的关键因子,从而分析导致用户对高雄市公共交通运输系统满意、不满意的影响因素。[1] Wang 等选取洗衣机为研究对象,利用 Python 库 SnowNLP 对苏宁易购中的洗衣机在线评论进行情感分析来探究用户是否对购买的产品满意,再建立逻辑回归模型进一步分析不同产品属性对用户满意度得分的影响,从而帮助洗衣机公司了解用户需求。[2] Suzuki 等收集在线评论网站 Skytrax 中 4 家航空公司经济舱航班相关的用户评论,进行文本挖掘,对特定关键词分析以发现每家航空公司的优势及劣势,该结果有助于调和用户期望与其对产品或服务看法之间的差异。[3] Bueschken 和 Allenby 提出新的文本挖掘模型(SC-ATM Model),能根据语句结构推测得到评论主题,他利用该模型分析 Expedia 网站中五大品牌酒店的在线评论数据,得到用户对不同酒店品牌的满意度,并且证明了该模型在推理和预测效果上优于其他使用 Expedia 网站数据的现有模型(ATM Model)。[4] Xu 和 Li 利用潜在语义分析这一文本挖掘方法对第三方酒店预订网站中的酒店在线评论进行分析,发现对于不同类型酒店,包括全服务酒店、有限服务酒店、有餐饮的套房酒店、无餐饮的套房酒店,它们影响用户满意度的因素不尽相同。[5] Nabareseh 等对加纳三大电信公司 MTN、沃达丰、Tigo 的用户在线评论进行情感分析,分为消极、积极和中性情绪,用于论

---

[1] TRAPPEY C, WU H Y, LIU K L, et al. e-Business Engineering-Knowledge Discovery of Service Satisfaction Based on Text Analysis of Critical Incident Dialogues and Clustering Methods [C]. IEEE 10th International Conference on e-Business Engineering (ICEBE) 2013:265 – 270.

[2] WANG Y, LU X, TAN Y. Impact of product attributes on customer satisfaction:An analysis of online reviews for washing machines [J]. Electronic Commerce Research and Applications, 2018, 29:1 – 11.

[3] SUZUKI T, GEMBA K, AOYAMA A. Identifying customer satisfaction estimators using review mining [J]. International Journal of Technology Marketing, 2014, 9 (2):187 – 210.

[4] BUESCHKEN J, ALLENBY G M. Latent topic modeling of consumer reviews:linking text evaluations to customer satisfaction and brands [J]. Social Science Electronic Publishing, 2015.

[5] XU X, LI Y. The antecedents of customer satisfaction and dissatisfaction toward various types of hotels:A text mining approach [J]. International Journal of Hospitality Management, 2016, 55:57 – 69.

证电信企业如何通过文本挖掘技术,了解用户满意度及意见,并解读用户文本数据,提升企业竞争力。❶

何愉等通过深度神经网络和主题模型,对上海迪士尼景区的在线评论文本进行情感分析后,发现影响游客对迪士尼乐园满意度的关键因素。❷ 吴联仁通过对国内十万余家酒店在线评论的文本挖掘和情感分析,找到影响用户满意度的突出特征,并使用探索性因子分析方法对这些特征处理后代入多元回归方程,发现国内酒店行业中,影响用户满意度的首要因素是客房与电器服务。❸ 何丹等通过北京地区博物馆在线评论文本内容分析,得出影响游客满意度的因素主要有博物馆地理位置、环境交通、主题内容、门票价格等。❹ 赵杨等对移动端海淘软件用户在线评论进行要素聚类后,使用情感分析对其赋值,得出商品本身质量会直接决定用户满意度。❺ 贾其苏和戚恒亮以生鲜产品在线评论为样本,采用文本分析和遗传算法,建立了最佳配送线路,解决了生鲜产品配送环节的用户满意度最优问题。❻

总体而言,基于在线评论的用户满意度研究已初见成果(见表3-26),主要是利用在线评论探究用户满意度的影响因素,且其涉及的领域、利用的方法还都较少,该方向的可探索空间仍然较大。图书馆领域未开展过类似研究,利用在线评论获取图书馆用户满意度的可行性及具体方法值得深入研讨。

---

❶ NABARESEH S, AFFUL-DADZIE E, KLIMEK P. Leveraging fine-grained sentiment analysis for competitivity [J]. Journal of Information & Knowledge Management, 2018, 17 (2): 1850018.

❷ 何愉,卫陈泉,陆钰华. 基于深度神经网络与主题模型的文本情感分析:以上海迪士尼景区游客满意度调查为例 [J]. 统计科学与实践, 2016 (12): 17-21.

❸ 吴联仁,李瑾颉,齐佳音. 基于大规模文本数据情感挖掘的企业舆情研究 [J]. 知识管理论坛, 2016, 1 (6): 457-463.

❹ 何丹,李雪妍,周爱华,等. 北京地区博物馆旅游体验研究:基于大众点评网的网络文本分析 [J]. 资源开发与市场, 2017, 33 (2): 233-237.

❺ 赵杨,李齐齐,陈雨涵,等. 基于在线评论情感分析的海淘App用户满意度研究 [J]. 数据分析与知识发现, 2018, 2 (11): 19-27.

❻ 贾其苏,戚恒亮. 基于顾客评论的生鲜产品配送优化研究 [J]. 物流工程与管理, 2017, 39 (8): 112-115.

表 3-26 基于在线评论的用户满意度研究方法

研究对象	方法
高雄市捷运系统	关键事件法 CI；中文分词法 CKIP；K-means 聚类算法
洗衣机	情感分析（SnowNLP 库）；逻辑回归
航空公司	多元回归分析；多语种文本处理器 MLTP
酒店品牌	LDA 主题模型；ATM 模型（Author-Topic Model）；SC-ATM 模型（Sentence-Constrained ATM Model）
美国酒店	数据挖掘工具 RapidMiner Studio；潜在语义分析 LSA；TF-IDF 算法
加纳三大电信公司	朴素贝叶斯；支持向量机；基于决策树分类算法
上海迪士尼景区	逻辑回归、支持向量机；LDA 主题模型
中国酒店	高频特征词分析；探索性因子分析；多元回归分析
北京地区博物馆	高频特征词分析
海淘软件	Canopy 聚类算法；K-means 聚类算法；卷积神经网络与支持向量机相结合的方法
生鲜产品	TF-IDF 特征词权重计算

3.3.2 满意度语料库构建

本小节主要包括收集在线评论、构建公共图书馆用户满意度评价维度、人工标注用户满意度得分和数据标准化 4 部分。

3.3.2.1 收集在线评论

大众点评是目前国内最知名的第三方在线评论网站，用户群体广泛、数量众多，聚合海量用户真实体验后的评论。公共图书馆作为社会公共文化设施，基本为非营利性，其在线评论不会出现在电子商务网站，在社交媒体中也分布零散、未形成体系，然而第三方在线评论网站中关于公共图书馆的在线评论却数量多、内容丰富、具有系统性。因此，笔者将利用 Python 网络爬虫程序对大众点评网站上的国家图书馆、上海图书馆、南京图书馆、天津图书馆、四川图书馆等 32 家省级公共图书馆的所有在线评论进行采集。

由于大众点评中的许多评论仅有用户打分，没有文字评论，而且从网络中抓取的在线评论文本规范性较差、内容杂乱，需要对文本进行降噪处理。首先剔除仅有评分的评论、由特殊字符构成的评论以及与图书馆无关的评论，再将繁体字转换为简体字、粤语等方言转换为普通话、日语和英语等外语转换为中文。通过以上清洗工作，剩余 20398 条在线评论文本数据。

3.3.2.2 构建公共图书馆用户满意度评价维度

不同类型图书馆的定位和使命不同，用户群体也存在差异，笔者选取公共图书馆为研究对象。《中华人民共和国公共图书馆法》第 2 条规定，公共图书馆是向社会公众免费开放，收集、整理、保存文献信息并提供查询、借阅及相关服务，开展社会教育的公共文化设施。《国际图联公共图书馆服务指南》指出，公共图书馆的目标是以多样的媒介提供资源和服务，满足个人和群体的教育、信息和个人发展的需要，包括娱乐和休闲。

笔者在参考借鉴用户满意度评价模型及图书馆用户满意度评价指标体系现有研究的基础上，充分考量公共图书馆个性化特点和公共图书馆在线评论内容，最终确定从馆员、馆藏资源、环境、服务四个层面来构建公共图书馆用户满意度评价维度，如表 3-27 所示。

表 3-27 公共图书馆用户满意度评价维度

层面	评价维度
馆员	业务熟练度
	专业素养
	综合素质（服务态度、理解沟通能力等）
馆藏资源	馆藏数量
	馆藏种类
	特色馆藏
	数字资源

续表

层面	评价维度
环境	位置及周边设施（绿化、停车场、公共交通等）
	建筑及装饰设计风格
	馆内设施（阅览座位、库室布局、标识指引等）
	馆内环境（照明采光、卫生条件、噪音、温度等）
	整体文化氛围
服务	开放时间
	借阅服务
	检索查询
	便民服务（复印、借伞、餐饮等）
	特色服务（馆际互借、展览活动等）
整体满意度	整体满意度

馆员是图书馆提供服务的重要主体，图书馆的运转和维护离不开馆员的管理，他们是将用户与图书馆连接起来的重要纽带，在用户满意度评价中必不可少。其中，馆员的业务熟练度指馆员对图书馆日常性工作业务的操作十分熟练，包括高效整理上架图书、及时解决用户问题等；专业素养指馆员具备图书馆管理学专业知识，能合理采购馆内资源、准确分类编目、及时运维数据库等；综合素质指馆员言行举止职业规范，具备良好的沟通能力，能以热情友善的态度服务用户等。

馆藏资源是图书馆的立身之本，尽管用户对图书馆服务的需求越来越多样化，但其最本质的需求仍然是信息资源，王晶静、王翌、夏有根等均研究发现用户认为图书馆服务中馆藏资源是最重要的，也是他们最关注的方面。馆藏资源主要包括实体馆藏、数字资源。与高校图书馆不同，用户对公共图书馆馆藏的使用更多集中在实体馆藏，因此，笔者对实体馆藏的考察维度较细致，包括馆藏数量、馆藏种类、特色馆藏，其中特色馆藏是指图书馆对某一方面长期积累建设后所形成的结构完整、拥有一定规模的文献资源，是相较于其他图书馆的明显资源优势，如地方文献、古籍善本、某一时期文献的系统收藏等。此外，尽管公共图书馆用户对数据库、电子期刊这类传统数字资源关注相对较少,但为了更大程度满足用户需求,公共图书馆也提供一些新的数字资源形式,如音频视频、朗读亭等。因此,笔者也将数字资源纳入馆藏资源考察维度,主要包括数据库、电子期刊、电子图书馆、多媒体资源、网页、朗读亭等。

环境在用户需求更加个性化的背景下显得尤为重要,涉及诸多方面。笔者将其分为5个维度:①位置及周边设施关注的是图书馆外围环境,包括其选址合理、公共交通便利、停车方便、绿化环境优美等;②建筑及装饰设计风格关注的是建筑本身是否能迎合大众审美、空间设计是否合理等;③馆内设施关注的是阅览桌椅、充电口、饮水机等设施是否良好,每层的功能区划分是否合理,且具备清晰的标识指引;④馆内环境关注的是室内温度、照明、通风、卫生条件、噪声等;⑤整体文化氛围是人为形成的一种感知环境,浓厚的氛围能极大程度提高用户满意度。

图书馆服务是吸引用户、提升影响力的重要手段,种类众多,笔者归纳后将其分为五个维度:①图书馆开放时间是否合理且能满足用户使用需求;②借阅服务指借阅/续借/超期处理制度是否合理,办理借书证及借还书流程是否高效便捷等;③检索查询指检索系统简单易用,使用户能轻松查找到所需信息资源;④便民服务可以充分体现图书馆的人文关怀,指是否提供复印、借伞、餐饮等;⑤特色服务,它是图书馆近些年尤其重视的一项工作,指根据不同类型群体的特定需求,提供一系列有针对性的专门化服务,包括参考咨询、讲座培训、展览、主题活动等。

整体满意度是指用户实际体验过图书馆后形成的一种整体感受,与其他维度并列,而非所有维度的平均值。通过采集到的在线评论,笔者发现部分用户的评论是主观情感式描述,未涉及具体的维度,倾向于整体感受,如"真是太喜欢国家图书馆了,每周末必去,超级棒的图书馆,点个赞",大部分用户在对具体维度评价的同时,也会增加类似描述。因此,笔者专门设置整体满意度维度来测量用户对图书馆的整体感受。

3.3.2.3 人工标注用户满意度得分

根据前文提出的公共图书馆用户满意度评价维度对在线评论文本进

行人工标注，构建在线评论-用户满意度得分的语料库，为训练机器学习模型奠定基础。笔者选取多名图书情报管理专业的高校学生或经常使用公共图书馆、熟悉公共图书馆各项服务的用户对20398条在线评论文本进行两遍人工标注满意度得分。

首先，对参与者进行公共图书馆用户满意度评价维度的简单培训，使其了解各维度的具体内涵。其次，要求参与者阅读每条评论后，揣摩原评论人，试想当其写下该评论时，对公共图书馆不同维度的满意度以及整体满意度，即"您认为当该用户作出下列评论时，其对于公共图书馆的各维度服务及整体满意度水平是多少分"，满分5分制，最高为5分，最低为1分，得分区间为1、1.5、2、2.5、3、3.5、4、4.5、5，未涉及的维度打0分，"整体满意度"维度为必打分项；至此可以获得20398条在线评论文本的多遍用户满意度得分。最后，对所有语义标注结果进行抽样检查及人工校对，使每条在线评论的用户满意度得分更加准确。

3.3.2.4 数据标准化

针对同一条评论，不同参与者对涉及维度、各维度分值的判断可能存在差异，因此，需要进行数据标准化处理，修正全部分值。

常见的数据标准化方式有Min-max法、Z-score法等。Min-max标准化是对原始数据的线性变换，使结果落到[0，1]区间，新数据=（原始数据-最小值）/（最大值-最小值），该方法存一个缺陷，即如果加入新数据，Max和Min可能会因此发生变化，需要重新定义；利用Z-score法对数据作标准化处理主要是基于原始数据的平均值以及标准差，新数据=（原始数据-平均值）/标准差，当不知道属性A的最大值和最小值或有超出取值范围的离群数据时，最适合使用Z-score标准化方法。此外，常用的综合评价方法Topsis（优劣解距离法）为找到有限方案中的最优方案和最劣方案，需对正向化的矩阵进行标准化处理以消除各指标量纲的影响，这种标准化处理方法也值得借鉴，即当只有一项评价指标时，标准化得分=（原始得分-最小值）/[（最大值-最小值）×所有原始得分总和]。

基于以上标准化处理方法，笔者定义一种适用于本书的处理方法。以用户 A 的语义标注结果为例，假定某条评论在某一维度上的原始用户满意度得分为 X_a，用户 A 所有语义标注得分的平均值为 $\overline{A_{all}}$（不包括未涉及维度）、最大值为 MAX_a、最小值为 MIN_a，全部用户所有语义标注得分的平均值为 $\overline{ALL}$（不包括未涉及维度），则标准化得分 $X_{a'} = (X_a - \overline{A_{all}} + \overline{ALL}) / (MAX_a - MIN_a) \times 5$。对全部用户的语义标注得分进行标准化后汇总，得到在线评论文本的多遍打分结果，对所有遍数进行矩阵求和，再取平均数。至此，得到 20398 条在线评论文本在 18 个维度上的最终用户满意度得分。

3.3.3 机器学习实验模型构建

本小节主要介绍文本结构化处理和训练模型等内容。

3.3.3.1 文本结构化处理

在线评论文本属于典型的非结构化数据，因此在深入分析前，需要对文本进行结构化处理。首先需要将文本以"词"为单位进行分割，然后构建出共词矩阵，最后再进行数字化转化，转变为词向量。

1. 文本中文分词

中文文本与英文文本存在很大差异，它没有作为分隔符的空格，需要将文档中连续的汉字序列按照某种特定的规范格式划分成独立的词语，以便后续分析。目前广泛应用的中文分词软件有中科院的 ICT-CLAS 和 JIEBA、清华大学的 THULAC 和 ANSJ 分词器等。其中，基于词典和隐马尔科夫模型的分词工具 JIEBA 的应用最为广泛，分词准确率较高，而且完全开源、操作起来比较简便，能够添加自定义词库，去除频率较高且无明确情感的停用词，在文本分析领域颇受欢迎。笔者将借助 JIEBA 中文分词工具包进行结构化处理。

2. 文本向量化

为了使计算机能够处理自然语言，需要将自然语言转换为计算机可以识别的语言，因此，要对在线评论文本进行向量化，笔者将借助 Word2vec 技术提供的 Skip_gram 模型实现文本向量化。

利用 Word2vec 模型训练词向量需要设置一系列参数，基于实践经验的选择和不同参数设置效果的比较，最终确定参数如下：词向量维数 Size＝100，一般设置为 50～300，维度越多意味着可以存储越多的单词信息，但需要付出更昂贵的计算成本；窗口 Window＝5；将出现次数小于 1 的词汇丢弃，Min_count＝1，从而保留设置的全部词汇；如果 Negative＞0，则会采用 Negative sampling，用于设置多少个 Noise Words；高频词汇随机采样的配置阈值为 0.001，Sample＝0.001；采用 Hierarchica·Softmax 技巧，Hs＝1；训练并行数（也称线程数量）为 4，Workers＝4。

假设当前词为 k_t，上下文为包含 $2n$ 个词的词集 k_{t-n}，k_{t-n+1}，…，k_{t-1+n}，k_{t+n}，则 Skip_gram 模型就是利用中间词 k_t，推导出上文词 k_{t-n}，k_{t-n+1}，…，k_{t-1+n}，t_{t+n} 属于词典中某个词的概率，即 $P[context(w) \mid k_t]$，最终的训练目标函数为 $L = \sum_{w \in N} \log P[context(w) \mid k_t]$，经过多次迭代训练，得到所需词向量。

至此，全部语料被向量化，经过分词的任一文本评论中的每个词被训练成 100 维的向量，然后对这些向量相加后再取平均数，使每条评论语料都转化为一个维数是 100 维的向量，确保计算机能轻松识别，为后面训练模型打下基础。

3.3.3.2 训练模型

笔者借鉴文本情感分析领域中常用的基于深度学习的方法，与传统机器学习相比，深度学习作为一种多层表征学习算法，具有更深的网络结构和更强的表达能力，可以从数据中提取出更深层次的特征，基于深度学习中各类模型特点的比较，最终选取 LSTM 模型训练在线评论文本。20398 条在线评论文本中，80%用于建模（含训练和评估），20%用来测试模型。

经过标准化处理的最终用户满意度得分为 0～7 分。一方面，由于存在小数点，按照 0.5 分算，则为十五分类问题，分类过多会导致模型准确率下降，因此需要将得分四舍五入，转换为一个八分类问题，使机器学习能获取更多信息，文本情绪层次得到细化的同时，保证准确率。另一方面，由于0分代表未涉及该维度，在训练模型时，需要先将0分与非0分区分开，再对非0分在线评论作七分类。LSTM模型在不同维度的测试准确率如表3-28所示。

虽然二分类问题较简化，机器学习的判别更为简单，LSTM处理二分类问题时准确率较高，可以达到80%~90%，但也会损失部分信息。而本小节的七分类使机器学习能获取更多信息，可以更加细致地捕捉用户满意度情绪，输出结果更具可解读性，一般来说，当LSTM模型处理五分类及以上多分类问题时，训练准确率控制在30%左右，就已经可以达到较好的训练效果。本小节中LSTM平均准确率为34.41%，表明模型效果较好。

表3-28 LSTM模型测试准确率汇总

评价维度		准确率/%
馆员	业务熟练度	20.40
	专业素养	21.30
	综合素质	25.30
馆藏资源	馆藏数量	36.50
	馆藏种类	36.20
	特色馆藏	29.80
	数字资源	27.10
环境	位置及周边设施	38.00
	建筑及装饰设计风格	49.30
	馆内设施	42.50
	馆内环境	44.20
	整体文化氛围	46.00
服务	开放时间	25.40
	借阅服务	34.70
	检索查询	20.70
	便民服务	27.30
	特色服务	43.80
整体满意度	整体满意度	50.90

3.3.4 模型验证与分析

信度又称可靠性,是指测算的一致性,通常用来表示结果的可信赖程度,进行信度分析的意义在于判断结果的可靠性、有效性。为了进一步验证前文训练好的 LSTM 模型在获取用户满意度是否可靠,笔者将选取国家图书馆为研究对象,利用传统的问卷调查法采集它在不同维度下的用户满意度得分,与 LSTM 模型下基于在线评论的用户满意度得分进行比较分析。

问卷的量表等级选择对调查所得的数据质量至关重要,量表等级越高,问卷调查难度就越大,后期统计分析的工作量也越大,而量表等级过低,评价用词容易模糊,导致调查结果失真。目前图书馆用户满意度评价的问卷设计基本采用李克特五级量表。因此,笔者也将采用李克特五级量表进行国家图书馆用户满意度调查。

问卷由四部分组成:第一部分为前言,对此次调查进行说明和解释,描述调查目的。第二部分是对调查对象进行筛选,只有在 2019 年 9 月至 2020 年 1 月使用过国家图书馆提供的服务的用户才能继续作答。第三部分是从馆员、馆藏资源、环境、服务四个方面设置的 15 道评级题目,分别用分值 1 分、2 分、3 分、4 分、5 分表示"非常不赞同""不赞同""一般""赞同""非常赞同",由于用户可能没有使用过国家图书馆的部分服务,无法对这些维度作出评价,故增加数值 0 分来表示"不清楚"。第四部分要求用户对国家图书馆进行整体感受打分,分别用数值 1 分、2 分、3 分、4 分、5 分表示"非常不满意""不满意""一般""满意""非常满意"。

利用问卷星在线发放问卷,最终共 101 人填写,获得有效问卷 71 份。统计可得国家图书馆不同维度的用户满意度如下:业务熟练度 3.69 分、专业素养 3.68 分、综合素质 3.7 分;馆藏数量 4.15 分、馆藏种类 4.21 分、特色馆藏 3.8 分、数字资源 3.82 分;位置及周边设施 4.14 分、建筑及装饰设计风格 4.2 分、馆内设施 3.99 分、馆内环境 4.08 分、整体文化氛围 4.28 分;开放时间 3.61 分、借阅服务 3.62 分、检索查询

4.03 分、便民服务 3.56 分、特色服务 3.58 分；整体满意度 4.21 分。

3.3.4.1 基于 LSTM 模型的国家图书馆用户满意度

将国家图书馆的 3497 条在线评论语料放入前文训练好的 LSTM 模型中，得到各维度的用户满意度得分，为更好地与问卷结果对比，将 7 分制转化为 5 分制，结果如下：业务熟练度 2.87 分、专业素养 2.89 分、综合素质 2.69 分；馆藏数量 3.46 分、馆藏种类 3.45 分、特色馆藏 3.41 分、数字资源 3.27 分；位置及周边设施 3.31 分、建筑及装饰设计风格 3.52 分、馆内设施 3.26 分、馆内环境 3.41 分、整体文化氛围 3.51 分；开放时间 2.84 分、借阅服务 2.9 分、检索查询 2.79 分、便民服务 2.94 分、特色服务 3.51 分；整体满意度 3.31 分。

1. 结果分析

利用上述两种方法的用户满意度结果绘制折线图，如图 3-4 所示。可以发现，得分趋势基本一致，只有特色服务维度存在较大偏差。为进一步验证两者的一致性，将两种方法的用户满意度得分视为两个变量因素，进行相关性分析，得到皮尔逊相关系数 $r=0.6$，介于 0.5~0.8，说明它们中度相关；而去掉特色服务维度，$r=0.8$，大于等于 0.8，可以达到高度相关。综上所述，基于问卷调查和基于模型获取图书馆用户满意度的结果整体具有一致性，虽然特色服务维度存在偏差，但总体在可接受范围内，证明笔者训练的 LSTM 模型可靠有效。

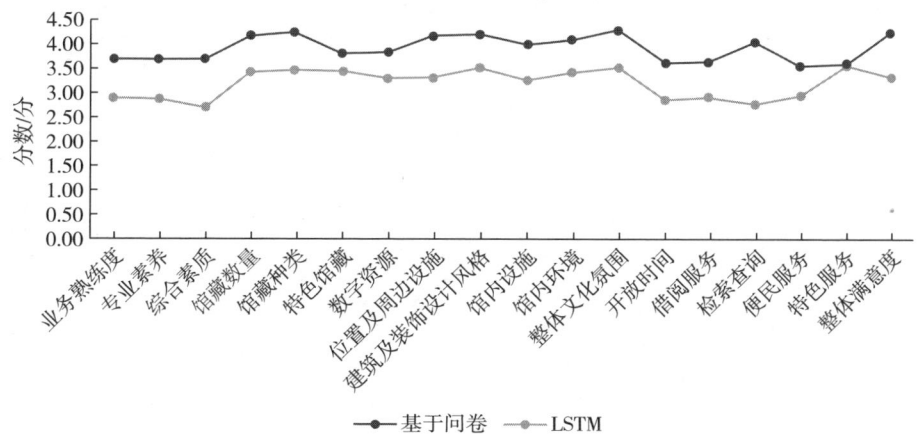

图 3-4 国家图书馆用户满意度得分折线对比

2. 效度验证

构思效度指测验能够测量到理论上的构想和特质的程度,即测验的结果是否能证实或解释某一理论的假设、术语或构想,解释的程度如何。一个有效的测验不仅应与其他测量同一构思的测验有相关,而且必须与测量不同构思的测验无相关,前者为聚合效度,后者为区分效度。进行效度验证的目的主要是检验笔者提出的这种基于在线评论的用户满意度评价方法应用于不同图书馆时的结果有区分度,而且合理、具有解释性。

3.3.4.2 基于 LSTM 模型的公共图书馆用户满意度排名

笔者将利用 LSTM 模型获得的用户满意度得分,从馆员、馆藏资源、环境、服务及整体满意度5个方面分别对不同图书馆进行排名来考察模型区分度。

选择在线评论文本数量较多的6家图书馆,包括上海图书馆、国家图书馆、南京图书馆、四川省图书馆、天津图书馆、首都图书馆,放入前文训练好的 LSTM 模型得到各层面用户满意度得分如表3-29所示。利用正态累计分布函数对满意度得分处理,并依据用户满意度平均得分对6家图书馆在不同层面上排名,具体得分及排名情况如表3-30所示。

表3-29 基于 LSTM 模型的6家公共图书馆用户满意度得分　　单位:分

层面	评价维度	国家图书馆	南京图书馆	上海图书馆	四川图书馆	天津图书馆	首都图书馆
馆员	业务熟练度	4.02	3.46	3.80	3.52	3.28	3.71
	专业素养	4.05	2.96	3.38	3.65	3.25	3.75
	综合素质	3.76	3.19	3.78	3.75	3.17	4.02
馆藏资源	馆藏数量	4.84	4.73	4.69	4.60	4.67	4.70
	馆藏种类	4.83	4.74	4.90	4.85	4.71	4.85
	特色馆藏	4.77	4.56	4.21	4.40	4.52	4.42
	数字资源	4.58	4.95	4.46	4.76	4.51	4.91

续表

层面	评价维度	国家图书馆	南京图书馆	上海图书馆	四川图书馆	天津图书馆	首都图书馆
环境	位置及周边设施	4.63	4.87	4.62	4.58	4.56	4.52
	建筑及装饰设计风格	4.93	4.94	4.96	4.93	4.96	4.93
	馆内设施	4.57	4.50	4.61	4.56	4.51	4.55
	馆内环境	4.77	4.68	4.68	4.55	4.66	4.69
	整体文化氛围	4.92	4.86	4.86	4.80	4.85	4.92
服务	开放时间	3.98	3.37	3.66	3.96	4.21	4.01
	借阅服务	4.06	4.40	4.27	4.32	4.49	4.53
	检索查询	3.91	3.48	3.53	4.25	4.10	4.64
	便民服务	4.11	4.50	3.91	4.09	4.36	4.16
	特色服务	4.91	4.90	4.82	4.75	4.86	4.88
整体满意度	整体满意度	4.64	4.71	4.56	4.64	4.50	4.66

表3-30 6家公共图书馆的用户满意度对比   单位：分

层面	图书馆	得分
馆员	国家图书馆	21.25
	首都图书馆	14.42
	上海图书馆	6.72
	四川图书馆	6.41
	天津图书馆	0.14
	南京图书馆	0.1
馆藏资源	国家图书馆	99.8
	南京图书馆	98.49
	首都图书馆	96.12
	四川图书馆	90.14
	天津图书馆	85.51
	上海图书馆	82.61

续表

层面	图书馆	得分
环境	南京图书馆	99.8
	国家图书馆	99.25
	上海图书馆	98.49
	首都图书馆	96.12
	天津图书馆	95.3
	四川图书馆	92.78
服务	首都图书馆	69.21
	天津图书馆	64.93
	四川图书馆	51
	国家图书馆	42.77
	南京图书馆	36.94
	上海图书馆	28.93
整体满意度	南京图书馆	95.3
	首都图书馆	91.03
	四川图书馆	89.23
	国家图书馆	89.23
	上海图书馆	81.62
	天津图书馆	75.53

（1）不同方面平均满意度得分由高至低依次为环境（96.96分）、馆藏资源（92.11分）、整体满意度（86.99分）、服务（48.96分）、馆员（8.17分）。可见，在用户心目中，公共图书馆体验的整体感受尚可，其认为公共图书馆在环境、馆藏资源方面的工作水平较高，能满足用户需求、使用户满意，然而对图书馆服务和馆员方面较为不满，尤其是馆员方面得分非常低。可见，公共图书馆在不断改善环境、优化馆藏资源建设时，仍需重视馆内服务质量、加强图书馆员职业素养，使软实力与硬件实力相匹配。

（2）从以上排名可以看出，国家图书馆兼顾不同方面的发展，具有全面的综合实力,且其平均用户满意度最高,尤其是馆员方面,位于第一名的国家图书馆与排在其后的3家图书馆得分差距非常大,其他图书馆可以借鉴国家图书馆的管理经验,提升用户对馆员的满意度,使其综合实力不断提高,跟上其他方面的高速发展。此外,尽管国家图书馆在馆员、馆藏资源、环境、服务方面的平均得分高于南京图书馆,但在整体满意度方面却位于南京图书馆之后,笔者认为该反差主要是由于国家图书馆作为国家总书库,指导协调全国文献保护工作,用户对其期待值高于一般图书馆,一旦某方面服务质量水平较弱,将在一定程度上放大整体感受上的不满。

(3) 4家图书馆在不同维度上的得分总体区分度较大,仅在整体满意度方面,出现2家图书馆得分相同的情况,其主要原因可能是笔者选取的4家公共图书馆在国内发展速度均较快,处于领先地位,其综合实力相当,个别方面实力难分上下。因此,整体而言,笔者训练出的模型应用于不同图书馆时的结果具有区分度。

3.3.5 管理启示

基于模型构建过程和实证结果分析,结合公共图书馆服务现状以及目前公共图书馆用户满意度调查的实践,笔者将为公共图书馆提出以下管理启示及对策建议。

1. 结合大数据背景,发挥在线评论在用户满意度调查中的价值

大数据时代的到来,为我们提供一种全新的数据获取渠道,也为创新调查方式,更加高效、快捷、科学地评估用户满意度水平提供一种可能。已经应用很多年的传统问卷调查方法,从问卷设计到回收,需要耗费大量时间、精力,效率不高,数据质量控制难度和成本不断增加,而且容易受样本选取等因素影响,同时,只能了解到某段时间的调查结果。在大数据研究应用的背景下,利用计算机分析学习大量样本数据,更高效准确,能够更深入挖掘获得丰富的结果,既可以对比同一时期不同图书馆的用户满意度,吸收优秀图书馆的管理经验,也能比较同一图书馆不同时期的用户满意度情况,查看其改进效果等。

2. 加强馆员职业素养管理，提升用户整体满意度

图书馆员是连接用户与图书馆的重要纽带，图书馆的日常运营和维护都离不开馆员，即使当代图书馆越来越智能化，用户咨询求助馆员的场景逐渐减少，馆员也是不可或缺的。一般情况下，在业务熟练度、综合素质方面，馆员带给用户的存在感较强烈，专业素养带给用户的直接感受较弱，如采购、编目、运维数据库等工作往往是通过馆藏资源、服务等形式间接被用户感受，但其用户满意度的背后正是馆员在发挥作用。从笔者的研究中可以发现，馆员维度用户满意度得分远远低于其他维度。因此，图书馆在大力建设图书馆环境、馆藏时，应该同时加强馆员职业素养管理，使馆员业务熟练度、专业素养、服务态度、沟通能力等方面能力得到保证，从而使图书馆服务质量全方位优化，提升用户整体满意度。

第4章 品牌价值沟通与标识设计

第3章重点关注品牌与消费者之间的关系，本章将通过对品牌标识的颜色以及标识立体化等研究探究品牌标识对品牌价值的影响。

第4.1节基于消费者心理学、色彩心理学和社会学等领域的研究理论，构建品牌标识色彩信息对消费者廉价感的感知影响的理论模型，分析社会认同及文化背景在品牌营销中对其影响过程的调节作用，并以微信群组和朋友圈作为研究平台，通过实验法收集数据进行实证检验和结果分析讨论。研究发现，相比于相近色搭配的品牌标识，消费者对互补色搭配的品牌标识更容易产生廉价感，相比于色彩饱和度较低的品牌标识消费者对色彩饱和度较高的品牌标识更容易产生廉价感。社会认同调节作用和文化背景对社会认同对品牌标识色彩效应调节作用的调节也得到验证，当社会认同不存在时，并无品牌标识色彩效应的产生，仅当社会认同存在时，品牌标识色彩信息对消费者廉价感的感知影响才得以存在；同时，针对不同的文化背景，社会认同对品牌标识色彩效应的调节作用也有所不同。相比于欧美国家，对于中国消费者来说，社会认同对品牌标识色彩效应的调节作用更加显著。

第4.2节重点基于视觉信息传达、视知觉理论和概念隐喻理论，构建立体化、扁平化这一空间维度标识设计方式对包含认知态度、情感态度、购买推荐态度在内的消费者品牌态度的理论模型，并通过多组实验问卷采集相关样本数据，对模型进行实证检验和分析讨论。同时，笔者选取多种不同类型的品牌产品作为实验材料，应用控制实验法探究产品类型、信息加工流畅性等变量对消费者品牌态度所产生的影响效应。通过对实验结果的分析，笔者得出以下结论：品牌标识设计类型的差异会影响消费者对品牌的感知与态度；产品类型在品牌标识设计类型与消费者品牌态度调节影响关系中具有显著的调节效应，对于享乐型产品而言，选用立体化标识相比扁平化标识能够显著提升消费者在情感维度和购买推荐维度的品牌态度；信息加工流畅性在品牌标识设计类型对消费者品牌态度的影响关系中起中介作用。

4.1 品牌标识色彩信息与价格感知

品牌标识是企业塑造品牌形象的重要视觉资产，品牌标识设计会使消费者对品牌的认知和行为产生直接影响，因此如何科学有效地设计品牌标识，吸引消费者关注并增加消费者黏性，已成为各大企业开展品牌营销的关注重点。笔者基于消费者心理学、色彩心理学和社会学等领域的研究理论，对品牌标识色彩的选择与消费者价格感知之间的关系进行研究。

4.1.1 品牌标识色相、饱和度与价格感知

4.1.1.1 基本概念

1. 品牌标识的概念

品牌标识（Brand Logo）是品牌最重要的视觉象征符号，包含文字、图形、颜色、形状等视觉要素。[1] 品牌标识是一种重要的辅助消费者识别品牌的工具，可以加速消费者对心仪产品的选择[2]，在建设品牌视觉资产、建立消费者的品牌认知等方面起关键作用，可以用来塑造与品牌有关的联想[3]，因此也是企业花费大量时间和金钱进行推广的重要资

---

[1] SUNDAR A, KELLARIS J J. How logo colors influence shoppers' judgments of retailer ethicality: The mediating role of perceived eco-friendliness [J]. Journal of Business Ethics, 2017, 146 (3): 685 – 701.

[2] LANE R. Does Orange Mean Cheap?: effect of color on sales of commercial products [J] Forbes, 1991, 148 (14): 144 – 147.

[3] 钟科，王海忠. 品牌拉伸效应：标识形状对产品时间属性评估和品牌评价的影响 [J]. 南开管理评论，2015, 18 (1): 64 – 76.

产❶。有研究表明，相比于仅看到品牌名称，消费者在同时看到品牌标识和名称时对品牌的评价要更高❷，可见标识对于提升消费者的品牌认知有重要作用。品牌标识通常是市场经理❸、委员会❹或首席执行官❺从设计部门提供的设计池中挑选出来的，规模较大的企业通常有自己的设计部门，新产品的品牌标识通常由设计部门给出，而规模较小的企业在创建品牌标识时，通常会将业务外包给品牌咨询公司或广告公司。相关领域对品牌标识的讨论非常充分，因为品牌标识越来越成为企业和品牌发展的重要辅助对象。品牌标识主要由文字、图形或其组合而构成，具有不同的分类方法。Schechter 把品牌标识分为图形（Pictorials）、人物（Characters）、抽象符号（Abstracts）、字母（Letter Symbols）和文字（Wordmarks）5 类。有些学者将品牌标识分为文字主导（Word-driven）和图形主导（Image-driven）两类。❻❼ 后来的学者在总结前人研究的基础上将品牌标识划分为纯图形、纯文字和文字加图形三类。❽ 就现有文献来看，以图形为元素还是以文字为元素是品牌标识分类的关键。纯文字品牌标识只有品牌的全称、缩写或者首字母，如可口可乐、漫威、索尼等品牌的标识，这是品牌标识最早的形态，许多欧洲古老品牌采用创始人姓名缩写作为品牌标识。如今，许多企业依然采用纯文字标识，如淘宝、摩拜、谷歌等。这种纯文字设计主要基于文字字体来实现设计效果，其字体风格或可爱亲民或科技感十足，体现出不同的企业文化与品牌个性。纯图形品牌标识是将对企业或品牌具有重要意义的图形作为品

---

❶ 罗伯托·维甘提. 第三种创新：设计驱动式创新如何缔造新的竞争法则 [M]. 戴莎, 译. 北京：中国人民大学出版社, 2014.

❷ BERRY N C. Revitalizing brands [J]. Journal of Consumer Marketing, 1989, 5 (3): 15 - 20.

❸ SIEGEL L B. Planning for a long-life logo [J]. Marketing Communications, 1989, 14: 44 - 49.

❹ PHILLIPS H. Corporate logo research: A case study [J]. Journal of the Market Research Society, 1978, 20 (4): 219 - 27.

❺ SPAETH T. What does it all mean? [J]. Across the Board, 1995, 32: 53 - 55.

❻ HENDERSON P W, COTE J A. Guidelines for selecting or modifying logos [J]. Journal of Marketing, 1998, 62 (2): 14 - 30.

❼ MACHADO J C, DE CARVALHO L V, TORRES A, et al. Brand logo design: Examining consumer response to naturalness [J]. Journal of Product & Brand Management, 2015, 24 (1): 78 - 87.

❽ BRESCIANI S, DEL P P. New brand logo design: Customers' preference for brand name and icon [J]. Journal of Brand Management, 2017, 24 (5): 375 - 390.

牌标识，如星巴克、苹果、耐克、QQ等品牌的标识。历史上图形比文字出现得早，因为对文字的理解需要基础，而图形能直接表达信息，比文字表达更容易理解，因此人类文字首先都是由象形等图形方式形成的。需要指出的是，现实中有一些品牌标识如雷克萨斯、大众、本田等虽然含有品牌的首字母，但文字形象已经被设计化和美学化，并不属于文字标识，因此在文献中被视为图形标识。[1] 文字与图形结合的品牌标识则既包含文字，又包含图形，如拉菲、香奈儿等。在这类品牌标识中，文字与图形有机结合，文字展示品牌名称，图形负责品牌形象的塑造，这种图形与文字相结合的品牌标识比单纯的文字品牌标识对消费者更有吸引力。[2]

字体（Typeface）是文字设计的核心元素，也是展现和传递企业信息的重要视觉工具。各种语言均有现存的标准字体设计沿用至今，并仍在不断更新。如西文字体大致分为衬线体（Serif，笔画粗细不同，在主字体外有额外装饰）和非衬线体（Sans serif，笔画粗细大致相同，没有额外装饰），汉字则有篆、隶、行、楷、草、宋等多种字体。字体的语义象征指字体的内涵意义，比如黑体显得强势，隶书显得古朴，宋体显得端庄，这些意义无关字义本身，是独立存在的。品牌标识采用特定字体，可以影响消费者的品牌感知，创造出有重要战略意义的品牌形象。[3][4] 例如，品牌标识采用粗重/纤细、端正/倾斜的字体分别给人以阳刚/苗条、稳定可靠/创新高效的形象。除了字体特征，还有学者关注字体完整性对消费者的影响，发现不完整的字体会降低消费者对品牌的信任度，但能提高消费者对品牌趣味性和创新性的感知。[5] 另外，西方品牌文字的设

---

[1] SCHECHTER A H. Measuring the value of corporate and brand logos [J]. Design Management Journal, 1993, 4 (1): 33-39.

[2] BIRD L. Eye-catching logos all too often leave fuzzy Images in minds of consumers [J]. The Wall Street Journal, 1992, 220 (109): B-l.

[3] TANTILLO J, DI LORENZO-AISS J, MATHISEN R E. Quantifying perceived differences in type styles: An exploratory study [J]. Psychology & Marketing, 1995, 12 (5): 447-457.

[4] HENDERSON P W, GIESE J L, COTE J A. Impression management using typeface design [J]. Journal of Marketing, 2004, 68 (4): 60-72.

[5] HAGTVEDT H. The impact of incomplete typeface logos on perceptions of the firm [J]. Journal of Marketing, 2011, 75 (4): 86-93.

计还会考虑大小写。中国学者基于中国消费者研究发现,小写字体比大写字体让人感觉品牌更具活力,适合高友好性产品(如服装、餐饮)的品牌,而大写字体则更适合高权威性产品(如医疗器械)的品牌。❶ 由此可推断,2017 年,希尔顿全球酒店集团将品牌标识由全部字母大写(HILTON)改为仅首字母大写(Hilton),可能是为了增加消费者对品牌的亲近感。与此相反,奢侈品牌迪奥同年将品牌标识由首字母大写(Dior)改为全部字母大写(DIOR),则可能是出于彰显品牌权威性的考虑。

品牌标识中的图形取材十分广泛,既有远古图腾和宫廷纹样(如"同仁堂"的龙和"瑞蚨祥"的祥云纹样),也有现实人物和自然事物(如"肯德基"的创始人头像和"悦诗风吟"的大树);既有人类创作的具象图形(如"苹果"的被咬掉一口的苹果),也有艺术加工的抽象图形(如"耐克"的对钩)。显然,与字体相比,图形设计的素材更广,设计感更强,因而是品牌标识设计研究的重点。研究发现,文字和图形结合设计的品牌标识比纯文字设计的品牌标识可以提供更强的自我认同/表达功能、实用功能和美学吸引功能。❷ 在文字和图形结合的品牌标识中,图形比文字对品牌形象贡献更大。❸ 图形标识设计的消费者反应不仅取决于图形本身(类型、动态、其他特征)的设计,还取决于企业类型、产品特性以及消费者的自我特征等因素。例如,图形设计的主动动画标识更适合活力型公司❹;独立型自我构念的消费者喜欢棱角分明的图形,互依型自我构念的消费者则偏好设计圆润的图形❺❻;具有高兴奋自我概念的消费者偏好非对称品牌标识,具有低兴奋自我概念的消费者

---

❶ 许销冰,陈荣,刘文静. 商标的大小写设计对消费者品牌感知的影响[J]. 营销科学学报,2016(2):75 – 86.

❷ PARK C W, EISINGERICH A B, Pol G, et al. The role of brand logos in firm performance [J]. Journal of Business Research, 2013, 66 (2): 180 – 187.

❸ PIMENTEL R W. Consumer preference for logo designs: Visual design and meaning [R]. University of Arizona, 1997.

❹ BRASEL S A, HAGTVEDT H. Living brands: Consumer responses to animated brand logos [J]. Journal of the Academy of Marketing Science, 2016, 44 (5): 639 – 653.

❺ ZHANG Y L, FEICK L, PRICE L J. The impact of self-construal on aesthetic preference for angular versus rounded shapes [J]. Personality and Social Psychology Bulletin, 2006, 32 (6): 794 – 805.

❻ 王海忠,范孝雯,欧阳建颖. 消费者自我构念、独特性需求与品牌标识形状偏好[J]. 心理学报,2017(8):1113 – 1124.

则青睐对称的品牌标识[1]。

色彩作为醒目的视觉要素,是品牌标识设计的一项重要内容。虽然被归纳为品牌标识设计元素之一,然而无论是图形还是文字,本身都要承载一定的颜色。在营销活动中,色彩能够吸引注意[2]、激发情感[3]、沟通品牌个性和品牌形象[4]。与文字和图形相比,品牌标识中的色彩要素并非独立存在,而是伴随文字或图形呈现。然而,无论是纯文字标识、纯图形标识还是文字与图形结合的标识,色彩都是存在的,因此色彩对消费者反应的作用可能比文字或图形更深远。色彩能够直接触发人们的情感反应,这些情感反应有些是与生俱来或潜意识的,比如人们对于绿色和蓝色的普遍偏好[5];有些则是后天受历史文化或环境影响形成的,如中国消费者对金色和红色的喜爱[6]。在认知反应方面,色彩能引起消费者对产品档次[7]、品牌个性[8]、品牌功能性/社交性[9]和企业形象[10]等方面的感知意义联想。

尽管企业管理者会花费巨资设计品牌标识,但在消费者行为与品牌

---

[1] BETTELS J, WIEDMANN K P. Brand logo symmetry and product design: The spillover effects on consumer inferences [J]. Journal of Business Research, 2019, 97: 1 – 9.

[2] BOTTOMLEY P A, DOYLE J R. The interactive effects of colors and products on perceptions of brand logo appropriateness [J]. Marketing Theory, 2006, 6 (1): 63 – 83.

[3] VALDEZ P, MEHRABIAN A. Effects of color on emotions [J]. Journal of Experimental Psychology: General, 1994, 123 (4): 394 – 409.

[4] KAUPPINEN-RÄISÄNEN H. Strategic use of colour in brand packaging [J]. Packaging Technology and Science, 2014, 27 (8): 663 – 676.

[5] 尚晓燕,郭晓凌. 品牌也需"高颜值":品牌标识设计的消费者反应研究述评 [J]. 外国经济与管理, 2020, 42 (1): 55 – 69.

[6] HENDERSON P W, COTE J A. Guidelines for selecting or modifying logos [J]. Journal of Marketing, 1998, 62 (2): 14 – 30.

[7] 肖凭. 论感性消费时代:商品包装设计的色彩营销策略 [J]. 消费经济. 2005, 21 (5): 18 – 21.

[8] VALDEZ P, MEHRABIAN A. Effects of color on emotions [J]. Journal of Experimental Psychology: General, 1994, 123 (4): 394 – 409.

[9] MADDEN T J, HEWETT K, ROTH M S. Managing images in different cultures: A cross-national study of color meanings and preferences [J]. Journal of International Marketing, 2000, 8 (4): 90 – 107.

[10] LABRECQUE L I, MILNE G R. Exciting red and competent blue: The importance of color in marketing [J]. Journal of the Academy of Marketing Science, 2012, 40 (5): 711 – 727.

管理领域的学术研究中，与品牌标识有关的研究却非常有限。❶ 其中，有学者的研究认为，好的品牌标识应当具备回忆率高、激发正面情绪、具有联想意义等特征，他们将标识设计特征分为3大类属性和13个子维度，包括自然属性（如象征性）、和谐属性（如对称性）、精细化属性（如复杂性和动态性等），该研究在考察消费者对195个品牌标识的评价后，发现回忆率高的品牌具有高和谐属性、高自然属性和中等精细化属性等设计特征，而能够给消费者留下专业和正面形象的品牌标识则具有中等的自然属性和中等的精细化属性。❷ 这一系列研究开启了品牌标识对品牌评价影响的实证研究。

其后，一些研究运用实验法，进一步探讨品牌标识对品牌评价可能产生的影响。有学者发现，接触品牌标识的频次会影响消费者对品牌的偏爱程度，但这一效应受到品牌设计复杂程度的调节。消费者中等频次的接触对设计较为简单的品牌更有可能产生偏爱，这是因为消费者对简单标识的相对知觉流畅性最高，而人们往往更偏向于知觉更流畅的评价对象。❸ 有研究发现，当消费者控制感缺乏时，他们会偏爱有边框线条的品牌标识，因为缺乏控制感的人要求外部环境有更高的结构感，而边框构成的图形可以满足结构感这一需求。❹ 综上，品牌标识的图形设计对于消费者对品牌评价有一定的影响。

2. 色彩信息的概念

色彩信息的构架和传播是通过人们对色彩的感知和色彩经验的对照来表达人们的情感和思想❺，从而影响人的心理和行为。国内外针对色彩的研究成果颇丰，对于色彩对人们的认知、情感和行为等方面的影响

---

❶ KELLER K L, LEHMANN D R. Brands and branding: Research findings and future priorities [J]. Marketing Science, 2006, 25 (6): 740-759.

❷ HENDERSON P W, COTE J A. Guidelines for selecting or modifying logos [J]. Journal of Marketing, 1998, 62 (2): 14-30.

❸ JANISZEWSKI C, MEYVIS T. Effects of brand logo complexity, repetition, and spacing on processing fluency and judgment [J]. Journal of Consumer Research, 2001, 28 (1): 18-32.

❹ CUTRIGHT K M. The beauty of boundaries: When and why we seek Structure in consumption [J]. Journal of Consumer Research, 2012, 38 (5): 775-790.

❺ 孙奕, 孙延. 现代平面设计色彩视觉化语言的建筑 [M] //中国流行色协会. 当代亚洲色彩应用: 第四届亚洲色彩论坛论文集. 北京: 中国纺织出版社, 2007.

都有比较系统的研究。然而，色彩本身并不能直接导致人们的认知、情感和行为发生改变，而是不同色彩传递出的色彩信息，人们接受这些信息后才使得他们的行为等发生改变。人类对色彩信息的解读：①基于历史文化的原因，比如红色，在人类钻木取火、茹毛饮血的远古时期，火焰和鲜血的红色出现代表人类能够解决基本温饱问题的场景，因此红色代表的热情、振奋深刻在人类基因之中；②基于自然环境的塑造，比如绿色代表的生命与生命力，是自然赋予人类这种色彩的信息；③来源于历史文化的累积，比如中国人对金色和红色的喜爱，来源于几千年封建帝制历史文化的延续。❶ 色彩承载的不同信息，在人们使用过程中发挥着巨大作用，对色彩正确地运用能够事半功倍，而不恰当的色彩运用则会对企业造成品牌形象、销售业绩等多方面的损害。

  色彩是可见光照在物体上反射出来的光进入人眼后产生的一种视象感觉。不同波长的可见光照在物体上，一部分被反射出来的光进入人的眼睛，刺激视神经传递信号给大脑中枢，使大脑形成对物体的色彩感知和色彩信息，这一过程即色彩的产生。色相（Hue）是有彩色的最大特征，是指能够比较确切地表示某种颜色色别的名称。色相通常由色相环来承载，色相环是一个成360°圆弧的圆圈，每一度都代表一种色彩，当色彩在色盘上的维度相差180°时，该两种色彩被称为互补色，相差120°~180°时，称为对比色，相差小于90°时，称为类似色或相近色。本书的自变量之一即为互补色/相近色。饱和度（Saturation）指色彩的鲜艳程度，最为饱和或纯净的色彩是可见光反射出来的不夹杂其他色彩的颜色，混合黑白比例越多的色彩饱和度越低。饱和度为本书的另一自变量。明度（Lightness）指色彩的明亮程度。色彩的明亮度越低越趋向于黑色，越高越趋向于白色，黑、白是只有明亮度属性的色彩。❷ HSL 是一种将 RGB 色彩模型中的点在圆柱坐标系中的表示法。圆柱坐标系中圆周长代表色相维度，半径代表饱和度维度，圆柱高代表明度维度。

---

  ❶ LEE Y J, LEE J. The development of an emotion model based on colour combinations [J]. International Journal of Consumer Studies, 2006, 30 (2): 122 – 136.
  ❷ SUNAGE T, PARK J, SPENCE C. Effects of lightness-location congruency on consumers' purchase decision-making [J]. Psychology & Marketing, 2016, 33 (11): 934 – 950.

色彩信息主要承载着传递色彩对人心理活动产生影响的相关信息，称为心理语义。色彩的心理语义主要有三个层面：第一个层面是共感觉（Synesthesia）水平的层面。共感觉是指人的视觉器官在受到外界光线的刺激时产生相应的色彩感觉，在感受色彩的同时往往还伴随出现其他多种感觉器官相互作用而引起的非色彩的知觉和联想，这种现象被称为色彩的共感觉。❶ 这一层面心理语义是形成其他层面语义的基础。第二个层面是联想水平的层面。这一层面的色彩心理语义最为丰富，但最不稳定，因为每个个体都可能通过自身不同的经验产生不同的联想。第三个层面是象征水平的层面。这一层面主要指社会特定的文化领域，一旦某种色彩联想与该社会的特定文化紧密结合，就会被固定为一种社会观念，这就形成色彩的象征性（Color symbolism）。色彩象征语义在它所属的体系中已成为一种必须遵循、约定俗成的社会性制约或规则。其形成过程会受到所处社会人文环境与自然环境的制约，所以同一色彩会因地域的不同、社会的不同、时代的不同乃至特定文化领域的不同，而赋予不同的象征语义。因此，色彩的象征语义基本上都是在一个人数有限的群体或有地域、国别限制的群体中进行讨论的，譬如蒙古族❷、彝族❸、侗族❹等少数民族特有的民族色彩象征、地域文化中形成的独特色彩象征❺以及红色作为一种文化符号对于中国人的色彩象征❻等。它的心理语义与其共感表现的结合是最确切和稳定的，是约定俗成的社会规范。❼

3. 价格感知的概念

传统的西方经济学中，完全信息假设作为理论构建重要的基本假设前提，意思是从事市场经济活动的主体（买方和卖方）都掌握完全的信息，买方能充分了解市场上所有商品的价格、质量和功能，在权衡商品价格与个人需求后作出理性的购买决策。然而现实并非如此，买方通常

---

❶ 雍自鸿. 色彩的共感觉 [J]. 苏州大学学报, 2007 (5): 41-42.
❷ 萨如拉吉日嘎拉. 蒙古族色彩象征及色彩搭配 [D]. 呼和浩特: 内蒙古师范大学, 2013.
❸ 鲍冬丽. 凉山彝族色彩象征分析 [D]. 北京: 中央民族大学, 2012.
❹ 赵巧艳. 侗族传统民居色彩象征研究 [J]. 内蒙古大学艺术学院学报, 2014 (4): 62-68.
❺ 张虎生. 西藏文化中面具艺术的色彩象征 [J]. 云南艺术学院学报, 2007 (14): 40-46.
❻ 吴保和, 魏燕玲. 中国红: 文化符号与色彩象征 [J]. 云南艺术学院学报, 2013 (3): 69-75.
❼ 张宪荣, 张萱. 设计色彩学 [M]. 北京: 化学工业出版社, 2003: 59-60.

无法像卖方一样掌握所有商品信息。在这种情形下，消费者无法依据现有信息作出理性购买决策，只能凭借有限信息进行购买判断，此时，消费者对于价格的主观感知对于消费者作出购买决策起着举重若轻的影响作用。

由于价格在信息不对称前提下的消费者购买决策中所起的重要作用，研究者们意识到如果能了解消费者对于价格感知的内在机制，这将会为定价营销人员优化价格制定和促销策略提供重要参考价值。❶ 自此以后，相关领域内学者开始向古典经济学理论提出挑战，运用消费者心理学等领域理论研究价格对消费者心理感知和购买决策的影响，从而形成一个新的研究流派，即价格行为学流派。在消费者价格行为研究中，核心内容为研究消费者如何对商品价格进行主观判断，这种判断提供一个价格基准，研究领域中将这种影响到消费者购买决策的价格基准称为参考价格（Reference Price）。所谓参考价格，是指消费者在购买产品时，对所要购买的产品价格所持有的一个内部标准。消费者将商家的实际售价与参考价格相比较，得出对产品的主观感知价格，感知价格反映顾客的感知货币代价，实际价格越高，在参考价格既定的条件下，消费者的感知价格越高，感知的成本也越大。❷ 通过将商品的感知成本与所感知利益的进行比较，消费者会得出该商品的感知价值，感知价值会直接影响消费者的购买决策。价格感知一个重要的衡量参数是参考价格，因为消费者面对的实际价格一致，对消费行为起决定性影响的是参考价格的高低。

参考价格是储存在消费者头脑中、消费者自身对某个产品或服务价格的设定。学界对参考价格有不同的界定。有的学者将其定义为公平价格。❸ 有的学者则对公平价格进行定义，认为公平价格是顾客所预期的

---

❶ RAO A K, SHAY R, KENT B M. The Moderating Effect of Prior Know ledge on Cue Utilization in Product Evaluations [J]. Journal of Consumer Research, 1988, 15 (2): 253 – 264.

❷ BLATTBERG B F. How Promotions Work [J]. Marketing Science, 1995, 14 (3): 122 – 132.

❸ THALER R. Mental accounting and consumer choice [J]. Marketing Science, 1985, 4 (3): 199 – 214.

市场平均价格。❶ 也有学者认为公平价格是顾客最近几次购买价格的加权平均。❷ 参考价格还被界定为市场最低价格、最低可接受价格、最常见的价格以及期望的将来市场价格。❸ 总的说来，在学者们的定义中最常用的一种参考价格定义是当消费者走进商店时，他所预期的为购买某种商品愿意支付的价格。❹

4.1.1.2 理论框架

品牌标识当今越来越成为企业一项重要的视觉资产，好的品牌标识在塑造品牌形象❺、提升消费者购买意愿和品牌忠诚、强化顾客与企业关系、提升企业财务绩效❻等方面都有重要作用。色彩作为醒目的视觉要素，是品牌标识设计的一项重要内容。在营销活动中，色彩能够吸引注意❼、激发情感、沟通品牌个性和品牌形象❽。与文字和图形相比，品牌标识中的色彩要素并非独立存在，而是伴随文字或图形呈现。色彩被认为承载情感和认知两方面的意义。❾ 色彩能够直接触发人们的情感反应，比如绿色让人身心放松，红色让人热情奔放，因为后者的高饱和度会激起更高的情感唤醒程度。色彩的情感反应有些是天生、下意识的，具有一定的普适性，如人们对于绿色和蓝色的普遍偏好；有些则是后天

---

❶ URBANY J E, BEARDEN W E, WEILBAKER D C. The effect of plausible and exaggerated reference prices on consumer perceptions and price search [J]. Journal of Consumer Research, 1988, 15 (1): 95–110.

❷ KALYANARAM G, LITTLE D C. An empirical analysis of latitude of price acceptance in consumer package goods [J]. Journal of Consumer Research, 1994, 21 (3): 408–418.

❸ BISWAS B. Contextual effects of reference prices in retail advertisements [J]. Journal of Marketing, 1991, 55 (3): 1–12.

❹ KALYANARAM G, WINER R S. Empirical generalizations from reference price research [J]. Marketing Science, 1995, 14 (3): G1–G236.

❺ CIAN L, KRISHNA A, ELDER R S. This logo moves me: Dynamic imagery from static images [J]. Journal of Marketing Research, 2014, 51 (2): 184–197.

❻ VAN R C B M, VAN DEN BAN A. The added value of corporate logos-an empirical study [J]. European Journal of Marketing, 2001, 35 (3/4): 428–440.

❼ BOTTOMLEY P A, DOYLE J R. The interactive effects of colors and products on perceptions of brand logo appropriateness [J]. Marketing Theory, 2006, 6 (1): 63–83.

❽ KAUPPINEN-RÄISÄNEN H. Strategic use of color in brand packaging [J]. Packaging Technology and Science, 2014, 27 (8): 663–676.

❾ WARD G. Colors and employee stress reduction [J]. Supervision, 1995, 56 (2): 3–5.

习得的，具有文化意义，如中国消费者对金色和红色的喜爱。❶ 在认知反应方面，回顾文献总结得知，色彩能引起消费者对产品档次、品牌个性、品牌功能性/社交性方面的象征意义联想。比如，蓝色或绿色会使消费者认为企业很环保；橙色会让消费者觉得产品廉价（Cheapness）；黑色让人感觉更为神秘和高级，黑色品牌标识可能更具吸引力等。关于品牌标识设计的消费者反应，现有研究主要就标识的文字、图形和色彩三个要素分别展开探讨。通过文献梳理可知，品牌标识设计研究以文字和图形为主，开展得较早，研究也较为丰富，而色彩研究则相对较少，而色彩研究又集中于标识色彩对于品牌形象、品牌评价、购买意愿及用户黏度等维度的研究，对于品牌标识色彩设计是否会影响消费者对商品价格感知的相关研究，则是少之又少，仅有的少数研究也局限于对单色的研究，比如橘色更廉价、黑色和紫色更高档等，对双色搭配产生的影响仅限于情感层面，不涉及认知层面，并且对这种机制的产生、受何种因素的影响皆未涉及。

而色彩设计也是一门复杂的学问，色彩的变化本身就有色相、对比度、饱和度、亮度、锐度等维度的量化。如果要研究标识色彩可能产生的廉价感的影响，必须知道何种色彩搭配可能会产生廉价的感觉。笔者对知乎问题"廉价感是如何产生的"❷ 下的回答进行整理分析，发现在提及色彩维度进行回答时，大多数认为鲜艳的色彩搭配会产生廉价感。笔者进一步分析了"鲜艳"一词的含义，发现在线《现代汉语词典》中"鲜艳"的意思是鲜明夺目，吸引眼球。❸ 色彩搭配有很多种方法能够呈现出鲜艳夺目的感觉，比如使用色盘中相差180°的色彩搭配、使用饱和度更高或明度在50%的色彩，特定的某些色彩也会使人感觉到鲜艳，如黄色和绿色。笔者收集并分析了市面上30个经济型酒店的品牌标识，发现其使用互补色（在色盘中相差180°的颜色）搭配和使用高饱和度色彩

---

❶ HENDERSON P W, COTE J A. Guidelines for selecting or modifying logos [J]. Journal of Marketing, 1998, 62 (2): 14 – 30.

❷ 廉价感是如何产生的？[EB/OL]. [2020 – 12 – 30]. https://www.zhihu.com/question/21337592/answer/18408488.

❸ 鲜艳 [EB/OL]. [2020 – 12 – 30]. http://www.hydcd.com/cd/htm_a/35234.htm.

进行标识设计的比例最高,因此笔者最终选用互补色的搭配来制造这种吸引眼球的效果。

综合以上分析,笔者提出以下假设:

H1a:互补色搭配的标识会比相近色搭配的标识更容易使消费者形成廉价感。

H1b:高饱和度的标识会比低饱和度的标识更容易使消费者形成廉价感。

在消费品设计过程中,设计师会考虑品牌形象和定位等多方面因素综合给出品牌标识的设计方案,这其中包括品牌标识色彩的选择、饱和度和明度的高低、对比度和锐度的调节等,最终版本必定是综合各个维度的设计考量的结果。比如,肯德基和麦当劳的品牌标识主体都是红色,其各自在红色的基础上加了白色或黄色进行搭配,并伴以饱和度不一的同种色彩进行映衬,最终呈现出我们现在看到的形象。品牌标识的设计并不只使用单一的设计元素进行设计,而是多种设计手段相互交错的结果,基于以上分析,笔者提出以下假设。

H1c:交叉作用时,互补色且饱和度高的标识相比其他交叉情况更容易使消费者形成廉价感。

4.1.1.3 实验研究

1. 色相对价格感知的影响

笔者将通过实验法初步考察品牌标识不同的色彩信息是否会影响消费者对其廉价感的感知。具体来说,设计两组饭店行业的虚拟标识,设计标识的标准为一组运用互补色进行配色,另一组运用相近色进行配色,而其他方面的设计要素保持不变。指定两位学生分别召集25~30位在校学生各组成一个被试组,两组被试需要填写相应问卷,回答其所看到的虚拟标识对应饭店的人均价格。为保证问卷数据的客观性与真实性,设置排除干扰选项"是否在现实生活中见过以上品牌标识"且排除问卷填写时间过长和过短的样本。

(1)被试

考虑到实验可操作性等问题,指定两名学生分别邀请25~30人共组成两组被试组进行实验。共征集60人作为样本集,经过筛选最终确定两组被试人数共59人,互补色组29人,相近色组30人,被试里均为学生样本(本科58%,硕士研究生32%,博士研究生10%),男女比例0.84:1,年龄均在20~30岁,平均年龄为22.1岁($SD=1.59$)。

(2) 实验素材选择

考虑到餐饮行业分化较细,人们心中代表高价和平价的食物各有不同,因此决定采用代表平价食品的比萨和代表高价食品的红酒,分别作为两组虚拟品牌标识设计的主要元素,以此来排除餐饮行业的细分对实验结果的影响。

(3) 实验素材设计

实验素材的设计主要是为被试提供一个真实的场景,模拟用户在遇到真实品牌标识作出的相关反应,实验素材的设计需要贴近现实,但又不能让被试在看到虚拟品牌标识时产生对真实品牌标识的关联和联想,防止出现实验偏差,因此笔者浏览了大量餐饮行业真实品牌的品牌标识和色彩设计,参照设计网站提供的案例,使用设计软件设计出两款虚拟餐饮行业的品牌标识。其次根据互补色和相近色的定义并参考现实生活中餐饮行业标识的配色,在色盘上找到三组配色,HSL参数分别是(60°/240°/30°,100%,50%)、(150°/330°/180°,100%,50%)和(180°/0°/210°,100%,50%),参数中第一个HUE值代表色相,第一个值分别于第二和第三个值组成互补色与相近色的搭配。参数中第二个和第三个值分别代表饱和度与亮度,作为控制变量均保持不变。

(4) 调查问卷设计

调查问卷是开展因果性和描述性研究不可或缺的度量工具。此实验将采取问卷调查的方法收集样本数据,此前需对相关问卷进行规范严谨的设计。笔者依照李怀祖于2004年提出的问卷结构❶,设计了封面语、引导语、问题选项等部分内容,从而构成此次实验的正式问卷。封面语部分,笔者撰写一段话来表明该问卷调查目的、信息保密承诺及感谢等。

---

❶ 李怀祖. 管理研究方法论 [M]. 西安:西安交通大学出版社, 2000.

此后的引导语主要指导调查者按照正确方式填写问卷,以避免出现困惑或填写错误的情况。问卷正文部分是重点,笔者设置问卷测试的题项和相对应的答案选项,为了方便后期数据导出和筛选处理,在问题之前会标有该题项的编码。因为该问卷主要是收集被试对相关虚拟标识所代表的饭店均价的判断,选项会列出价格区间,该问卷卷首放置对相应价格区间的举例,以统一消费者对价格高低的判断。卷尾征集被试的人口统计学信息。总结来说,问卷共涉及两个部分的调查内容:①虚拟标识价格判断。被试需要观看给出的虚拟标识选择其对该标识代表的饭店平均价格的判断(<50;50~100;100~200;>200),为了避免被试受到不同标识的影响而改变其判断,问卷均设置一题一页,被试无法倒回前面修改答案。②人口统计学问题。主要调查被试的性别、年龄、学历等基本情况,能够基本了解被试的社会群体特征。

(5)控制变量设计

为了避免被试在问卷填答之前以及填答过程中受到干扰或出现不符合该实验的样本,笔者对问卷作了如下修改,以排除干扰项:①在微信建立群组后统计被试是否色盲、色弱,并发送五组色块测试图要求被试私聊结果,排除极端对色彩不敏感的被试样本。②在问卷卷首提供价格区间的举例。因为每个人对价格高低的敏感度不一,为了降低这种敏感度不一带来的对后期数据分析造成的影响,该问卷在卷首设置价格区间的参考,将市面上常见的餐饮品牌划分到<50、50~100、100~200、>200这4个选项之中,以供被试参考。③在问项结束前设置排除干扰的选项。为了保持数据的真实性,在被试填答完问卷主要的问题后设置干扰排除选项"是否在现实生活中见过以上标识",将选择"是"的问卷记为无效问卷,以免因熟悉虚拟标识而与实际价格产生关联的影响。

(6)无效样本排除

对于回收的问卷样本,主要有两方面的原因使其成为无效样本:①在"是否在现实生活中见过以上标识"一题中回答"是"的问卷样本;②问卷填写时间小于5秒或大于5分钟的问卷样本。

（7）具体实验程序

分别建立两个微信群组，在群组中征得被试同意后统一介绍问卷调查背景和填写注意事项，并确保被试仔细阅读问卷卷首语，方可进入问卷进行填写。在填写问卷之前，调查被试是否色盲、色弱，并发送5组色块测试图要求被试回答是否有颜色不一样的色块，并私聊测试结果（见图4－1），然后统一发放问卷链接，要求被试完成总体调查问卷，包括仔细阅读卷首语及价格区间举例、选择虚拟品牌标识价格区间、基本信息统计问卷。

请回答，下列五组色块图中，每组中是否存在不一样颜色的色块？

图4－1 色彩敏感度测试图[1]

（8）操纵性检验结果

为了检验比萨和酒杯标识体现档次高低的操纵有效性，笔者首先对实验结果中的均分高低进行比较，发现比萨标识组价格区间得分明显低于酒杯标识组（$M_{比萨}=1.69$，$M_{酒杯}=2.68$，$F(1,116)=43.87$，$P<0.001$），说明使用酒杯标识和比萨标识对档次高低的操纵是有效的。

（9）描述性统计分析

考虑到价格区间为分类变量（$1<50$；$2=50\sim100$；$3=100\sim200$；$4>200$），笔者对样本数据进行初步统计，给出各变量的均值标准差等参数，并将分类变量转换为以价格表示的数值，具体转换方法为：将1、2、3、4分别转换为价格区间中位数值，并加权计算出最终价格，结果如表4－1所示。可见主要变量值均在合理范围之内，数据样本数充足，可以认为样本数据适合进行后期数据处理分析。

---

[1] 此色彩敏感度测试来源于专业心理测评网站"壹心理"，网址为https://www.xinli001.com/ceshi/47832247。

第4章 品牌价值沟通与标识设计

表4-1 不同标识形状与价格关系描述性分析结果

实验组别		N/人	M	SD
互补组	1 比萨标识	29	46.55	31.14
	2 酒杯标识	30	112.07	64.99
相近组	1 比萨标识	29	94.17	60.06
	2 酒杯标识	30	152.50	69.59

（10）品牌标识色彩信息对价格感知影响检验

使用单因素方差分析检验发现，互补色标识组和相近色标识组之间的价格差异显著（$M_{互补1}$ = 46.55（31.14），$M_{相近1}$ = 94.17（60.06），$F(1, 57)$ = 14.46，$P < 0.001$；$M_{互补2}$ = 112.07（64.99），$M_{相近2}$ = 152.50（69.59），$F(1, 57)$ = 5.31，$P < 0.05$），第一组标识和第二组标识价格区间的均值均为互补色组低于相近色组，且第一组标识均值低于第二组标识均值，这说明笔者对标识档次的控制是成功的，在不同档次的品牌标识设计之间品牌标识色彩效应都能够得到验证，如图4-2所示。

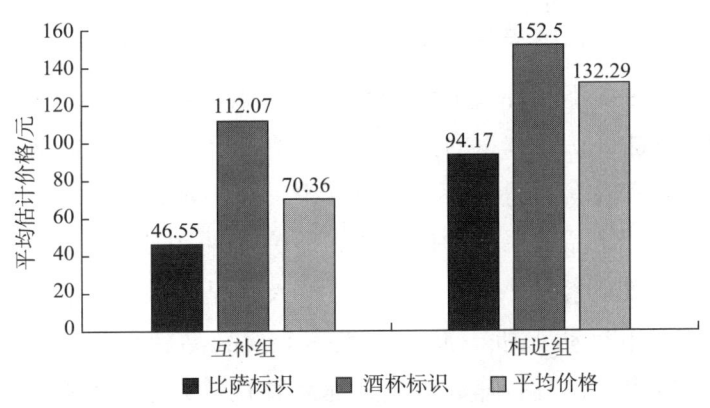

图4-2 不同标识形状与价格方差分析比较结果

笔者采用直观的数据采集方法收集到被试对不同色彩搭配的品牌标识的价格区间，实验结果证实了H1a。然而，在实验过程中，笔者为了避免被试反复观看相同设计的品牌标识而产生的倦怠导致数据信度不高，将问卷发给不同批的被试分别完成互补色组和相近色组的数据收集，这样的操作存在的问题是不同被试的价格敏感度不一致,对于价格区间的判断也没有统一标准,所以可能影响本书的最终结果。

2. 互补色/相近色对价格感知的影响

在上述实验的基础上,为了进一步考察品牌标识色彩效应的显著性,笔者将互补色标识与相近色标识合在一起呈现给同一批被试,需要被试对两种不同色彩搭配的标识进行比较,选择其认为所代表的酒店均价更加便宜的一项。在被试的选择上也与第 3.2.2 节的实验有所递进,将学生样本扩展到各年龄段样本,使主效应实验更具有普适性和说服力。研究收集到 85 份问卷,剔除无效样本后最终样本集为 70 人。

(1) 被试

通过微信群、朋友圈等途径发送问卷链接征集实验数据样本,共收集到 85 份问卷,经过筛选最终有效问卷为 70 份。被试男女比例为 0.79∶1,被试年龄小于 20 岁的占 1.43%,21~25 岁的占 61.43%,26~30 岁的占 15.71%,大于 30 岁的占 21.43%,年龄分布较为广泛。

(2) 实验素材选择与设计

笔者浏览了大量品牌标识或色彩对消费者行为或认知影响的研究,发现这些研究不只局限于某一个行业,为了验证主效应的普遍性,在多个实验中交织很多不同种类的消费品进行主效应的测量。比如,在一篇研究饱和度对被试认知体积的大小的研究中,研究者选用电脑、旅行箱、纸杯等不同的实验素材进行不同的实验[1];在一篇探讨方形标识和圆形标识如何影响产品品牌属性的研究中,研究者使用沙发和鞋子两种不同的产品来承载实验素材[2];在一篇探讨拟人化是否会吸引消费者的研究中,研究者使用运动水瓶、旅行箱和一个食品品牌标识来完成实验[3];等等。可以看出,在对品牌标识或其他品牌视觉元素进行研究时,为了

---

[1] HENRIK H S, ADAM B. Color saturation increases perceived product size [J]. Journal of Consumer Research, 2017, 44 (2): 400–403.

[2] JIANG Y W, GERALD J, GALLIM, et al. Does your company have the right logo? How and why circular-and angular-logo shapes influence brand attribute judgments [J]. Journal of Consumer Research, 2016, 42 (5): 713–715.

[3] MARINA P, HYOKJIN K. Should anthropomorphized brands engage customers? The impact of social crowding on brand preferences [J]. Journal of Marketing, 2017, 81 (6): 99–115.

确保研究的真实性和普遍性，研究通常会选用不同行业或不同类型的产品进行设计实验。

为了证明品牌标识色彩效应广泛存在于消费品领域中，笔者选择酒店行业作为承载研究变量的实验素材。酒店行业和餐饮行业类似，行业中存在高档舒适型酒店和经济适用型酒店的分化，同时酒店行业也是消费者在日常生活中接触较多的一类产业，因此被试在接受问卷调查时大概率不会觉得实验场景和问题陌生，可以调动平日消费习惯和记忆，按要求作答。在实验素材也就是虚拟酒店品牌标识的设计中，笔者参考了行业内多家酒店标识的设计，采用比较通用但不完全相同的图形进行设计，尽量贴合消费者日常消费场景，但避免使消费者对某个真实品牌产生联想，从而影响实验数据的信度。

（3）调查问卷设计

按照问卷编写标准，该实验问卷主要分为四部分。首先是卷首语，对实验背景和相关要求作出说明，同时对被试致以谢意；其次是色彩敏感度测试，由于笔者开放了问卷收集的端口，不能如同研究"色相对价格感知的影响"建群对被试进行色彩敏感度的预筛，所以将色彩敏感度作为问卷的一部分，在数据回收之后笔者会根据填写情况进行无效样本的剔除；接着进入到问卷的主要问题，被试需要同时观察问卷中提供的两个酒店品牌标识，按照问卷中涉及的问题选择自己认为更加便宜的一项；最后对被试性别和年龄等人口特征问题进行收集。

（4）控制变量设计与无效样本排除

品牌标识设计变量只有色相参数，每组互补色标识两种色彩维度均相差180°，每组相近色标识的两种色彩维度都不大于30°，其他参数均保持一致，同时对两个标识放置的位置设置随机选项，减少被试偏向于选择放置在第一个选项的可能。在色彩敏感度测试环节，正确率小于等于20%的问卷为无效问卷，同时剔除问卷作答时间过长（5分钟以上）或过短（15秒以下）的问卷。

（5）描述性统计分析

笔者对样本数据进行初步统计，给出各变量的均值标准差等参数，结果如表4-2所示。可见，该实验涉及的主要变量均在合理范围之内，数据样本数充足，可以认为样本数据适合进行后期数据处理分析。

表4-2　不同标识色彩与价格关系描述性分析结果

题项	标识1	标识2	标识3	M	N/人	SD
认为互补色更便宜的	58	39	43	47	140	10.02
认为相近色更便宜的	12	31	27	23	70	10.02
总计	70	70	70		210	

（6）品牌标识互补色/相近色对价格感知影响检验

对研究数据进行编码处理后，进行 ANOVA 单因素方差分析，认为互补色标识更便宜还是相近色标识更便宜的选项差别显著（$M_{互补色} = 47$（10.02），$M_{相近色} = 23$（10.02），$F(1,4) = 8.14$，$P < 0.05$），如图4-3所示。

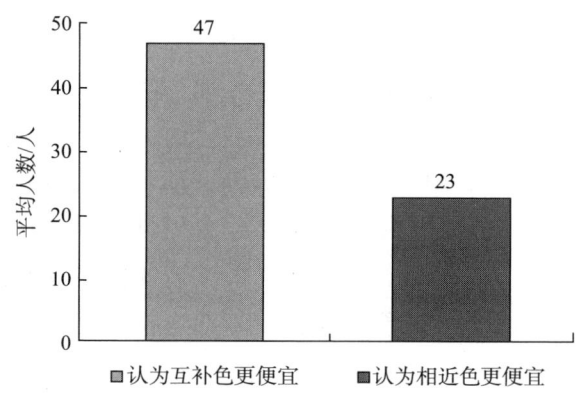

图4-3　不同标识色彩与价格关系统计结果比较分析

在互补色与相近色同时出现的情况下，被试需要对两者作出比较选择其认为代表产品更加便宜的一项，这种测量方式有助于指导企业在最开始设计品牌标识时就避免某些色彩设计可能造成的陷阱和缺陷。比如，某一市场定位较为高端的母品牌希望下沉目标群体客户，想要孵化出一条走平价路线的消费产品，那么其必然不能延续母品牌设计中使用的色彩搭配。如果一个主打经济适用的平价酒店在其标识和门店设计中采用高端舒适型酒店的设计配置，那么这家酒店就会拒绝一大批在外观上认为其价格高昂而放弃入住的消费群体；相反，如果一家经济适用型酒店想要提升销售额,那么可以将改变品牌标识和门店设计中的色彩搭配作为提升销售额的手段之一,将平价信息通过标识色彩准确地传递给目标客户群体,吸引其前来入住。

3. 饱和度对价格感知的影响

在对互补色/相近色对消费者价格感知的影响研究结束后,笔者针对色彩的饱和度对消费者廉价感知的影响开展研究。笔者对于饱和度高低的划分是根据 2017 年发表在《市场营销研究杂志》(*Journal of Marketing Research*)上的有关饱和度高低对感知的体积大小的研究,该研究将饱和度高设定为 100%,饱和度低设定为 50%。笔者沿用这种做法,引入餐饮、运动、沙发和酒店多种行业的品牌标识作为实验素材。共收集 51 份问卷样本,经过筛选后最终保留 40 份问卷作为数据样本。

(1) 被试

通过微信群、朋友圈等途径发送问卷链接征集实验数据样本,共收集到 51 份问卷,经过筛选最终有效问卷为 40 份。被试男女比例为 0.6:1,被试年龄在 18~45 岁,平均年龄为 25.1 岁($SD = 6.23$)。

(2) 实验素材选择与设计

笔者综合前两个实验所用的实验素材,选择餐饮、酒店两个行业作为实验素材之一,同时又挑选行业内高低端产品分化较明显的运动品牌、沙发品牌共同作为实验中品牌标识素材,对主效应的影响进行延伸和扩展。标识设计确定后,同时考虑市场实际情况与实验效果的折中,对实验素材的颜色进行选择。

(3) 调查问卷设计

按照问卷编写标准,该实验问卷主要分为四部分。首先是卷首语,对实验背景和相关要求作出说明,同时对被试致以谢意;其次是色彩敏感度测试,共五题;接着进入问卷的主要问题,被试需要观察问卷中提供的两个品牌标识,根据自己的观察选出相对便宜的一项;最后是人口统计问题。

(4) 控制变量设计与无效样本排除

品牌标识设计变量只有饱和度(50%/100%),其他参数均保持一致,同时对两个标识放置的位置设置随机选项,减少被试偏向于选择放置在第一个选项的可能。在色彩敏感度测试环节，正确率小于等于20%的问卷为无效问卷，同时剔除问卷作答时间过长（10分钟以上）或过短（1分钟以下）的问卷。

（5）描述性统计分析

描述性分析结果如表4-3所示。

表4-3 不同标识饱和度与价格关系描述性分析结果　　　　单位：人

研究变量	认为饱和度更高的标识更便宜的人数	认为饱和度更低的标识更便宜的人数	N
酒店	26	14	
运动	37	3	
沙发	34	6	40
餐饮1	36	4	
餐饮2	35	5	
餐饮3	24	16	
M	32	8	

（6）品牌标识色彩饱和度对价格感知影响检验

对问卷进行描述性统计分析后发现，所有被试在6组中认为高饱和度的标识更加便宜的分别为65%（26/40），92.5%（37/40），85%（34/40），90%（36/40），87.5%（35/40），60%（24/40），将选择高饱和度为便宜的人数与选择低饱和度为便宜的人数进行单因素方差分析检验，$F(1, 11) = 56.10$，$P < 0.001$，因此拒绝原假设，认为品牌标识色彩饱和度对价格感知有显著影响，H1和H2得到验证。

至此笔者已经完成对色相和饱和度两个维度对廉价感知影响的检验，成功证明了本书的主效应存在且比较显著的事实。笔者从实际的消费市场出发，调研分析了近50个品牌4个行业（餐饮、酒店、护肤品、快消品）中高端线与平价线的品牌标识色彩设计，发现近70%的高端品牌使用饱和度较低的色彩设计，运用在其品牌标识、产品外包装和广告宣传中，而84.3%的平价品牌则更偏向于使用饱和度较高的色彩设计。

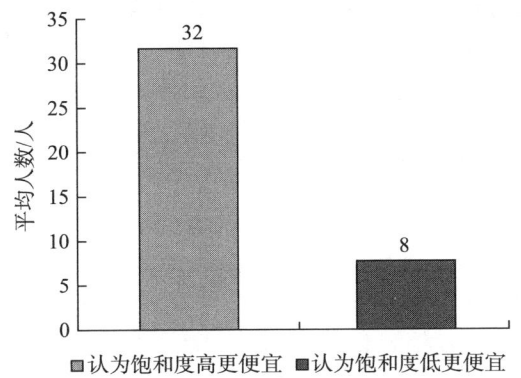

图 4-4 标识饱和度与价格关系统计结果比较分析

然而笔者在进行调研时，发现许多标识设计中不仅有单一维度的色彩设计，往往伴随着色彩运用、饱和度、对比度、明度、锐度等多维度的色彩变化来构成图标。因此，为了更贴近真实的消费品市场，笔者紧接着将色相与饱和度进行结合以探究这种交叉作用给消费者对价格感知带来的影响。

4. 色相与饱和度交叉作用对价格感知的影响

结合品牌标识色彩设计的现状，设计者往往会选择色彩的不同维度进行搭配设计。也就是说，在色相差异的基础上时常伴随着饱和度、明度的改变，并不仅限于单一维度的变化。因此，为了向实际情况更加靠拢，笔者对色相与饱和度的交叉作用进行进一步的研究。通过微信群、朋友圈征集到 49 份问卷，剔除无效问卷，最后作为研究的样本集为 40 份。

（1）被试

考虑到实验可操作性等问题，在微信群、朋友圈等平台上进行问卷的发放，并在问卷完成后给予 1~5 元的现金奖励。共征集到 49 人作为样本集，经过筛选最终确定被试人数共 40 人，男女比例 0.90∶1，年龄均在 18~30 岁，平均年龄为 23.5 岁（$SD=3.54$）。

（2）实验素材选择

该问卷依然采取与之前实验同样的数据采集方式，为被试提供按色彩参数要求设计好的虚拟标识，让被试自行比较与判断。因为该实验从色相与饱和度交互的角度进行研究，选用在前 3 个实验中效果相对更显著的餐饮行业作为该实验虚拟标识的设计素材。

（3）实验素材设计

标识色彩的互补/相近维度依然选用实验 1 中的 0°~180°/150°~180°，饱和度控制量为 100%/50%，形成 2：2 组间实验。

（4）调查问卷设计

该实验的问卷由 4 部分部分组成。首先，卷首语按例告知实验背景、实验目的、实验要求、信息保密承诺与致谢话语，并用红底白色加粗字体强调填写问卷需要被试将手机屏幕亮度调至最高的实验要求；其次，被试需要填写 5 道测量色彩敏感度的题目，需要被试观察色块图，将有颜色不一致的色块图挑选出来；再次，被试就进入问卷的主要问题部分，被试需要将 4 个虚拟标识基于他们的观察和感知，按照"最廉价"到"最高价"的排列顺序依次选择出来（从"最廉价"到"最高价"的得分依次是 4 分、3 分、2 分、1 分）；最后，需要笔者回答相应的人口统计问题。

（5）控制变量设计与无效样本排除

在数据回收之后，排除在色彩敏感度测试环节中正确率小于等于 20% 的问卷样本，其他控制变量的设计与无效样本的排除标准与之前的试验一致。

（6）描述性统计分析

笔者将被试排序的选择进行加权计算（计算规则为被试第一、第二、第三、第四个选择的标识分别计为 4 分、3 分、2 分、1 分，与对应的选择次数相乘后总数除以 40，得到加权平均数，所以得分越高，表明被试认为其越廉价），结果如表 4-4 所示。可以看出，该实验涉及的主要变量值均在合理范围之内，数据样本数充足，可以认为样本数据适合进行后期数据处理分析。

表 4-4　不同标识色相、交叉度交叉作用与价格关系描述性分析结果

实验组别（M）	互补组	相近组
饱和度高	3.03	2.80
饱和度低	2.10	2.08

(7) 色相与饱和度交互作用对消费者廉价感感知的影响检验

使用 ANOVA 检验发现，无论互补与相近，饱和度对消费者廉价感感知的影响都很显著（$M_{互补-饱和度高} = 3.03$，$M_{互补-饱和度低} = 2.10$，$M_{相近-饱和度高} = 2.80$，$M_{相近-饱和度低} = 2.08$，$F = 51.08$，$P < 0.05$）；而色相维度的显著差异仅体现在饱和度高的一组中（$M_{饱和度高-互补} = 3.03$，$M_{饱和度高-相近} = 2.80$），而饱和度低的一组中则没有明显的差别（$M_{饱和度低-互补} = 2.10$，$M_{饱和度低-相近} = 2.08$），如图 4-5 所示。

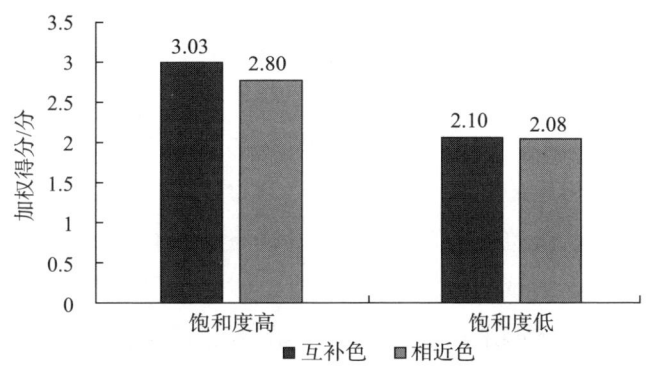

图 4-5 不同标识色相、饱和度交叉作用与价格关系方差分析比较结果

笔者分别验证了互补色/对比色与饱和度高/低对消费者对廉价感感知的影响，然而在现实生活中，品牌标识的设计师不大可能只从一个维度对品牌标识的色彩进行设计，出于对美观和产品属性的要求，设计师往往会从色彩的色相、对比度、饱和度、明度、锐度等多个方面进行协调，完成最终的设计。因此，笔者将色相与饱和度进行交互作为自变量，研究这种交互效应对消费者价格感知的影响。研究结果表明，饱和度高且互补的色彩搭配是最容易使消费者产生廉价感的色彩搭配，这符合笔者的假设，而结果中还有一些比较有趣的发现。首先，高饱和但相近的色彩搭配远比低饱和但互补的色彩搭配得分更高。也就是说，如果前三个实验是在横向研究单一色彩维度对消费者价格感知的影响，那么笔者将实验向前推进一步，将色彩的维度进行纵向的比较，发现色彩饱和度的变化比色彩对比度的变化更能够引发消费者的廉价感。这能够启发品牌标识的设计者在针对不同档次的品牌标识设计时需要首先考虑色彩饱

和度的变化，其次考虑到底选何种颜色进行搭配。其次，在结果显示低饱和度的条件下，互补色与相近色的变化对消费者廉价感的感知几乎没有差别，这说明设计者在低饱和度的要求下进行设计，光靠色彩的变化是很难改变消费者廉价感的感知的，需要引进其他色彩的变化来达到这样的目的。

4.1.2 社会认同的调节作用

本小节主要阐述品牌标识色彩效应与有社会认同感的人之间的关系。

4.1.2.1 基本概念

在心理学的范畴中，人类有将在现实世界各种观察到的现象、事物甚至自己本身范畴化的倾向，这种范畴化的认知过程可以简化我们的感知，使我们更加轻松地处理外界信息、与外界进行沟通。其作用机制为在自我认定的同一领域内夸大事物间的相似性和联系性，同时也扩大不同领域之间的差异。❶ 塔杰菲尔的最简群体范式发现，个体在没有先期的互动情况下，只是单纯感知到自己对群体归属关系时，即会对这个群体产生内群偏好，使其更乐于将资源向群内倾斜或与群内成员进行联结，进而产生认同感；同时，由于对群体外部的成员未形成这种"认同"，个体就会更少地倾斜资源、更少地互动和提供更消极的评价，这被称为"外群歧视"。于是，社会认同就被定义为"个体知晓他/她归属于特定的社会群体，而且他/她作为所获得的群体资格会赋予其某种情感和价值意义"。它是根据个体自我和社会之间的交互关系来解释社会行为及社会文化力量与个体社会行为的形式和内容两者之间的关系。❷

国家经济发展水平提高带来的人民物质文化和精神文化的丰富，使得人们在消费上拥有更多的选择。在很大程度上人们作出的消费选择是由他们的认同所决定的，即"我"的消费内容和消费方式是由"我"对"我是谁"进行的诠释。同一群体的成员，就"我是谁"的看法和诠释产生某些一致性，这些一致性进一步产生联结，使人和人形成相似的消

---

❶❷ 张莹瑞，佐斌. 社会认同理论及其发展 [J]. 心理科学进展，2006 (3)：465-480.

费方式，而相似的消费方式又形成相似的生活方式。因此基于生活方式的一致性，人们对群体产生认同感，由消费产生的社会认同因此产生。但各群体相似的生活方式也并非一成不变。一方面，不同的群体会通过保持独特的生活方式以区别于其他群体；另一方面，群体中的成员为了获得自尊会与不同群体进行比较，并模仿另一群体的生活方式以获得自尊，尤其是较高阶层的消费习惯和行为模式往往被较低阶层所模仿。由于人们本能地希望获得自尊，在与下行社会比较已无法满足其自尊需求时就会激励模仿上行社会的生活习惯等，以向其靠拢。❶

4.1.2.2 理论框架

在经济社会发展的过程中，社会各阶层、各群体逐渐形成相似的生活方式以享受群体的归属感和对群外的排斥感❷❸。但各个群体特定的生活方式也不是一成不变的，因为人们具有贪婪的本能，想要占据更好的物品、想要拥有更好的环境、获得更多稀缺资源❹，所以某一群体中的成员也会模仿另一群体的生活方式，形成相应的消费习惯；尤其是较高阶层的消费习惯和行为模式往往被较低阶层所模仿。那么从这种行为倾向进行推断，在奢侈品品牌的品牌标识或设计风格一贯以冷淡和简约的特点出现在大众视野里❺，人们是否会被奢侈品这样的设计理念所教化，认为设计淡雅、简约的品牌标识更加高贵，设计醒目、冲击力强的品牌标识更加廉价呢？因此笔者提出以下假设：

H2：品牌标识色彩效应只对形成社会认同的人起作用，社会认同还未形成的人中不存在此效应。

---

❶ 王宁. 消费与认同：对消费社会学的一个分析框架的探索［J］. 社会学研究，2001（1）：4-14.

❷ HOGG M A. Subjective uncertainty reduction through self-categorization：A motivational theory of social identity processes［J］. European Review of Social Psychology，2000，11（1）：223-255.

❸ HOGG M A，ABRAMS D. Social identifications：A social psychology of intergroup relations and group processes［M］. London：Routledge，1988.

❹ KREKELS G，PANDELAERE M. Dispositional greed［J］. Personality and Individual Differences，2015，74：225-230.

❺ 鲍铭莹. 论产品去Logo化的社会诱因及产品新设计语言的运用：以奢侈品牌去Logo化为例［J］. 温州大学学报（社会科学版），2017（6）：43-50.

4.1.2.3 实验研究

（1）被试

基于社会认同的形成条件，选择社会认同尚未形成的幼儿作为该实验的对照组，实验组为默认社会认同已形成的成年人组。考虑到幼儿的理解能力与识图能力，经过与幼儿园教师的沟通，在教师的建议下最终选择幼儿园大班的30名孩子作为该实验的对照组被试，平均年龄为5.22岁（$SD=0.92$）；成人组共收到31份问卷，经过筛选最终确定25份有效问卷，成人组被试平均年龄为26.72岁（$SD=3.58$）。

（2）实验素材选择与设计

考虑到幼儿组被试日常消费品的接触以及理解能力，选择4~6岁幼儿日常生活中接触和购买最多的也是最有可能形成价格高低感知的玩具行业作为该实验的素材。而玩具行业中也有针对成年消费者设计或广泛被成年消费者接受的玩具品牌，如乐高、Bearbrick等，因此选择玩具行业对于幼儿组和成人组来说都符合实验条件，预期能够达到实验结果。虚拟标识参考玩具行业中多家玩具品牌标识。

（3）数据收集

成人组数据收集仍然采用发送问卷的方式进行回收。问卷共分为四部分，与实验1所设计的问卷内容类似，只在第三部分将问题内容改变为对玩具行业的询问。幼儿组数据收集，考虑到幼儿无法独立完成问卷的填答，因此笔者前往某市一所幼儿园，在与教师沟通好的情况下，进行样本采集。具体流程为：先询问班主任该30人样本集是否有色盲、色弱等问题的被试，得到否定答案后，开始对30名儿童进行调查背景的解释，着重举例和测试被试对于价格高低的概念，比如提问"电视和袜子哪一个更贵哪一个更便宜"之类的问题，唤起被试对于价格高低的感知。接着对实验场景进行铺垫，告知被试要和爸爸妈妈一起去商场买玩具，将事先设计好的玩具品牌标识投影在教室的显示屏上，随机指出一个品牌标识，让认为指出来的这个标识更便宜的幼儿举手，将每次举手的人数进行记录，以此来完成幼儿组数据样本的采集。

(4) 控制变量设计与无效样本排除

对成人组控制变量的设计与无效样本的排除与实验 1 类似。对幼儿组数据采集的过程中，为了防止被试跟风举手的现象发生，笔者在询问时着重强调只能举一次手，并且询问问题也是将"哪个更便宜"和"哪个更贵"两个问题轮流询问，对两个标识询问的顺序也采用随机方式，尽可能避免被试出现跟风或只选第一个的情况出现。

(5) 数据处理方式

将收集到的数据编码处理，因为自变量、因变量和调节变量都是类别变量，转变为数值变量进行分析。按照总体问卷情况按比例进行数据编写，最终形成 80 条样本编码数据，具体变量数据编写情况如表 4-5 所示。

表 4-5 社会认同实验数据编码内容

编码	自变量	因变量	调节变量
0	互补色	廉价	成人
1	相近色	不廉价	幼儿

(6) 描述性统计分析

考虑到编码采用的 0 和 1 虚拟变量，笔者利用样本数据测算出每个变量频数和占比等统计量，结果如表 4-6 所示。该研究涉及的主要变量值均在合理范围之内，数据样本数充足，可以认为样本数据适合进行编码。

表 4-6 社会认同实验样本描述性统计特征

变量	P_1（标识 1 认为互补色更便宜的百分比）/%	P_2（标识 2 认为互补色更便宜的百分比）/%	P_3（标识 3 认为互补色更便宜的百分比）/%	M/%	N/人
成人组	52（13/25）	64（16/25）	88（22/25）	68	25
幼儿组	33.33（10/30）	23.33（7/30）	20（6/30）	25.56	30

(7) 社会认同对主效应的调节作用检验

在对编码后的样本数据进行 2×2 析因设计分析，发现交互项色相×社会认同对因变量廉价感的交互作用显著（$P<0.01$），说明社会认同调

节变量对主效应的调节是显著的，具体分析结果如图 4-6 和表 4-7 所示。

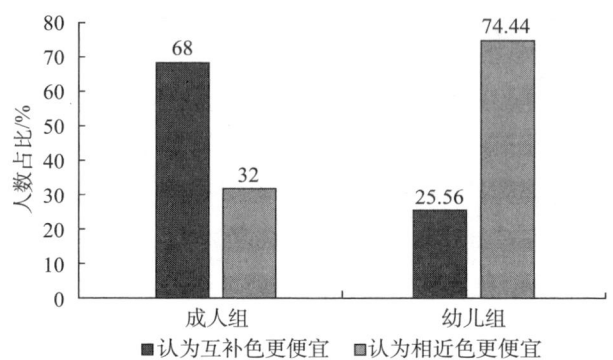

图 4-6 社会认同实验统计结果比较分析

表 4-7 社会认同实验析因设计分析结果

源	Ⅲ型平方和	自由度	均方	F	P
校正模型	7.638[a]	3	2.546	16.467	0.000
截距	13.613	1	13.613	88.047	0.000
自变量色相	0.013	1	0.013	0.081	0.777
调节变量社会认同	1.013	1	1.013	6.549	0.012
色相×社会认同	6.613	1	6.613	42.770	0.000
误差	11.750	76	0.155		
总计	33.000	80			
校正后总计	19.388	79			

注：a 表示 $R^2 = 0.394$（校正后 $R^2 = 0.370$）。

在两因素方差分析后，发现自变量作用不显著而调节变量和交互效应作用显著，因此进一步作简单效应检验，以分析自变量色相在不同水平上（不同的调节效应中）对因变量的影响，结果如表 4-8 所示。

表 4-8 社会认同实验两因素简单效应分析结果

社会认同	(I) 色相	(J) 色相	均值差值 (I−J)	标准误差	P^b	95% 置信区间^b	
						下限	上限
0	0	1	−0.550*	0.124	0.000	−0.798	−0.302
	1	0	0.550*	0.124	0.000	0.302	0.798
1	0	1	0.600*	0.124	0.000	0.352	0.848
	1	0	−0.600*	0.124	0.000	−0.848	−0.352

注：基于估算边际均值。

* 表示均值差值在 0.05 级别上较显著。

b 表示对多个比较的调整：Sidak。

可以看出，自变量在区分社会认同水平的情况下对因变量结果是显著的，并且成人组和幼儿组是趋势相反的显著结果，补充说明在有交互项的双因素方差分析中主效应不显著的现象。

在简单效应检验的结果中，可以看出，成人组和幼儿组的分析结果是相反的。也就是说，成人组认为互补色搭配的标识更容易产生廉价感，而幼儿组则认为相近色搭配的标识更容易产生廉价感，两组样本数据都对廉价感因变量有显著的影响，这说明社会认同对本书主效应来说是一个强有力的调节变量，在引入社会认同调节变量后，对照组呈现出与实验组相反趋势的结果。也就是说，只有在社会认同变量存在的前提下，笔者提出的主效应影响才得以存在，因此笔者证实了 H2，即社会认同是色彩对消费者对廉价感感知影响的调节变量。

这种效应的产生可能由于儿童尚未形成社会认同，其尚未形成社会群体和社会阶层的分化，因此个体作出的选择和价值判断是更加出于自我的判断，没有太多受到社会文化的规制。况且，儿童天生对色彩艳丽的事物抱有兴趣，因此更容易认为互补色组的品牌标识更加昂贵。

4.1.3 文化背景的调节作用

本小节主要研究不同的文化背景对于社会认同对品牌标识色彩效应的调节作用的影响。

4.1.3.1 基本概念

从动态发展的角度来看，个体身份发展的过程本身就是其个体与其社会[1]和文化背景[2]之间的互动过程，那么在个体身份发展过程中，社会与文化背景必然存在相互制约、相互影响的关系。涵化理论是解释国际移民在当地进行社会融合的理论，是指由个体所组成的不同文化的民族间发生持续的直接接触，从而导致一方或双方原有文化形式发生变迁的现象。[3] 涵化理论认为，不同国家的文化背景是国际形成不同社会认同的重要影响因素。该理论主要提出两种模式——一元线性模式和二元矩阵模式，这两种模式都以国际移民的文化认同作为社会认同的前提条件。前者认为国际移民会完全接受东道国文化（Host Culture），并最终融入东道国社会，形成东道国的文化形成社会认同，否则就会保持对母国文化的社会认同[4]，后者则是依据文化态度不同而选择的模型[5]。融合（Integration）模式体现为既认同东道国文化也保留对母国文化的社会认同；同化（Assimilation）模式体现为完全接受东道国文化，放弃母国习俗；分离（Separation）指移民仍然保留母国习俗，而不愿意接受东道国文化；边缘化（Marginalization）则指移民处于两种文化都不愿认同的状态，既不想遵循母国习俗，也无法认同东道国文化。涵化理论认为，不同文化背景下的社会认同并不一致，而文化认同是社会认同的前提，这为本书构建文化背景对社会认同的调节作用提供了理论依据。

---

[1] ADAMS G R, SHEILA K M. A Developmental social psychology of identity: understanding the person-in-context [J]. Journal of Adolescence, 1996, 19 (5): 429 – 442.

[2] BAUMEISTER R F, MARK M. Identity as adaption to social, cultural and historical context [J]. Journal of Adolescence, 1996, 19 (5): 405 – 416.

[3] BERRY J W. Acculturation as Varieties of Adaption [M] //Acculturation: Theory, Models and Some New Findings. Boulder: Westview Press, 1980: 9 – 25.

[4] GORDON MILTON M. Assimilation in American life: the role of race, religion, and national origins [M]. New York: Oxford University Press, 1964.

[5] BERRY J W. Immigration, acculturation, and adaption [J]. Applied Psychology, 1997, 46 (1): 5 – 34.

4.1.3.2 理论框架

不同的国家因其不同的社会文化,各国人民形成的社会认同也有所不同。因为 H2 提出社会认同可能对本书主效应产生调节作用,那么由于各国社会认同的程度和内容各有不一,这种社会认同的差异是否会使社会认同对于主效应的调节产生影响呢,也就是说不同文化背景所造成的社会认同程度和内容等方面的差异,可能导致存在社会认同对主效应的调节,即调节的调节作用。因此,笔者提出以下假设:

H3:不同的文化背景对于社会认同对品牌标识色彩效应的调节作用有影响。

4.1.3.3 实验研究

(1) 被试

该实验为中国与欧美发达国家文化下的影响对比,通过亚马逊土耳其机器人平台(MTurk)收集 261 份欧美国家问卷样本。其样本统计特征如表 4-9 所示。

表 4-9 文化背景实验国外组样本统计特征

名称	类别	样本数/份	占比/%
	英国	13	4.98
IP 地址	美国	238	91.19
	德国、意大利、法国等国家	10	3.83
性别	男	157	62.55
	女	94	37.45
	0~20	8	3.17
	21~30	104	41.27
年龄/岁	31~40	77	30.56
	41~50	38	15.08
	>51	25	9.92

排除无效样本后国内样本共收集 162 份,男女比例为 4∶6,平均年

龄为 28.39 岁（SD = 6.41）。

（2）实验框架设计

因为本书是在已经证实社会认同是主效应品牌标识色彩效应的调节变量的基础上进行的研究，而不同的文化背景会导致不同的社会认同，本书在设定社会认同为存在的条件下对文化背景的调节作用进行实验设计和研究。

（3）实验素材选择与设计

因为跨国样本需要与国内样本进行对比，笔者选择与国内样本相同的两个餐饮行业虚拟品牌作为实验素材。

（4）问卷设计与数据收集

问卷为全英文问卷。与实验 2 成人组的设计类似，该问卷同样包含 4 部分，包括卷首语、色彩敏感度测试、主效应测试以及人口统计问题收集。涉及国外被试样本的收集，笔者通过学校导师联系到英国某所大学的任教老师帮忙发送问卷，并且联系身边留学的朋友和同学帮忙发送问卷，后期扩散样本数量将问卷投放至亚马逊土耳其机器人平台进行问卷回收。

（5）无效样本排除

两组样本都排除色彩敏感度环节中得分低于 20% 的问卷，并且在国外样本征集中，排除 IP 地址来自印度、非洲等来源国不符合要求的问卷。

（6）描述性统计分析

考虑到价格区间为分类变量（1 = 互补色搭配的标识更便宜；2 = 相近色搭配的标识更便宜），笔者利用样本数据测算出每个变量频数和占比等统计量，结果如图 4 - 7 和表 4 - 10 所示。可以看出，该实验涉及的主要变量值均在合理范围之内，数据样本数充足，可以认为样本数据适合进行后期数据处理分析。

表 4 - 10　文化背景实验描述性统计结果　　　　单位：份

组别		标识 1	标识 2	M	N
国外组	认为互补色廉价	81	148	115	229
	认为相近色廉价	166	105	136	271

续表

组别		标识1	标识2	M	N
国内组	认为互补色廉价	84	110	97	194
	认为相近色廉价	78	52	65	130

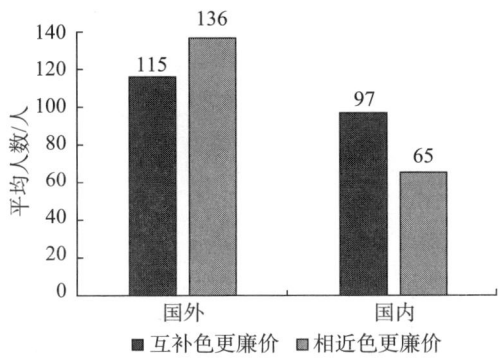

图4-7 文化背景实验统计结果比较分析

(7) 数据处理

笔者采用 2×2 卡方检验在不同文化背景下社会认同对主效应调节作用的调节作用进行检验。

(8) 不同文化背景对主效应的调节作用检验

在对样本数据进行 2×2 卡方检验后，发现交互项色相×文化背景对因变量廉价感的交互作用显著（$\chi^2_{(1, N=413)} = 7.791$，$P < 0.01$），说明不同文化背景下色相对于消费者廉价感感知的影响差异是显著的，具体分析结果如表4-11所示。

表4-11 文化背景实验析卡方检验分析结果

源	值	自由度	渐进P（双侧）	精确P（双侧）	精确P（单侧）
Pearson 卡方	7.791[a]	1	0.005		
连续校正[b]	7.238	1	0.007		
似然比	7.829	1	0.005		
Fisher 精确检验				0.006	0.004

续表

源	值	自由度	渐进 P（双侧）	精确 P（双侧）	精确 P（单侧）
线性和线性组合	7.772	1	0.005		
有效案例中的 N	0.413				

注：a 表示单元格（0.0%）的期望计数少于 5，最小期望计数为 78.84。

b 表示仅对 2×2 表计算。

可以看出，不同文化背景下色相对于消费者价格感知的影响差异是显著的，验证了文化背景对于主效应的调节作用。

以上数据分析结果显示，欧美国家消费者并非像中国消费者一样，对色彩搭配对于廉价感的感知有一致的判断，这可能是由于：首先，欧美国家的文化相对更宽容和多元，艺术设计与消费市场的结合使消费品牌设计也日新月异，消费者能够更加自我地形成自己的价值判断。其次，得益于欧美国家经年累月在经济上的领先，相比于中国社会来说，这些国家的社会阶层分化并非十分鲜明，人人在各自的阶层中各得其所，从各自的阶层和群体中获得归属感和安全感，因此社会较高阶层的生活习惯、艺术品位等并没有起到统领整个社会的作用，由此社会认同就不会起到促使人们去向上模仿的作用。最后，有研究表明，使用表音文字和使用表意文字的民族，因其对文字解读的方式不同，视觉信息在使用表意文字的民族中显得更为重要，因此这些民族对色彩、形状等设计元素更加敏感。例如，中国消费者往往会基于视觉吸引力来评判一个品牌❶，而在面对一个全新的品牌标识时，中国消费者对标识颜色会很敏感，其颜色偏好会影响对新品牌的评价❷，由此导致的色彩对廉价感的感知影响可能也存在差异。

---

❶ SCHMITT B H, PAN Y G, TAVASSOLI N T. Language and consumer memory: The impact of linguistic differences between Chinese and English [J]. Journal of Consumer Research, 1994, 21 (3): 419 – 431.

❷ TAVASSOLI N T. Color memory and evaluations for alphabetic and logo graphic brand names [J]. Journal of Experimental Psychology: Applied, 2001, 7 (2): 104 – 111.

4.1.4　田野调查

在实施正式实验之后，笔者针对市场上现有品牌标识进行搜集和分析，研究对象主要集中于酒店行业，因为就笔者个人经验而言，酒店行业的品牌标识最易因酒店均价和档次不同，品牌标识及门店设计也差别显著的行业，并且酒店行业的可视化品牌资产是暴露在消费者视野中频率较高的，所以笔者对酒店行业作田野调查能更好地引起读者共鸣。

首先，笔者在国内酒店预订使用频率最高的携程网❶上进行品牌筛选，筛选条件为高级筛选—品牌—“快捷连锁”，截图如图 4－8 所示。

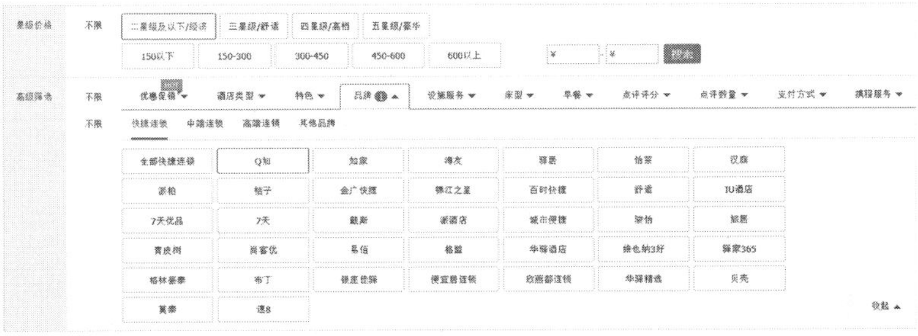

图 4－8　携程网国内酒店品牌筛选

按照携程网归类的结果，笔者对各个酒店标识和均价❷进行整理，如表 4－12 所示。

表 4－12　携程网各个酒店标识和均价归类

图标	名称	均价/元	数值
7 7Days Inn 7天连锁酒店	7 天	198.8	55°～232°；80.5%
ShellHotel 贝壳酒店	贝壳	204.3	74°～356°；95%

❶　携程网. https：//www. ctrip. com/？ sid＝155952&allianceid＝4897&ouid＝index。

❷　均价计算规则：采用 2020 年 4 月 1 日实时价格进行计算，将酒店搜索结果首页出现的前 10 家酒店价格进行均价计算得出酒店平均价格。

续表

图标	名称	均价/元	数值
	如家	191.5	60°~240°；95%
	海友	143.8	57°~78°；75%
	速8	228.1	0°~60°；95%
	怡莱	174.2	2°；43%
	汉庭	197.9	0°~214°；87%
	欣燕都	86.5	25°~51°；72.5%
	派柏	173.3	105°；80%
	便颐居	133.8	357°；79%
	锦江之星	256.9	174°~356°；58%

第4章 品牌价值沟通与标识设计

续表

图标	名称	均价/元	数值
	百时快捷	174	204°~222°；78%
	布丁	203.4	32°；87%
	IU 酒店	192.8	31°~42°；68%
	城家公寓	211	20°；90%
	π 酒店	138.8	175°~338°；88%
	城市便捷	301	52°~177°；68%
	骏怡	158	15°；80%
	青皮树酒店	181.3	89°；36%
	尚客优	203.5	358°，75%
	易佰	134	112°~328°；80%
	银座佳驿	238	235°~340°；86%

续表

图标	名称	均价/元	数值
华驿酒店 China Inn	华驿	210.1	359°；77%
维也纳酒店 Vienna Hotel CCTV中国年度品牌	维也纳	337.5	111°，51%
驿家 365 Eaka hotel	驿家 365	179	64°～216°；80%
GreenTree Inn	格林豪泰	211.5	143°；52%

注：第一个数值为酒店标识中一组互补色数值，第二组数值为酒店标识主色调的平均饱和度。

同时，笔者使用相同的筛选方法，在携程网“高端连锁”中筛选出均价 1000 元以上的高档酒店，截图如图 4－9 所示。

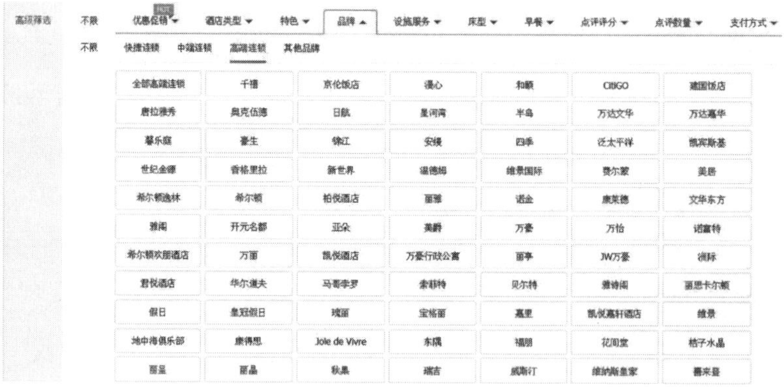

图 4－9　携程网均价 1000 元以上高档酒店截图

按照携程网归类的结果，笔者对 1000 元以上酒店的标识和均价进行整理，如表 4－13 所示。

表4-13 携程网1000元以上酒店标识和均价归类

图标	名称	均价/元	数值/%
SHANGRI-LA HOTELS and RESORTS	香格里拉	1210	53
Peninsula Hotel 半岛酒店	半岛	2223	31
Marriott	万豪	1254	58
FOUR SEASONS HOTEL HONG KONG	四季	1739	0
AMAN RESORTS	安缦	4370	0
WALDORF ASTORIA	华尔道夫	2309	0
Hilton HOTELS & RESORTS 希尔顿酒店及度假村	希尔顿	1603	33
SHERATON EST. 1937	喜来登	1101	2
RENAISSANCE SHANGHAI YANGTZE HOTEL 上海扬子江万丽大酒店	万丽	1399	0

续表

图标	名称	均价/元	数值/%
	文华东方	3601	45
	洲际	1405	43
	凯悦	1098	18
	千禧	1112	45
	柏悦	1976	21
	宝格丽	3483	0
	泛太平洋	2228	53
	凯宾斯基	1466	45
	费尔蒙	1445	0

续表

图标	名称	均价/元	数值/%
	诺金	1207	47
	万怡	1877	81
	威斯汀	1458	0
	丽思卡尔顿	1969	33
	康得思	1126	0
	索菲特	1399	0

注：数值为酒店标识主色调的平均饱和度。

可以看出，经济酒店在标识色彩选择上与舒适酒店的标识明显不同，经济酒店明显颜色更扎眼，色彩饱和度更高，直观感受就是更"花哨"，而舒适酒店标识的色彩设计偏向低饱和度和单色设计，并不扎眼。并且，笔者使用专业色彩分析工具 Toolsou❶ 对各酒店标识进行色彩分析，并对分析结果作出汇总。

第一，在色相维度上，快捷连锁酒店中，仅 30.8% 的酒店标识使用单色（白色除外），42.3% 的酒店标识使用双色搭配，26.9% 的酒店标

---

❶ 在线传图识色 [EB/OL]. https://www.toolsou.com/app/image-color.

识使用三色及以上的色彩搭配；在双色及以上搭配的酒店标识中，仅27.8%酒店标识使用相近色进行搭配，72.2%的酒店标识都是用对比色或互补色进行配色；在高端连锁酒店中，有95.8%的酒店标识使用单色搭配，仅有一个酒店标识使用三色搭配，且使用对比色进行搭配，如图4-10所示。

第二，饱和度维度上，快捷连锁酒店中，80.8%的酒店标识使用中高饱和度（大于75%）的色彩进行搭配，而高端连锁酒店中，只有4.2%的酒店标识使用中高饱和度，95.8%的酒店标识都使用中低饱和度的配色，如图4-11所示。

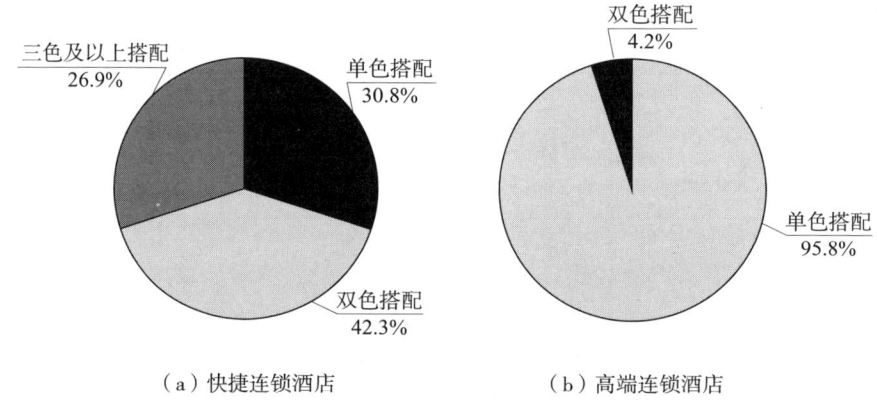

（a）快捷连锁酒店　　　　（b）高端连锁酒店

图4-10　两种类型酒店标识中色相运用对比

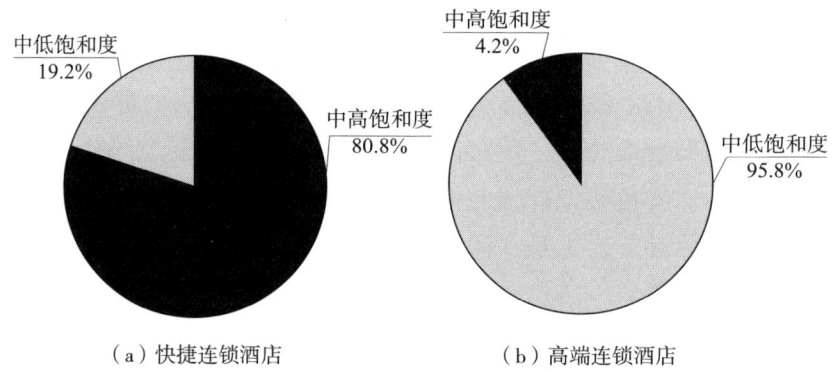

（a）快捷连锁酒店　　　　（b）高端连锁酒店

图4-11　两种类型酒店标识中饱和度运用对比

综上所述，此田野调查为上述实验过程和结果提供了实证依据，证明笔者的实验研究具有可行性和现实意义。

4.1.5 管理启示

本小节通过对品牌标识的色彩饱和度等进行研究，并加入社会认同、文化背景等特征。提出以下建议。

4.1.5.1 审慎运用色彩，优化标识设计

企业构思品牌标识时，往往会依据企业形象和产品性质进行决策，比如银行、保险类金融产品往往会选择蓝色等代表安全和能力的颜色，科技类、数码类产品往往会选择黑色等代表酷炫和神秘的颜色。然而，对于电商品牌、酒店品牌、航空品牌等而言，消费者会首要考虑价格低的品牌或行业，是否可以从品牌标识入手，使用特定色彩搭配设计在消费过程初始就能传递给消费者"我很便宜"的信息呢？以阿里巴巴旗下的淘宝为例，已经有研究证明，橙色会使人感觉到廉价（Cheap），而淘宝自创建之初，其品牌标识和网站页面就主要以橙色元素呈现，包括后来出现的手机客户端，也是目前我们最为熟知的淘宝的品牌标识。笔者无法得知淘宝一以贯之地使用橙色作为所有视觉元素的设计主调是否有意为之，然而对于电商品牌来说，能在消费者打开淘宝之前就是用色彩传递给消费者"我们平台的商品价格很便宜"这样关键的信息，实在是非常明智的设计和选择。笔者推测，淘宝连续多年稳坐国内电商头把交椅的经营能力，与其重视品牌标识设计和品牌形象构建的举动密不可分。

自淘宝作为国内首家电商平台崛起后，国内电商品牌如雨后春笋般涌现，在淘宝布下的产业格局之中进行细分经营，这种行业细分的战略布局也体现在品牌标识的色彩设计之中。首先，在现有成熟的电商平台之中，运用橙色以及靠近橙色的红、粉红、黄色进行品牌标识和手机客户端标识设计的电商平台占绝大多数，如京东、拼多多、闲鱼、唯品会、小红书、聚美优品等，只有极少数运用绿、蓝等色进行标识的设计，笔者推测这种现象可能是由于电商平台创立初期向淘宝靠拢的战略考虑延续至今，但不排除有色彩设计原理的支持。其次，笔者对选用不同主色

对品牌标识进行设计的电商平台进行分析，发现主打化妆品、女装等女性用品的唯品会、聚美优品和蘑菇街等电商品牌均采用粉色作为品牌标识设计的主色调，主打电器销售的苏宁易购品牌标识色彩选用蓝色，主打低价书籍售卖的当当网选用橙色。上述现象与色彩理论研究成果不谋而合，使用不同色彩对电商平台瞄准的目标客户实现精准投放，中国电商平台非常聪明地在未使用任何广告宣传和投放前，仅使用品牌标识就作出一次精准的用户区分。最后，笔者发现，众多电商平台品牌标识不仅有色彩之分，还在饱和度维度上进行区分，这个发现强有力地为笔者的研究结论提供了案例支持。众所周知，天猫是阿里巴巴集团继淘宝之后孵化出的又一电商平台，不同之处在于淘宝是 C2C，而天猫是 B2C。因为经营模式的不同，淘宝上的假货售卖问题屡禁不止，而天猫的孵化很大程度上是阿里巴巴为了杜绝假货问题进行的改进，即由品牌方直接入驻平台向消费者提供产品，不再由 C 端进行供货。为了显示出天猫在某些程度上在淘宝的基础上作出的优化和改进，天猫品牌标识色彩设计选用低饱和度的红色，结合笔者的研究结论，低饱和度色彩比高饱和度色彩能够让消费者感知到的品牌更高端、价格也更高，因此天猫的品牌标识色彩设计是符合其品牌定位的，有利于品牌形象的塑造和传播。同时，网易孵化的网易严选电商品牌主打优质高端商品供应，在品牌定位上与其他电商有所区别。其品牌标识和客户端标识设计同样采用饱和度较低的红色作为主色调，同样支持笔者的研究逻辑和研究结论。综上可知，中国电商品牌标识设计符合色彩理论研究成果，其中更有高端品牌的孵化逻辑与笔者的研究逻辑和成果不谋而合，为本书实际指导意义提供了极大支持。企业不可小觑品牌标识色彩信息对消费者行为的影响，应主动学习和灵活应用品牌标识色彩设计原理，优化品牌形象。

4.1.5.2　找准品牌定位，提升品牌形象

上文以阿里巴巴公司为例已经对企业扩展产业布局的重要性作出分析。已有越来越多的企业不满于对目前特定群体消费者的占领，开始调整产业布局，主动吸纳不同层级消费者的眼光。前有苹果公司扩大产品线，试图拉动消费者疲软的消费动力，后有小米公司从主打手机研发和

销售发展到开始涉足智能家居，试图整合智能家居市场的全产业链，布局小米智能产业生态。巧合的是，小米公司自成立以来，其品牌标识主要色调也为橙色，而其销售思路一直是主打性价比更高的智能产品，两者结合起来就能看出小米公司一直对自身市场定位非常明确。结合品牌标识色彩设计的廉价营销，小米公司2019财年第三季度业绩喜人，导致其市值暴涨。小米公司目前的成功得益于廉价营销的思路，在自有业务发展保持稳定增长时率先开辟千元机系列品牌，小米总裁雷军则表示2021年还会推出千元5G手机，这一举动显示小米公司在廉价营销中尝到的甜头，为各企业对未来产业布局和营销方式作出示范。

近年来，中国奢侈品消费市场异军突起，围绕奢侈品销售上下游产业也逐渐兴起。寺库是一家服务奢侈品消费的企业，围绕奢侈品鉴定、奢侈品销售和寄卖、奢侈品养护等上下游产业提供服务。寺库成立之初主要提供奢侈品鉴定服务和二手奢侈品寄卖服务，此时其品牌标识主色调为明黄，起到吸引客户的作用。随着企业发展和战略布局的调整，寺库从主营奢侈品鉴定和寄卖扩展到线上奢侈品销售、线下奢侈品门店体验和保养等生活方式塑造的全产业链，企业品牌口号（Slogan）也从"让天下没有闲置资源"升级为"给你全世界的美好"。相应地，其对门店设计和品牌标识设计也进行升级，保留黄色作为字体颜色，但降低黄色的饱和度，看起来更加低调柔和，并加上黑色背景作为衬托。门店设计也多采用黑色作为主色调，营造一种奢华神秘的门店氛围，与升级后的品牌定位和品牌形象相呼应。寺库作为一家奢侈品企业，在战略布局升级后敏锐地感知到原有品牌标识和品牌定位不再适用于调整后的品牌形象，从而及时针对新的品牌战略对原有品牌定位和品牌形象进行升级，增加了品牌标识和门店设计中的距离感和高端感，使企业拥有的视觉资产步调一致地服务升级后的目标客户群体，实现利润逐年增长，成为全球客单量最高和唯一上市的奢侈品公司，其对品牌定位和品牌形象的方针政策值得其他企业借鉴。

4.1.5.3 区分客户群体，实现精准营销

在社会认同和文化背景的调节作用之下，品牌标识色彩效应的作用

对不同人群的作用略有不同。首先，对于中国成年人来说，他们普遍认为元素繁复、色彩鲜艳的设计相对档次较低，显得比较廉价，而更偏向于元素简约、色彩淡雅的设计。对于同类商品而言，如果消费者对于价格没有特别要求，那么大部分消费者会选择看起来档次更高、能让自己更有面子的品牌。而孩子由于没有形成社会认同，选择商品一般出于发自内心的喜恶，色彩艳丽的东西对于孩子来说有一种天然的吸引力，所以针对儿童设计的品牌可以将品牌标识和商品包装等外观设计得色彩丰富多变，来吸引儿童眼球。就笔者的观察而言，目前儿童用品市场上的品牌大多数也遵循这一原则来设计自己的品牌标识，知名度较高的乐高使用高饱和度的红、黄色与黑白两色搭配出的品牌标识，同时在日常生活中对商场或儿童用品门店和品牌标识进行观察，我们都能发现，无论是品牌标识设计、门店设计还是儿童用品外观色彩设计，大都采用色彩艳丽的搭配。

其次，大多数企业在发展到一定规模后，会向海外市场进军，进行全球产业布局。笔者认为，在不同文化背景下的消费者由于社会认同和文化背景不一致，对于何种色彩搭配对廉价感造成的影响不一，针对欧美国家调研后就发现这些国家的消费者与中国消费者对品牌标识色彩效应的反应不一致，所以企业在进行跨国产业布局和产品推广时，一定要对当地文化历史背景、市场消费者需求偏好进行充分调查，以免遭受失败。

4.2 品牌标识立体化与感知流畅度

品牌标识作为企业品牌形象营销的核心视觉要素，代表着企业的对外形象和经营理念。成功的品牌标识能够更好地激发目标用户的品牌联想，积极影响其对品牌的认知与态度，帮助企业巩固或提升行业地位。本节重点基于视觉信息传达、视知觉理论和概念隐喻理论，构建立体化、扁平化这一空间维度标识设计方式对包含认知态度、情感态度、购买推荐态度在内的消费者品牌态度的理论模型，并通过多组实验问卷采集相关样本数据，对模型进行实证检验和分析讨论。同时，笔者选取多种不同类型的品牌产品作为实验材料，应用控制实验法探究产品类型、信息加工流畅性等变量对消费者品牌态度所产生的影响效应。通过对实验结果的分析，笔者得出以下结论：品牌标识设计类型的差异会影响消费者对于品牌的感知与态度；产品类型在品牌标识设计类型与消费者品牌态度调节影响关系中具有显著的调节效应，对于享乐型产品而言，选用立体化标识相比扁平化标识能够显著提升消费者在情感维度和购买推荐维度的品牌态度；信息加工流畅性在品牌标识设计类型对消费者品牌态度的影响关系中起中介作用。基于数据分析的结果，笔者也提出相关建议：注重品牌标识的视觉信息传达作用；打造更符合品牌气质的品牌标识；注重品牌标识与消费者间的情感联系；注重标识细节元素对于消费者的影响。

4.2.1 标识立体化设计对品牌态度的影响

本小节在对品牌标识立体化与扁平化研究的同时，加入情感、认知和购买推荐态度进行分析。

4.2.1.1 基本概念

1. 品牌标识的概念

品牌标识（Brand Logo）又称为品牌标志，是企业整体品牌形象中十分重要的视觉要素。国外学者 Schechter 认为品牌标识是一种大众传播符号，是品牌或企业对外宣传的官方视觉表征❶；Walish 等则将品牌标识视为一种能够激发顾客群体对特定品牌联想的图像❷。国内学者尚晓燕则在梳理品牌标识设计的相关研究中，将现代化的品牌标识看作品牌个性、品牌价值等有关品牌内涵的浓缩。❸

---

❶ SCHECHTER A H. Measuring the value of corporate and brand logos [J]. Design Management Journal, 1993, 4 (1): 33-39.

❷ WALSH M F, WINTERICH K P, MITTAL V. Do logo redesigns help or hurt your brand? The role of brand commitment [J]. Social Science Electronic Publishing, 2012, 19 (2): 76-84.

❸ 尚晓燕，郭晓凌. 品牌也需"高颜值"：品牌标识设计的消费者反应研究述评 [J]. 外国经济与管理，2020，42 (1): 55-69.

简略回顾市场经济发展过程可以发现，成功的品牌标识形象对企业产品营销产生十分积极的宣传影响。目前的品牌标识涵盖企业文化、企业经营理念等众多含义，其设计创作方式被越来越多的企业和设计界学者重视。同时，现代化企业品牌形象营销策略的快速发展对品牌标识设计提出更高的要求，品牌标识在设计实现方面不仅要高度概括企业品牌特征、拉近与消费者之间的心理距离，还要将蕴含其中的品牌信息以简洁合理方式表现出来。在本书中，我们将企业的品牌标识细化限定于平面设计领域，在控制标识形状、大小、色调尽可能一致的前提下探究品牌标识立体扁平化对于消费者品牌态度的影响，而对于现实实物标识设计以及动态化、流动化的标识设计则不作相应探讨。

品牌态度的维度研究经历了"产生—发展—成熟"的发展历程，并在当下形成比较完善的理论体系。在研究的早期，学者们对于品牌态度的理解往往是单维度的，其认为品牌态度是消费者基于自身感受对品牌形成的内在评价。随着研究的深入，有学者认为品牌态度实际上是由认知与情感两个维度所构成的，且认为认知维度表达消费者对于品牌的认知了解情况，而情感态度则存在一定的享乐性，是消费者对于该品牌产品的整体感受。❶ 除认知维度和情感维度的划分方式外，Hwang 等和王军还基于品牌信任的角度对品牌态度进行二维度的划分。❷❸ 近年来，该研究领域的国内外学者在前人已有研究基础上，逐渐延伸出认知、情感之外的第三个维度，即品牌购买意愿或购买行为态度，进一步完善品牌态度维度的研究体系。❹❺ 笔者也将沿承"认知—情感—购买"这一维度划分方式，对后续消费者品牌态度进行更细致化的探讨，并将其应用于

---

❶ PERCY L, ROSSITER J R. A model of brand awareness and brand attitude advertising strategies [J]. Psychology & Marketing, 1992, 9 (4): 263 - 274.

❷ HWANG J, YOON Y S, PARK N H. Structural effects of cognitive and affective responses to web advertisements, website and brand attitudes, and purchase intentions: The case of casual-dining restaurants [J]. International Journal of Hospitality Management, 2011, 30 (4): 897 - 907.

❸ 王军. 产品伤害危机后负面网络评论对消费者品牌态度的影响 [D]. 武汉: 华中农业大学, 2014.

❹ 田虹, 袁海霞. 企业社会责任匹配性何时对消费者品牌态度更重要: 影响消费者归因的边界条件研究 [J]. 南开管理评论, 2013, 16 (3): 103 - 110.

❺ 苏淞, 黄劲松. 品牌延伸还是子品牌?: 基于品牌态度、广告说服和购买意愿的比较 [J]. 管理评论, 2013, 25 (2): 98 - 107, 125.

实验研究中。

2. 扁平化设计

扁平化设计（Flat-Design）是指通过抽象、简化、符号化的设计元素，干净利落地展现所要呈现信息的一种设计表达方式。"选用简洁色块，去除冗余阴影，利用简化色彩鼓励使用者进行交互行为"是扁平化设计的基准原则，同时，在这一过程中还要专门设计相应的指引图形符号引发观看者的辨识和理解。扁平化的核心设计思想是"极简"思想，即要放弃所有冗余的装饰效果，例如高光阴影、透视渐变等表现形式❶，主张通过运用抽象简化的图形图像、扁平化色块、无衬线式的字体，将一切干扰性信息排除弱化，只突出最需要表达的核心信息❷。

图形、色彩、文字三个表征维度是扁平化设计的核心处理要素。❸从图形形状要素来看，扁平化图形创意的基本形状有正方形、正圆形、菱形、椭圆形等图形，而最重要的主旨就是要使这些图形经过抽象和简化后依然能被用户正确辨别，从而实现有效信息的传递；从色彩要素来看，扁平化设计一般青睐选用纯色、复古色与同类色，旨在通过颜色的协调搭配实现视觉上的扁平，清晰地向受众表达情感内容；从字体设计要素来看，扁平化设计通常将无衬线式字体作为主要字体，如微雅、黑体等，它们所含有特殊的形态信息更适应扁平化设计的特点。此外，字体排版也对扁平化设计提出更高的要求，在设计过程中字体所占面积的比例要把控好，字体元素之间要适当留白。我们将扁平化的品牌标识定义为去除冗余线条、阴影，不加色彩渐变、高光镂空表现手法，仅以基础色块拼接而形成的标志图案。

在当前快节奏的生活背景下，现代社会中的人们要不断接收处理各类信息流，必须时刻评估、消化并创造有价值的信息，人们很容易对过度复杂的设计元素产生心理负担，进而排斥接收，这就要求各类标识在

---

❶ 江汀. 扁平化图形符号在平面设计中的运用 [J]. 艺术研究, 2015（2）: 206-207.

❷ 聂茜. 基于认知心理学的扁平化风格的界面设计研究 [J]. 艺术与设计（理论）, 2016, 2（11）: 57-59.

❸ 李亭翠, 陈颖. 论界面设计的扁平化形式 [J]. 山东农业工程学院学报, 2017, 34（3）: 28-31.

视觉设计上要更直观易被识别，因此扁平化设计凭借简约直观的风格更易被目前主流大众所接受。此外，在信息展现方面扁平化设计也具有特殊的优势，例如从视觉感知层面来看，扁平化的标识更利于主体对其识别、记忆，而其在设计风格上体现了"返璞归真""少即是多"的美感理念。

3. 立体化设计

立体化设计（Three Dimensional Design）是相对于扁平化设计而言的，它是一种利用光影对比关系来营造标识立体感的设计方式。"立体化"是指脱离二维平面的框架，透过人们两眼视觉的差别与光学反射原理，把事物放到画面以外或是藏于其中，使人们间接看见立体三维的效果。❶ 采用立体化设计的标识往往在必要的设计元素之外还增加辅助性元素，如高光、阴影、仿真纹理等。通过光影关系的打造，立体化标识往往能在客体背景中模拟出三维效果，呈现出更丰富的视觉层次❷，体现出一种真实感。我们将立体化的品牌标识定义为与前者截然相反的，运用光影、渐变、高光等艺术设计手法，衬托体现视觉元素立体化、三维化、空间化的标志图案。

从感知层面分析，具有多维度空间感的立体化标识设计往往具有真实性、权威性、能力性，立体化的设计方式不仅有利于图形的高效识别，也能够使信息传递更加生动化、外显化。同时，以往很多不能实施、不具备实际应用条件的设计手段在现今强大数字模拟技术的加持下可以被顺利实现，高光渐变效果和光影对比凸显立体类标识的冲击力和活力，能够更加积极地影响消费者感知情况。例如，全美收视率较高的广播公司 Univision 就成功实现了电视台标识的转型，其标识以原有 U 型框架作为基础素材通过三维形态的打造实现了升级。升级后的标识利用色彩渐变形式展现出一种水晶反光效果，成功提升了品牌标识质感。若将立体化设计应用于品牌标识形象，能够更加真实地传达产品背后的品牌文化。

从设计特征角度分析，立体化标识则拥有以下三个优势：①视觉冲

---

❶ 宋春蕾. 从立体标志看现代平面设计的发展 [D]. 济南：山东师范大学，2013.
❷ 叶子戎. 交互界面中的图标设计研究 [D]. 南京：南京艺术学院，2015.

击感强。与扁平化标识相比，立体化标识更具有空间纵深感和冲击深入感，标识元素更容易被识别。②生动形象。由于立体化标识设计自身蕴含有独特性、象征性等视觉属性，其更能通过三维立体效果激发用户的联想，并能通过这种设计效果使人们的审美需求和信息需求得到满足。③个性十足。立体化标识展现形式繁多，用途广泛，当品牌标识形象结合立体化设计后，更能体现品牌自身个性，展现产品的独特价值。

就企业品牌标识设计而言，采用立体化设计方式的品牌标识能够在无形中提升品牌形象的层次感和品质感，从而提升企业旗下产品或服务外在表现力，赢得消费者对于品牌的初步感知信任。

4. 品牌态度的概念

态度是人类对客观事物所产生的一种比较主观的评价行为，其同时包括正面与负面两方面的内容，就品牌态度的概念而言，国内外不同学者拥有不同的观点与看法。外国学者 Mitchell 和 Olson 认为，消费者对某品牌所产生的印象反应和评价即是品牌态度。品牌态度可看作消费者个人对于特定品牌所表现的态度倾向，且该态度倾向会影响消费者对于该品牌的购买消费行为。❶ 学者 Hert 等则认为，消费者从记忆中对某特定品牌的回想评估即是用户对于该品牌所形成的品牌态度。❷

此外，国内学者对于消费者品牌态度也给出自己的观点。胡晓红认为，品牌态度是消费者对某品牌所作出的整体评价，而这种认知性评价主要取决于对品牌象征属性的联想和利益认知方面的联想。❸ 刘凤军则从消费者个体过往经验体验对品牌态度进行阐释，即品牌态度是消费者依据自身过往社会经验、情感体验、组织体验等对某品牌作出的肯定性认知或否定性认知。❹

---

❶ MITCHELL A A, OLSON J C. Are product attribute beliefs the only mediator of advertising effects on brand attitude?［J］. Journal of Marketing Research，1981，18（3）：318-332.

❷ HERR P M, FARQUHAR P H, FAZIO R H. Impact of dominance and relatedness on brand extensions［J］. Journal of Consumer Psychology，1996，5（2）：135-159.

❸ 胡晓红. 青少年品牌态度的社会影响因素［J］. 中山大学学报（社会科学版），2009，49（5）：182-192.

❹ 刘凤军，王镂莹. 品牌形象对顾客品牌态度的影响研究［J］. 科学决策，2009（1）：67-74.

由上述过往研究可知，学者们对于品牌态度的研究正逐渐细化，虽然对其定义有所差异，但就品牌态度对于消费者影响的内在含义阐释存在一致性意见。因此，我们将消费者品牌态度定义为消费者个人或群体对于某品牌的综合性、认知性评价，且这种评价包含正面评价或负面评价两种评价。

5. 品牌联想的概念

品牌联想（Brand Association）概念的最初提出者是20世纪50年代的广告学学者大卫·奥格威，他认为品牌联想是消费群体对品牌所产生相应联想内容信息和品牌相对消费者所塑造的意义。❶ 换句话说，品牌联想就是消费者在对品牌的视听过程中，从其记忆中激发唤起有关该品牌的全部联想信息。在学者Shocker和Aaker看来，消费者会通过社会媒介渠道直接或间接地接触某品牌，并由此在脑海中存储与该品牌相关的信息及这些信息所衍射的品牌意义，当其再次收到来自该品牌外在信息刺激时（如品牌标识、产品外观），其所浮现的与该品牌有关的想法、感受、期望即是品牌联想。❷

Lane认为品牌会通过名称术语、外观设计等形式在消费者大脑网络中形成若干品牌节点，当消费者在日常生活中直接或间接与该品牌产生接触或消费行为会构建有关该品牌的品牌体验、品牌认知等信息内容，并在头脑中将这些认知信息与此前形成的品牌节点相互关联，品牌联想即是品牌节点与信息节点关联所形成的复杂联结结构。❸ 在定义品牌联想的同时，Lane还从三个维度对品牌联想进行内容划分，即属性（Attributes）联想、利益（Benefit）联想、态度（Attitude）联想。

此外，还有国外学者从心理学角度出发，总结相关观点，将品牌联想视作由品牌产品名称所引起的一系列联想。❹ 就品牌联想的概念而言，国

---

❶ 王楠. 基于营销传播策略的品牌联想建设研究［D］. 北京：北方工业大学，2008.

❷ SHOCKER A D, AAKER D A. Managing brand equity［J］. Journal of Marketing Research, 1993, 30（2）: 256.

❸ LANE K K. Conceptualizing, Measuring, and managing customer-based brand equity［J］. Journal of Marketing, 1993, 57（1）: 1 – 22.

❹ KRISHNAN H S. Characteristics of memory associations: A consumer-based brand equity perspective［J］. International Journal of Research in Marketing, 1996, 13（4）: 389 – 405.

内学者也表达了各自的观点。纪丽华在其实证研究中认为,品牌联想是消费者记忆中各项信息节点的联结,这些节点涵盖表征品牌、产品属性的信息。❶ 范秀成则认为品牌联想能够表征品牌在消费者心目中的价值,是象征消费者对于品牌的认知信息并由此形成的独特意义。❷ 周倩认为,品牌联想是消费者根据品牌要素联想形成的、与品牌有关的事物综合,它包括消费中脑海记忆中与该品牌有关的信息及对品牌所形成的意义。❸

综合国内外有关品牌联想的研究来看,学者们就品牌联想的概念与定义已经形成比较一致的意见,品牌联想是消费者对于某品牌所产生的联想内容信息以及品牌对其所形成意义的集合。从消费者角度来看,品牌联想主要体现消费者对于特定品牌的认知情感和态度评价,也从侧面预示着消费者对于该品牌未来的消费偏好行为与购买可能性;从企业角度来看,品牌联想是品牌资产中十分重要的一部分,它体现企业的品牌形象,在一定程度上表征着企业在市场中的营销地位。

笔者将借助品牌联想测量方法中的"有限制的自由联想"方法,借鉴参考 Lane 品牌联想的三维度测量量表,合理选择并设计适应实验的关键词量表,通过半结构化启发方式逐步激发消费者对于实验品牌标识的联想,并测量由此带来的消费者品牌态度。

4.2.1.2 理论框架

品牌态度是反映消费者对于品牌情感偏好和正负面评价的重要指标,其可从特定角度对消费者未来购买行为作出可能性预测。因此,企业在通过品牌营销活动向广大消费者传递信息的过程中,越来越注重根据消费者的实时性反馈和态度、偏好来评估判断所传递的信息是否达到预期效果。作为品牌营销活动中重要的视觉信息载体,品牌标识往往是消费者了解某品牌时所接触的第一视觉信息要素,消费者在后续的购买决策

---

❶ 纪丽华,宋永高. 品牌联想影响品牌延伸的实证分析:基于海尔的研究 [J]. 现代商业,2009 (35):26 - 29.

❷ 范秀成. 基于顾客的品牌权益测评:品牌联想结构分析法 [J]. 南开管理评论,2000 (6):9 - 13.

❸ 周倩. 精品饭店品牌联想对顾客行为倾向的影响研究 [D]. 杭州:浙江大学,2013.

路径中或多或少会参考该品牌标识带给自身的感受，所以品牌标识的设计方式无疑对消费者的品牌态度有着较为重要的影响。

近年来，越来越多的学者开始探讨品牌标识特征对于消费者感知与偏好的影响。国外学者 Henrik 从模糊知觉视角研究了品牌标识字体不完整性对于消费者的感知影响。其在研究中发现，由于模糊知觉会增加消费者的感知趣味性，不完整的品牌标识字体会增加消费者在有趣性、创新性的品牌评价，同时因为不清晰的特点，会降低消费者对该品牌的信任。[1] Zhang 从消费者个体特征探究了圆润、尖锐品牌标识对于消费者视觉偏好的影响，独立型建构消费者更偏好尖锐类型的品牌标识，而依恋型建构消费者更偏好圆润类型的品牌标识。[2] 此外，还有国外学者从安全控制感的角度探讨了无边框品牌标识与有边框品牌标识对于消费者感知偏好的影响。[3]

企业在实施品牌形象营销过程中所投入的资金、人力并非是毫无限制的，其往往会针对自家产品所属类型来对标识进行合理化设计，丰富内在品牌信息，力求品牌标识与产品或服务相契合，以达到更好的宣传营销效果，正向增加消费者对于该品牌的态度。笔者依照目前学术界对于品牌产品最常用、最普遍的划分方式，将其划分为功能型产品和享乐型产品。

从目前有关设计心理学、品牌营销学的相关研究来看，当品牌标识采用扁平化设计时往往更能展示友好性、无压力感、易感知等视觉信息属性，更能拉近品牌与消费者间的距离，增强品牌情感联系；而立体化设计往往带有高层次、能力强的色彩，通过高光、渐变等光影营造方式突出视觉表现力，内在地与消费者划分一定的界限，体现品牌的专业性与高效能。结合扁平化设计和立体化设计的视觉信息属性，笔者作出以下假设：

H1：采用立体化设计的品牌标识与扁平化设计的品牌标识在消费者

---

[1] HENRIK H. The impact of incomplete typeface logos on perceptions of the firm [J]. Journal of Marketing, 2011, 75 (4): 86 – 93.

[2] ZHANG Y. The impact of self-construal on aesthetic preference for angular versus rounded shapes [J]. Personality and Social Psychology Bulletin, 2006, 32 (6): 794 – 805.

[3] CUTRIGHT K M. The beauty of boundaries: When and why we seek structure in consumption [J]. Journal of Consumer Research, 2012, 38 (5): 5.

品牌态度上有显著差异。

H1a：采用两种不同设计方式的品牌标识在消费者认知态度上有显著差异。

H1b：采用两种不同设计方式的品牌标识在消费者情感态度上有显著差异。

H1c：采用两种不同设计方式的品牌标识在消费者购买推荐态度上有显著差异。

4.2.1.3 实验研究

本小节通过对品牌标识的立体化与扁平化与消费者认知，分析情感和购买推荐态度上的差异。

1. 实验设计

（1）品牌标识感知量表的设计

为能够更好地了解被试对于实验材料的主观感知情况以及由此产生的整体感受，在对各实验变量项测量之前，笔者先行设计有关品牌标识的两个李克特五级量表，即感知评估量表和整体感受量表，该部分量表在整体量表中起确认性作用。量表内容如表4-14和表4-15所示。

表4-14 感知评估量表

请您对该品牌表示的立体化、扁平化设计程度进行评估（1表示"非常立体"……5表示"非常扁平"）	
该品牌标识的立体扁平化程度	非常立体、比较立体、不确定、比较扁平、非常扁平

表4-15 整体感受量表

您对于该品牌的Logo整体感受如何？（1表示"非常不赞同"……5表示"非常赞同"）	
问项序号	问项
P2-1	这个品牌的Logo看上去是比较立体的
P2-2	这个品牌的Logo看上去是比较三维化的
P2-3	这个品牌的Logo看上去是比较具象真实的
P2-4	这个品牌的Logo看上去是比较扁平的
P2-5	这个品牌的Logo看上去是比较平面化的
P2-6	这个品牌的Logo看上去是比较抽象简化的

(2) 品牌态度量表的设计

目前国内外学者对于消费者品牌态度的研究为本书相关量表的设计提供了科学合理的理论基础，同时为了更符合国内营销现实情况，笔者采用国外学者 Henrik 等与国内学者张耘堂❶开发的品牌态度测量量表作为测量工具，并根据实验实际情况对量表问项进行重新设计，按问项内容将品牌态度划分为"认知态度""情感态度""购买推荐态度"三个维度。

品牌态度量表采用李克特五级量表进行相关的测量，1 表示"非常不赞同"，5 表示"非常赞同"。同时，为测量被试是否认真阅读问项内容，在该量表的中间部分还设计"陷阱项"（"——此项请您直接选择'非常不赞同'——"），以方便后续收集分析时对被试所回答问卷进行甄别，从中提炼获取有效数据。量表具体问项如表 4-16 所示。

表 4-16 品牌态度量表

结合之前的 Logo、产品信息和品牌关键词，您会对该品牌产品作何评价（1 表示"非常不赞同"……5 表示"非常赞同"）		
维度	问项序号	问项
认知态度（Cognition）	P4-1	这个品牌的产品让我有耳目一新的感觉
	P4-2	这个品牌的产品对我来说是有吸引力的
	P4-3	这个品牌的产品是物有所值的
	P4-4	这个品牌的产品是很真诚、很值得信赖的
陷阱项	……	此项请您直接选择"非常不赞同"
情感态度（Emotion）	P4-5	这个品牌的产品能够满足我的玩乐需求
	P4-6	使用这个品牌的产品能够给我带来更多的乐趣
	P4-7	使用这个品牌的产品能给我一种实现自我的感觉
购买推荐态度（Purchase & Referral）	P4-8	我对该品牌的产品评价很好
	P4-9	我愿意购买该品牌的产品
	P4-10	我愿意将该品牌的产品推荐给我的周边好友

---

❶ 张耘堂. 介入度视角下原产地形象对顾客品牌态度的影响研究［D］. 哈尔滨：哈尔滨工业大学，2017.

该实验采用虚拟游戏鼠标品牌"双龙鼠标"（DUAL DRAGON）作为实验对象，共涉及两个实验组，A1 组为立体标识组，A2 组为扁平标识组。立体标识组将在实验中将阅读到有关立体化品牌标识的实验材料，扁平标识组则将阅读到有关扁平化设计品牌标识的实验材料。

（3）实验材料和实验流程

立体标识组选用含有"双龙鼠标"（Dual Dragon）立体化设计 Logo 的图片素材作为实验材料，扁平标识组选用含有"双龙鼠标"扁平化设计 Logo 的图片素材作为实验材料。此外，为使实验材料更加贴近现实中的营销广告，两类实验材料均在 Logo 图片周围添加游戏鼠标实物图和相关产品信息。具体实验材料如图 4 – 12 所示。

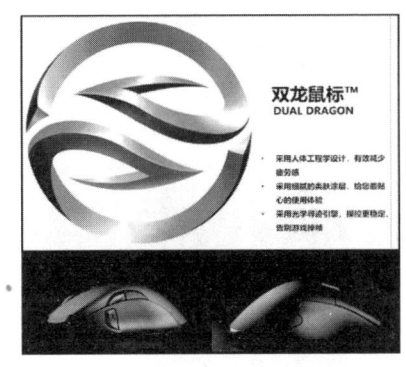 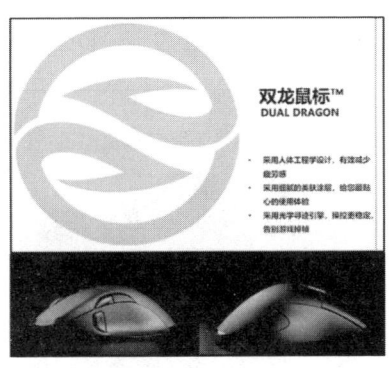

图 4 – 12 "双龙鼠标"实验材料

就实验流程而言，被试将首先阅读到引导页的内容，便于其更快地被代入购买决策情境中。引导页由两部分构成，包括立体化设计与扁平化设计的简略概念阐释、三组包含立体化和扁平化设计的品牌标识图片，用以引导被试更深入地了解品牌标识设计及其信息。

问卷将立体化设计概念阐释为"利用高光、阴影、渐变纹理及光影对比手法营造标识立体感的设计方式"，将扁平化设计概念阐释为"选用扁平色块，去除阴影，以简约抽象元素符号呈现视觉信息的设计方式"。

图片素材分别为大众汽车（Volkswagen）品牌标识、苹果公司（Apple. Inc）品牌标识和微软公司所属的视窗操作系统（Windows）的品牌标识图片。为使对比效果更加清晰，该部分实验材料采用平行排列方式，每组左侧为立体化标识，右侧为扁平化标识，所用图片素材如图 4 – 13 所示。

(a) 大众汽车立体化标识　　　　(b) 大众汽车扁平化标识

(c) 苹果公司立体化标识　　　　(d) 苹果公司扁平化标识

(e) 微软公司视窗操作　　　　　(f) 微软公司视窗操作
　　系统立体化标识　　　　　　　　系统扁平化标识

图 4 - 13　引导图片素材

随后，被试将阅读到模拟购买信息，用于将被试启发代入到购买情境中。导语信息写道："'双 12'购物节快要来了，您打算购买一只电竞游戏鼠标作为新年礼物犒赏自己，某鼠标品牌恰巧正在电商平台优惠售卖，您看到的品牌标识（Logo）和产品信息如下……"，之后被试将阅读到实验图片材料，回答感知评估、品牌态度等量表。

2. 数据收集

笔者共选取 100 名全国高校学生（本科生、研究生）参与该实验。其中，立体标识组共收回 55 份问卷，通过陷阱项剔除未认真填写的无效问卷 14 份，有效问卷为 41 份，其中女性占比为 63.41%，被试年龄主要集中在 18~27 岁；扁平标识组共回收 45 份问卷，剔除未认真填写的无效问卷 11 份，有效问卷为 34 份，其中女性占比为 73.53%，年龄仍主要集中在 18~27 岁。

3. 数据分析

(1) 感知评估量表的数据分析

感知评估量表是单问项量表，量表仅含有一个测项，因此对该量表可进行独立样本 T 检验，分析结果如表 4-17 和表 4-18 所示。

表 4-17 感知评估量表数据

量表	个案数/个	平均值	标准差	标准误差平均值
立体化设计	41	1.56	0.634	0.099
扁平化设计	34	3.44	1.501	0.257

表 4-18 感知评估量表独立样本 T 检验

检验	莱文方差等同性检验		平均值等同性 T 检验		
	F	P	t	自由度	P
假定等方差	48.709	0.000	-7.281	73	0.000
不假定等方差			-6.815	42.723	0.000

由表 4-18 可知在莱文方差等同性检验不假定等方差情况下，独立样本 T 检验结果 <0.001，表明立体化品牌标识与扁平化品牌标识在被试感知层面上是显著的，可以进行下一步分析。

(2) 整体感受量表的信效度检验

整体感受量表共由 6 个测量问项组成，其中立体化测量问项 3 项（P2-1 "这个品牌的 Logo 看上去是比较立体的"，P2-2 "这个品牌的 Logo 看上去是比较三维化的"，P2-3 "这个品牌的 Logo 看上去是比较具象真实的"），扁平化测量问项 3 项（P2-4 "这个品牌的 Logo 看上去是比较扁平的"，P2-5 "这个品牌的 Logo 看上去是比较平面化的"，P2-6 "这个品牌的 Logo 看上去是比较抽象简化的"）。由于立体化测量问项与扁平化测量问项数量相等且对称对立分布，为避免后续方差检验等检验方法出现错误,笔者将整体感受量表一分为二,拆分为立体化问项量表与扁平化问项量表,分别对其进行信效度检验。两问项量表的分析检验结果如表4-19~表4-22所示。

表4-19 立体化问项量表可靠性统计

Cronbach's α	项数/项
0.890	3

表4-20 立体化问项量表信效度检验

KMO取样适切性量数		0.657
巴特利特球度检验	近似卡方	164.036
	自由度	3
	P	0.000

表4-21 扁平化问项量表可靠性统计

Cronbach's α	项数/项
0.836	3

表4-22 扁平化问项量表信效度检验

KMO取样适切性量数		0.586
巴特利特球度检验	近似卡方	191.345
	自由度	3
	P	0.000

笔者采用内部一致性方法来检验量表的信度,以克隆巴赫Alpha(Cronbach's α)系数检验两问卷中的题项设置情况。根据表4-19、表4-21检验结果可知,立体化问项量表与扁平化问项量表的Cronbach's α系数均大于0.7,表明所选用的量表在内部一致性和信度方面表现良好,可供进一步分析使用。

(3) 立体化问卷量表与扁平化问卷量表效度检验

笔者采用KMO值与巴特利特(Bartlett)球度值对两量表进行检验。根据表4-20、表4-22检验结果,立体化问卷量表与扁平化问卷量表的

KMO 值均大于 0.5，基本满足因子分析需求；巴特利特球度值均为 0.000，小于 0.05，说明各因子间的相关性较高，可作进一步的检验分析。

(4) 立体化问卷量表与扁平化问卷量表的独立样本 T 检验

在两量表满足信度效度检验条件的基础下，笔者以立体化标识和扁平化标识互为对照，在进行莱文方差检验后分别对立体化问项量表和扁平化问项量表进行独立样本 T 检验，检验结果如表 4-23 和表 4-24 所示。

表 4-23 问项量表统计

量表	个案数/个	平均值	标准差	标准误差平均值
立体化问项量表	41	4.187	0.558	0.087
	34	3.010	1.056	0.181
扁平化问项量表	41	2.325	0.868	0.135
	34	3.569	1.040	0.178

表 4-24 问项量表独立样本 T 检验

量表		莱文方差等同性检验		平均值等同性 T 检验		
		F	显著性	t	自由度	P
立体化问项量表	假定等方差	18.886	0.000	6.180	73	0.000
	不假定等方差			5.859	47.941	0.000
扁平化问项量表	假定等方差	3.188	0.078	-5.647	73	0.000
	不假定等方差			-5.552	64.399	0.000

根据表 4-24 可知，在立体化问项量表的测项上 A1 组（立体标识组）和 A2 组（扁平标识组）所体现的感受差异是显著的，在莱文检验不假定等方差条件下，显著性系数小于 0.001，表明两者差异显著；在

扁平化问项量表的测项上 A1（立体标识组）和 A2（扁平标识组）所体现的感受差异同样是显著的，在莱文检验假定等方差条件下，显著性系数同小于 0.001，同样表明两者差异显著，即两组被试均能较好地对所看到的实验品牌标识进行立体化设计和扁平化设计的区分。

（5）关键词量表的统计分析

笔者借助于关键词量表统计被试对于联想关键词的选择情况，以便于进一步通过被试文字表达的方式来了解其对于立体化标识、扁平化标识的联想和感知情况，笔者对两组被试的关键词选择情况进行分析。为保证统计词频公正有效，研究通过 SPSS 25.0 软件简单随机抽样中的"精确抽样"功能对 A1 组 41 个样本随机抽取 34 个样本，以保证与 A2 组样本数量相同，详细的统计结果如表 4-25 所示。

表 4-25 关键词词频统计表　　　　　　　　单位：个

联想维度	关键词	A1 组（立体标识组）	A2 组（扁平标识组）
属性联想	亲切的	6	11
	友好的	8	10
	平庸的	1	8
	劣质的	0	2
属性联想	精致的	14	5
	优质的	16	6
	平易近人	4	13
	物美价廉	6	16
利益联想	适用性强	19	23
	需求性强	10	15
	轻松愉悦	5	4
	充满享受	10	5
	个性十足	20	9
	时尚新潮	20	10
	与众不同	3	5

续表

联想维度	关键词	A1组（立体标识组）	A2组（扁平标识组）
态度联想	真诚的	3	5
	创新性强	13	8
	稳定可靠	12	15
	灵活轻便	5	12
	真实感强	17	13
	专业性强	12	9

通过观察表4-25部分子问项可知，A1组（立体标识组）较A2组（扁平标识组）在某些关键词选择方面有明显偏好，如"精致的""优质的""个性十足""创新性强""真实感强""专业性强"，这些关键词多具有新潮、高效、能力强的表征特性；而A2组（扁平标识组）较A1组（立体标识组）在某些关键词选择方面有明显偏好"亲切的""平庸的""平易近人""物美价廉""灵活轻便"，这些关键词多具有亲切、与人距离相近、平庸的表征特性。

为更精准地掌握组间差异情况，笔者通过χ^2拟合优度检验中的案例加权方法对上述差异表现较为显著的问项进行进一步分析，分析结果汇总如表4-26所示。

表4-26 χ^2拟合优度检验结果汇总

问项属性	问项名称	期望个案数/个	卡方	P
立体化设计属性	精致的	9.5	4.263	0.039
	优质的	11.0	4.545	0.033
	个性十足	14.5	4.172	0.041
	创新性强	10.5	1.190	0.275
	真实感强	15.0	0.533	0.465
	专业性强	10.5	0.429	0.513

续表

问项属性	问项名称	期望个案数/个	卡方	P
扁平化设计属性	亲切的	8.5	1.471	0.225
	平庸的	4.5	5.444	0.020
	平易近人	8.5	4.765	0.029
	物美价廉	11.0	4.545	0.033
	灵活轻便	8.5	2.882	0.090

通过检验分析可发现，被试对于"精致的""优质的"等属性在立体化标识上感知偏好更显著；对于"平庸的""平易近人"等属性在扁平化标识上感知偏好更显著。需要说明的是，由于该实验部分回收的有效样本较少（每组 34 个有效样本），部分期望单元的频数仍旧是较少的；若增加回收的有效样本量，应当能看到更多实验问项在渐进显著性方面展现出较为明显的差异。

在该部分分析中，笔者通过关键词词频统计方法及 χ^2 拟合优度检验统计分析被试的品牌联想及品牌感知偏好情况，即采用扁平设计的品牌标识更能激发消费者在亲切、友好维度的品牌态度，采用立体设计的品牌标识更能激发消费者在聪明、高效维度的品牌态度。

（6）品牌态度量表的数据分析

本小节的主实验量表为品牌态度量表，该量表由 10 个正常问项和 1 个陷阱问项组成。由于陷阱问项设置方式较为特殊，在后续量表的信效度检验以及方差分析中不会将其纳入检验分析范围中。

（7）品牌态度量表的信度检验

与前述整体感受量表的测量方式一样，对于品牌态度量表的检验方式同样选择内部一致性方法来检验本量表的信度，并用 Cronbach's α 系数来进行检验测定。检验结果如表 4-27 所示。

表 4-27 品牌态度量表信度检验

Cronbach's α	项数/项
0.942	10

由表 4-27 可知，品牌态度量表的 Cronbach's α 系数为 0.942，其值大于 0.7，表明所选用量表内部一致性和信度较好，因而可以进行相关分析。

（8）品牌态度量表的效度检验

同之前整体感受量表的检验方法一致，主要采用 KMO 值和巴特利特球度值来对量表的测量问项进行相应的检验，检验结果如表 4-28 所示。

表 4-28　品牌态度量表效度检验

KMO 取样适切性量数		0.890
巴特利特球度检验	近似卡方	705.555
	自由度	45
	显著性	0.000

由表 4-28 可知，KMO 值为 0.890，可以进行后续因子分析；巴特利特球度值则小于 0.001，说明各因子之间的相关性较高，效度检验效果较好，可以进行更进一步的分析。

（9）品牌态度量表的方差齐性检验

在进行量表的信度和效度检验后，笔者以品牌标识设计作为自变量，以品牌态度作为因变量，对收集清洗后的问卷数据进行方差齐性检验，检验结果如表 4-29 所示。

表 4-29　品牌态度量表方差齐性检验

莱文统计	自由度 1	自由度 2	P
0.911	1	73	0.343

表 4-29 显示，方差齐性检验结果显著性为 0.343，大于 0.05，因此可以进行方差分析。

（10）品牌态度量表的单因素方差分析

A1 组与 A2 组除看到的 Logo 实验素材不同外，其他因素均已作控制处理，因而选用单因素方差分析方法来检验标识设计对消费者品牌态度的影响。检验结果如表 4-30 所示。

表 4-30 品牌态度量表单因素方差分析

组别	平方和	自由度	均方	F	P
组间	1.577	1	1.577	2.861	0.095
组内	40.230	73	0.551		
总计	41.807	74			

由表 4-30 可知，品牌标识设计对于消费者整体品牌态度并不显著，P 值大于 0.05，但已较为接近衡量值 0.05，因此考虑将品牌态度量表按照此前介绍的维度划分方式作拆分再细化处理，拆分为认知态度量表（P4-1"这个品牌的游戏鼠标让我有耳目一新的感觉"、P4-2"这个品牌的游戏鼠标对我来说是有吸引力的"、P4-3"这个品牌的游戏鼠标是物有所值的"、P4-4"这个品牌的游戏鼠标是很真诚、很值得信赖的"），情感态度量表（P4-5"这个品牌的游戏鼠标能够满足我的使用需求"、P4-6"使用这个品牌的游戏鼠标能够给我带来更多乐趣"、P4-7"使用该品牌的游戏鼠标能给我一种实现自我的感觉"）与购买推荐态度量表（P4-8"我对该品牌的游戏鼠标评价很好"、P4-9"我愿意购买该品牌的游戏鼠标"、P4-10"我愿意将该品牌的游戏鼠标推荐给我的周边好友"）。

笔者对根据"认知—情感—购买推荐"维度划分后的三个子量表进行再检验、再分析，检验结果如表 4-31～表 4-36 所示。

表 4-31 认知态度量表方差齐性检验

莱文统计	自由度 1	自由度 2	P
0.066	1	73	0.799

表 4-32 认知态度量表单因素方差分析

组别	平方和	自由度	均方	F	P
组间	4.934	1	4.934	7.597	0.007
组内	47.412	73	0.649		
总计	52.347	74			

表 4-33　情感态度量表方差齐性检验

莱文统计	自由度 1	自由度 2	P
2.780	1	73	0.100

表 4-34　情感态度量表单因素方差分析

组别	平方和	自由度	均方	F	P
组间	0.283	1	0.283	0.359	0.551
组内	57.530	73	0.788		
总计	57.813	74			

表 4-35　购买推荐态度量表方差齐性检验

莱文统计	自由度 1	自由度 2	P
2.785	1	73	0.099

表 4-36　购买推荐态度量表单因素方差分析

组别	平方和	自由度	均方	F	P
组间	0.478	1	0.478	0.684	0.411
组内	51.098	73	0.700		
总计	51.576	74			

由表 4-31 可知，消费者品牌态度在认知维度上是较为显著的（$P<0.05$），而在情感维度和购买推荐维度上则并不显著。因此，笔者通过方差分析部分支持 H1，通过分项检验支持 H1a，如图 4-14 所示。实验箱形图如图 4-15 所示。

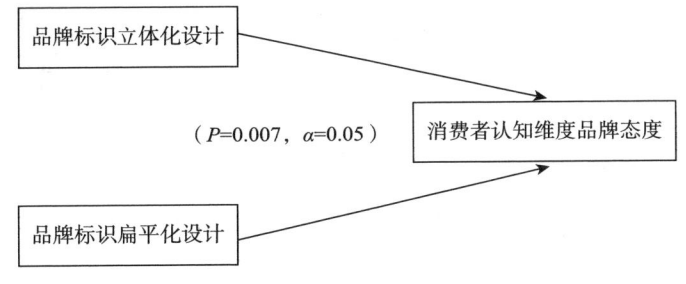

图 4-14　标识设计方式对认知态度的影响

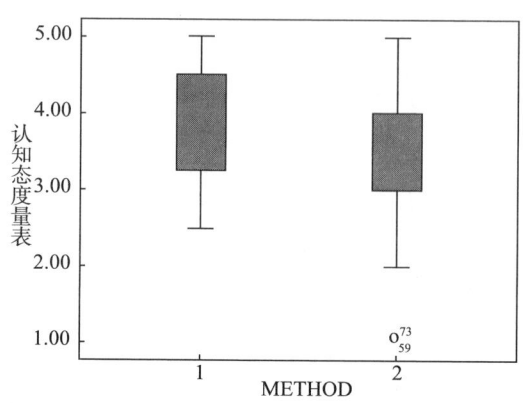

图 4-15 认知维度品牌态度箱形图

注：1=立体化标识组，2=扁平化标识组。

4. 结果与讨论

笔者通过以上实验验证了品牌标识设计对于消费者品牌态度的影响情况，并发现被试在子维度认知态度方面差异显著，而在情感维度和购买推荐维度则并未表现出显著差异，因此需要通过其他消费领域的产品或服务对该影响机制进行更深入的探讨。此外，通过关键词词频统计表检验了消费者关于不同品牌标识设计的感知联想情况，验证了 H1a，侧面验证了 H1。

4.2.2 产品类型的调节作用

基于上一小节的基础，本小节将把产品类型作为调节变量进行研究。

4.2.2.1 基本概念

企业用于市场营销的资本和精力是有限的，因此在激烈的市场竞争，企业更加关注消费者的需求和意见，以期提升品牌形象和增强产品竞争实力，在此过程中产品类型会对消费者的品牌态度和购买意愿产生重要影响。因此，根据产品类型的差异将有限资本投入到不同产品的营销渠道中显得尤为重要。现如今的学术界对于产品划分的方法各有差异，但最通用、最常见的划分方式是依据使用用途将各类产品划分为享乐型和

实用型。❶❷

早期的学者研究发现,享乐型产品主要用于满足消费者的情感需求和跃层权利需求,而功能型产品则着重满足消费者的日常使用需求。❸ Strahilevitz 和 Myers 认为,具有某种使用功能特性并且满足用户需求的生活必需品可被认作功能型产品❹;Dhar 和 Wertenbroch 则认为能够提升用户生活质量和乐趣品味的产品是享乐型产品❺。Hirschman 和 Holbrook 则通过研究着重对享乐型产品的价值进行探讨,其认为享乐型产品旨在通过满足感官体验的方式,来提升消费者在精神层面的情感乐趣。❻

从使用效能角度分析,功能型产品和享乐型产品既有相同之处也有不同之处。相同之处在于两者都具有使用价值,能够满足消费者的消费需求,不同之处在于功能型产品(如水杯、牛奶、纸巾等日用品)更多满足功能性需求,其向消费者着重传达的是一种使用价值观念,而享乐型产品(奢侈箱包、名牌手表、高档香水等)主要用于满足消费者情感性、享乐性需求,为消费者提供感官愉悦享受。❼

综上所述,功能型产品更多的是为完成消费者某种实际任务,满足其特定功能性需求而产生的,而享乐型产品更多的是满足人愉悦情感的需要,给人以感官上的刺激、兴奋与乐趣,为其带来更好的感官体验。为了更好地了解品牌标识、产品属性与消费者品牌态度之间的联系,笔者也将从产品的功能享乐属性出发,将测试品牌产品分为功能型产品和

---

❶ 姚卿,陈荣,段苏桓. 产品类型对购物冲量效应的调节作用分析 [J]. 心理学报,2013,45 (2):206 – 216.

❷ 朱翊敏. 享乐还是实用:产品类型与奖励类型对消费者推荐意愿的影响 [J]. 营销科学学报,2014,10 (2):15 – 28.

❸ BATRA R, AHTOLA O T. Measuring the hedonic and utilitarian sources of consumer attitudes [J]. Marketing Letters, 1991, 2 (2): 159 – 170.

❹ STRAHILEVITZ M, MYERS J. Donations to charity as purchase incentives: how well they work may depend on what you are trying to sell [J]. Journal of Consumer Research, 1998, 24 (4): 434 – 446.

❺ DHAR R, WERTENBROCH K. Consumer choice between hedonic and utilitarian goods [J]. Journal of Marketing Research, 2000, 37 (1): 60 – 71.

❻ HOLBROOK M B, HIRSCHMAN E C. The experiential aspects of consumption: consumer fantasies, feelings, and fun [J]. Journal of Consumer Research, 1982, 9 (2): 132.

❼ HOLBROOK M B, HIRSCHMAN E C. The experiential aspects of consumption: consumer fantasies, feelings, and fun [J]. Journal of Consumer Research, 1982, 9 (2): 132 – 140.

享乐型产品，并以此展开研究。

4.2.2.2 理论框架

顺承本章 H1 及有关设计心理学的相关理论，扁平化品牌标识中所含有的功能性、友好性、普适性等视觉信息属性往往与消费者更易产生一种平等友好、亲近亲和的关系，以简洁明了的视觉设计方式快速传递品牌的一般功用性。因此在产品类型划分中，扁平化标识相较于立体化标识与功能型产品更加契合，更能够正向影响消费者品牌态度；而立体化设计通过高光、渐变、镂空等光影营造方式内在地向消费者传达品牌标识的视觉冲击力和视觉体积感，目的是使消费者在潜意识中认可该品牌产品在同类竞争产品中的领先地位，体现产品不凡的产品力与实力，因此立体化标识相较于扁平化标识与享乐型产品更加契合，更能够激发消费者正向品牌态度。结合扁平化设计和立体化设计的视觉信息属性，笔者作出以下假设：

H2：产品类型在标识视觉信息传达与品牌态度之间起调节作用。

H2a：功能型产品在扁平化设计情境下（相比立体化设计情境）能够获得更积极的品牌态度。

H2b：享乐型产品在立体化设计情境下（相比扁平化设计情境）能够获得更积极的品牌态度。

4.2.2.3 实验研究

本小节基于上节的分析，将对功能型产品和享乐型产品进行实验研究。

1. 实验设计

（1）关键词量表的设计

笔者参考品牌联想概念领域先驱学者 Lane 的相关研究，其所搭建的品牌联想体系逐渐成为国内学者沿用最多、最广泛的经典内容框架。在该体系中，Lane 将品牌联想划分为三类，即属性联想、利益联想和态度联想。

属性联想侧重刻画品牌产品或服务的属性；利益联想往往用于衡量

消费者使用该品牌后所感知的社交利益、体验利益等利益情况；态度联想着重反映消费者对于特定品牌的整体评价和相应定位，可从一定程度上预测消费者消费行为，是三个联想中较为抽象的一种联想。

在该部分中关键词量表发挥了联想的作用，在之前感知量表的基础之上进一步辅助启发被试对于目标品牌 Logo 的感知情况。基于 Lane 对于品牌联想的维度划分方式，结合此前已有与品牌标识感知有关的研究，笔者设计了如表 4-37 所示的关键词量表供被试进行关键词的选择。

表 4-37 关键词量表

联想维度	关键词
属性联想	亲切的、友好的、平庸的、劣质的、精致的、优质的、平易近人、物美价廉
利益联想	适用性强、需求性强、轻松愉悦、充满享受、个性十足、时尚新潮、与众不同
态度联想	真诚的、创新性强、稳定可靠、灵活轻便、真实感强、专业性强

该实验采用虚拟益智积木品牌"星空积木"（Starry Sky）作为实验对象，共涉及两个实验组，A3 组为立体标识组，A4 组为扁平标识组。与第 4.2.1.3 节实验方式类似，立体标识组将在实验中阅读有关立体化品牌标识的相关实验材料，扁平标识组将阅读有关扁平化品牌标识的相关实验材料。由于居民生活娱乐水平和审美玩乐水平的日益提高，以"乐高积木"为代表的益智类玩具产品逐渐进入消费者视野，给消费者带来妙不可言的享乐体验和精神享受，其在消费市场中发展越来越快。因此，笔者将此类益智积木产品作为享乐型产品研究对象，并与游戏鼠标构成自变量"产品类型"的组内因素，参与该实验产品类型的调节影响研究。

（2）实验材料和实验流程

立体标识组选用含有"星空积木"（Starry Sky）立体设计 Logo 的图片素材作为实验材料，扁平标识组选用含有扁平设计 Logo 的图片素材作为实验材料。此外，为使实验材料更加贴近现实广告宣传材料，两类实验材料均在 Logo 图片周围添加益智积木实物图和相关产品信息。相关实验材料如图 4-16 所示。

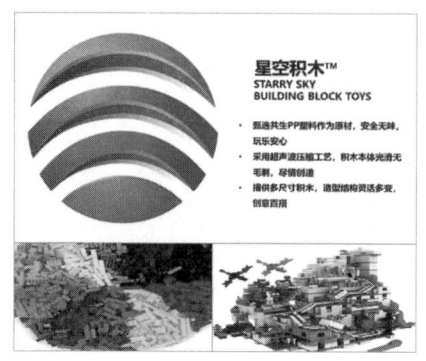 

图 4-16 "星空积木"实验素材

该实验的实验流程与第 4.2.1.3 节实验相似，首先，被试将阅读引导页相关内容，通过三组实际品牌标识素材了解立体化设计品牌标识和扁平化设计品牌标识的概念；其次，被试将就 Logo 所呈现的视觉信息给出感知评估；再次，借助于品牌联想的相关启发方法以选择关键词的方式对 Logo 表达自己的感受；最后，实验问卷从"认知"（Cognition）、"情感"（Emotion）、"购买推荐"（Purchase）三个维度对被试的品牌态度进行测量，验证实验假设。

此外，该实验还将以第 4.2.1.3 节中的实验数据作为对照基础，共同构成 2（品牌标识类型：立体化设计 vs. 扁平化设计）×2（产品类型：功能型产品×享乐型产品）测量矩阵，就产品类型的调节作用进行实验。

2. 数据收集

该实验新收集到 162 份全国高校学生原始实验问卷。其中，立体标识组共回收 96 份问卷，通过陷阱项剔除未认真填写无效问卷 26 份，有效问卷 70 份，女性占比为 50%，年龄全部集中于 18~27 岁；扁平标识组共回收问卷 66 份，剔除未认真填写问卷 23 份，有效问卷 43 份，女性占比为 70.59%，年龄仍主要集中在 18~27 岁。结合第 4.2.1.3 节实验所收集到的 75 份有效问卷，可进一步进行有关产品类型的调节交互效应检验。

3. 数据分析

(1) 感知评估量表的数据分析

同第4.2.1.3节检验方式类似,笔者对该量表仍然通过独立样本 T 检验进行检验分析,分析结果如表4-38所示。

表4-38 感知评估量表独立样本组统计

量表	METHOD	个案数/个	平均值	标准差	标准误差平均值
感知评估量表	1	70	1.74	0.928	0.111
	2	43	4.28	0.734	0.112

由表4-39可知,在莱文方差检验假定等方差情况下,独立样本 T 检验显著性指标小于0.001,表明立体化品牌标识与扁平化品牌标识在被试感知评估层面上是显著的,可以进行下一步分析。

表4-39 感知评估量表独立样本 T 检验

量表		莱文方差等同性检验		平均值等同性 T 检验		
		F	显著性	t	自由度	P
感知评估量表	假定等方差	0.606	0.438	-15.227	111	0.000
	不假定等方差			-16.094	103.913	0.000

(2) 整体感受量表的信效度检验

同第4.2.1.3节中对整体感受量表的处理方式一致,在该部分中,笔者依旧将整体感受量表分为"立体化问项量表"和"扁平化问项量表"两部分分别进行测量检验,两问项量表的检验结果如表4-40和表4-41所示。

表4-40 立体化问项量表信度检验

Cronbach's α	项数/项
0.895	3

表 4-41　立体化问项量表信效度检验

KMO 取样适切性量数		0.713
巴特利特球度检验	近似卡方	210.487
	自由度	3
	P	0.000

由表 4-42、表 4-43 可知，立体化问项量表与扁平化问项量表的 Cronbach's α 系数均大于 0.7，表明所选用的量表在内部一致性和信度方面表现较好；KMO 值均大于 0.5，基本满足因子分析需求；巴特利特球度值均小于 0.001，表明各因子间相关性较高，因此从信度、效度检验结果来看，可进行下一步分析工作。

表 4-42　扁平化问项量表信度检验

Cronbach's α	项数
0.776	3

表 4-43　扁平化问项量表信效度检验

KMO 取样适切性量数		0.566
巴特利特球度检验	近似卡方	173.602
	自由度	3
	显著性	0.000

（3）立体化问项量表和扁平化量表的独立样本 T 检验

在两量表均满足信度、效度检验的基础条件下，笔者对立体化问项量表和扁平化问项量表分别进行独立样本 T 检验，检验结果如表 4-44、表 4-45 所示。

表 4-44　问项量表独立样本组统计

量表	个案数/个	平均值	标准差	标准误差平均值
立体化问项量表	70	4.024	0.524	0.0627
	43	2.372	0.990	0.151
扁平化问项量表	70	2.505	0.873	0.104
	43	3.946	0.604	0.092

表4-45 独立样本检验

量表		莱文方差等同性检验		平均值等同性 T 检验		
		F	显著性	t	自由度	P
立体化问项量表	假定等方差	22.919	0.000	11.583	111	0.000
	不假定等方差			10.106	56.692	0.000
扁平化问项量表	假定等方差	6.254	0.014	-9.507	111	0.000
	不假定等方差			-10.353	109.359	0.000

根据表4-44、表4-45可知，在莱文方差等同性检验不假定等方差条件下（$F=22.919$，$\alpha=0.05$），立体化问卷量表的显著性系数小于0.001，表明A3组和A4组两实验组所体现的信息差异是显著的；同理，根据表4-45可知，在莱文方差等同性检验不假定等方差条件下（$F=6.254$，$\alpha=0.05$）扁平化问卷量表的显著性系数也小于0.001，同样表现两者在视觉信息识别差异上的显著，即两组被试均能较好地就所看到的品牌标识进行立体化和扁平化的区分。

（4）品牌态度量表的信度检验

与前述第4.2.1.3节实验对应量表测量方式一致，该实验的品牌态度量表同样选择内部一致性方法来对量表信度、效度进行分析，检验结果如表4-46所示。

表4-46 品牌态度量表信度检验

Cronbach's α	项数/项
0.951	10

表4-47 品牌态度量表效度检验

KMO 取样适切性量数		0.909
巴特利特球度检验	近似卡方	989.740
	自由度	45
	显著性	0.000

由表 4-46 可知，品牌态度量表的 Cronbach's α 系数为 0.951，其值大于 0.7，量表内部一致性和信度满足检验要求；*KMO* 值为 0.909，可以进行后续因子分析；巴特利特（Bartlett）球度值小于 0.001，可以进行更深入的分析。

（5）品牌态度量表的方差齐性检验

在进行量表的信度、效度检验后，笔者又以品牌标识设计类型作为自变量，以品牌态度作为因变量，对所收集清洗后的问卷数据作方差齐性检验，检验结果如表 4-48 所示。

表 4-48　品牌态度量表方差齐性检验

莱文统计	自由度 1	自由度 2	P
2.912	1	111	0.091

由表 4-48 可知，品牌态度量表的方差齐性检验结果为 0.091，其数值大于 0.05，可对其进行方差分析。

（6）品牌态度量表的单因素方差分析

该实验同第 4.2.1.3 节实验分析方式一致，使用单因素方差分析方法来检验品牌标识设计对于消费者品牌态度的影响，检验结果如表 4-49 所示。

表 4-49　品牌态度量表单因素方差分析

组别	平方和	自由度	均方	F	P
组间	10.857	1	10.857	21.593	0.000
组内	55.809	111	0.503		
总计	66.666	112			

由表 4-49 可知，品牌标识设计对于消费者品牌态度在 $P=0.05$ 的情况下是较为显著的（$M_{立体化设计}=3.89$，$M_{扁平化设计}=3.26$，$P<0.05$），差值为 0.63，表明实验主效应显著，再次验证了笔者的研究假设 H1。品牌态度箱形图如图 4-17 所示。

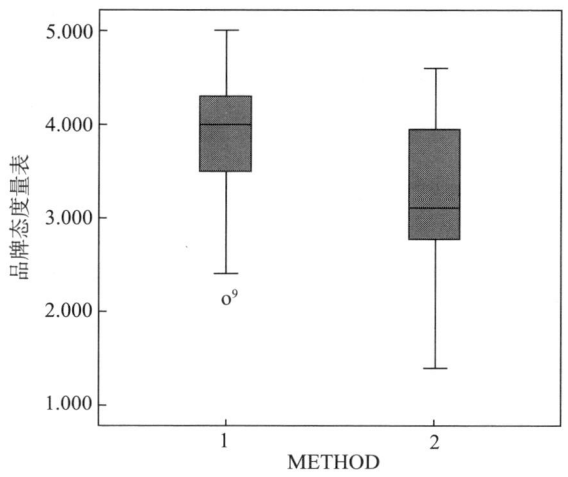

图 4-17 品牌态度箱形图

注：1=立体化设计，2=扁平化设计。

此外，为了更深入探究被试的细分子维度态度，笔者依然通过"认知—情感—购买推荐"维度对相应子量表进行更深入的分析，实验检验结果如表4-50、表4-51和表4-52所示。

表 4-50 认知态度量表单因素方差分析

组别	平方和	自由度	均方	F	P
组间	9.206	1	9.206	18.179	0.000
组内	56.209	111	0.506		
总计	65.415	112			

表 4-51 情感态度量表单因素方差分析

组别	平方和	自由度	均方	F	P
组间	12.295	1	12.295	19.864	0.000
组内	68.706	111	0.619		
总计	81.001	112			

表 4-52　购买推荐态度量表单因素方差分析

组别	平方和	自由度	均方	F	P
组间	11.341	1	11.341	17.623	0.000
组内	71.428	111	0.643		
总计	82.769	112			

消费者品牌态度在认知维度、情感维度和购买推荐维度（$P<0.001$）上均是较为显著的。与第 4.2.1.3 节实验检验结果不同，在该实验中，消费者在情感维度（$P<0.001$）和购买推荐维度上的差异也表现为显著，从而验证了 H1b、H1c。学者 Percy 等在对品牌态度维度中发现，情感维度存在一定的享乐性，表达了消费者对该品牌的感受。考虑到该结果可能与享乐型产品自身富有的愉悦、乐趣等产品属性相关，为此应对该模型进行更深层次的研究与探讨。

（7）数据收集与整理

汇总实验相关问卷数据，共收集整理有效问卷 188 份。笔者通过定义变量 *METHOD* 和 *TYPE* 对 188 份有效问卷进行编码，以便于进行 2×2 组间实验，消费者品牌态度（*ATTITUDE*）则是该实验的因变量。产品类型的调节效应如图 4-18 所示。其中，*METHOD* 表示品牌标识设计方式（*METHOD* = 1 为"立体化设计"，*METHOD* = 2 为"扁平化设计"），*TYPE* 表示所选用产品的类型（*TYPE* = 1 为"功能型产品"，*TYPE* = 2 为"享乐型产品"）。实验分组情况如表 4-53 所示。

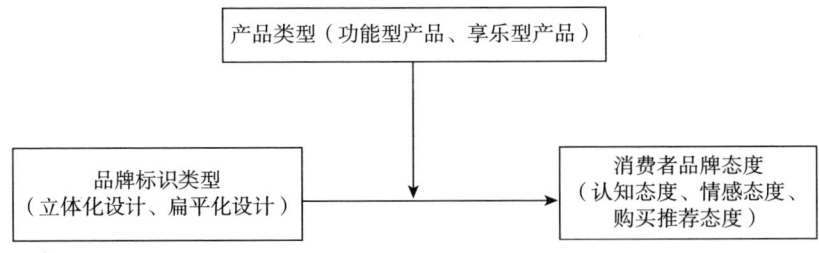

图 4-18　产品类型的调节效应

表 4-53　实验分组情况

组别	品牌标识类型		产品类型	
	立体化设计	扁平化设计	功能型	享乐型
A1	●		●	
A2		●	●	
A3	●			●
A4		●		●

（8）方差齐性检验

在进行二维组间方差分析之前，笔者进行莱文方差等同性检验，检验结果表明显著性系数为 0.298，大于 0.05，差异并无统计学意义，显示方差齐性。检验结果如表 4-54 所示。

表 4-54　品牌态度莱文方差等同性检验[a]

F	自由度 1	自由度 2	P
1.235	3	184	0.298

注：检验"各个组中的因变量误差方差相等"这一原假设。
a 表示设计：截距 + *METHOD* + *TYPE* + *METHOD* × *TYPE*。

（9）二维组间方差分析

在进行莱文方差等同性检验后，笔者通过二维组间方差分析方法对 H2 进行验证，分析结果如表 4-55 所示。

表 4-55　品牌态度二维组间方差分析

源	Ⅲ类平方和	自由度	均方	F	P
修正模型	12.866[a]	3	4.289	8.217	0.000
截距	2216.702	1	2216.702	4246.951	0.000
METHOD	9.462	1	9.462	18.128	0.000
TYPE	0.055	1	0.055	0.105	0.747
METHOD × *TYPE*	1.320	1	1.320	2.528	0.114
误差	96.039	184	0.522		
总计	2561.973	188			
修正后总计	108.905	187			

由二维组间方差分析结果可知,品牌标识设计(METHOD)与产品类型(TYPE)的交互项 MEHOD×TYPE 对因变量消费者整体态度(ATTITUDE)并不显著($P = 0.114$,$\alpha = 0.05$),为对品牌态度内部机理有更全面的了解,需要对消费者态度(ATTITUDE)下细分的三个子维度进行更为深入细致的讨论。

再次应用二维组间方差分析方法分别对认知态度(COGNITION)、情感态度(EMOTION)、购买推荐态度(PURCHASE&RECOMMEND)三个子维度进行检验分析,分析结果如表4-56、表4-57和表4-58所示。

表4-56 认知态度主体间效应检验

源	Ⅲ类平方和	自由度	均方	F	P
修正模型	14.140[a]	3	4.713	8.370	0.000
截距	2281.006	1	2281.006	4050.368	0.000
METHOD	13.322	1	13.322	23.656	0.000
TYPE	0.101	1	0.101	0.179	0.673
METHOD×TYPE	0.058	1	0.058	0.103	0.749
误差	103.621	184	0.563		
总计	2630.063	188			
修正后总计	117.762	187			

表4-57 情感态度主体间效应检验

源	Ⅲ类平方和	自由度	均方	F	P
修正模型	14.078[a]	3	4.693	6.840	0.000
截距	2130.748	1	2130.748	3105.751	0.000
METHOD	7.055	1	7.055	10.284	0.002
TYPE	0.501	1	0.501	0.731	0.394
METHOD×TYPE	3.385	1	3.385	4.933	0.028
误差	126.236	184	0.686		
总计	2509.111	188			
修正后总计	140.314	187			

表4-58 购买推荐态度主体间效应检验

源	III类平方和	自由度	均方	F	P
修正模型	12.788ª	3	4.263	6.402	0.000
截距	2219.299	1	2219.299	3332.769	0.000
METHOD	7.235	1	7.235	10.865	0.001
TYPE	0.254	1	0.254	0.381	0.538
METHOD × TYPE	2.650	1	2.650	3.980	0.048
误差	122.526	184	0.666		
总计	2594.889	188			
修正后总计	135.314	187			

由上述实验结果可知,认知态度的调节交互效应不显著($P > 0.05$),而情感态度与购买推荐态度的调节效应则是显著的($P < 0.05$,$\alpha = 0.05$),从而部分验证了H2,情感态度与购买推荐态度的相关轮廓图(METHOD = 1 为"立体化设计",METHOD = 2 为"扁平化设计";TYPE = 1 为"功能型产品",TYPE = 2 为"享乐型产品")、柱状图和分析轮廓图分别如图4-19~图4-23所示。

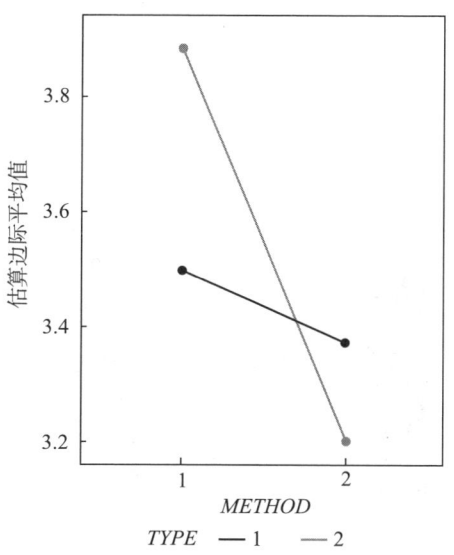

图4-19 情感态度分析轮廓图

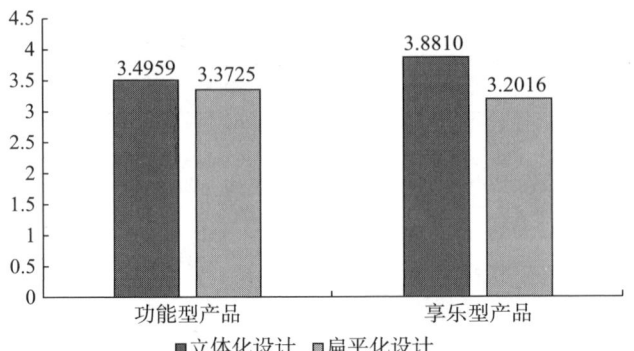

图 4-20　情感维度品牌态度均值柱状图

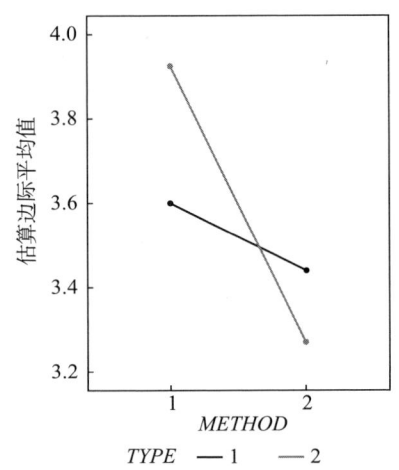

图 4-21　购买推荐维度分析轮廓图

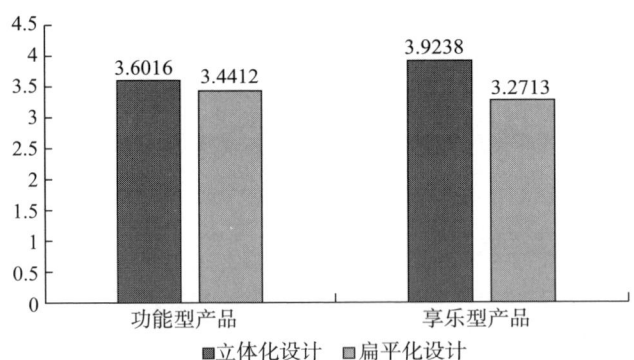

图 4-22　购买推荐维度品牌态度均值柱状图

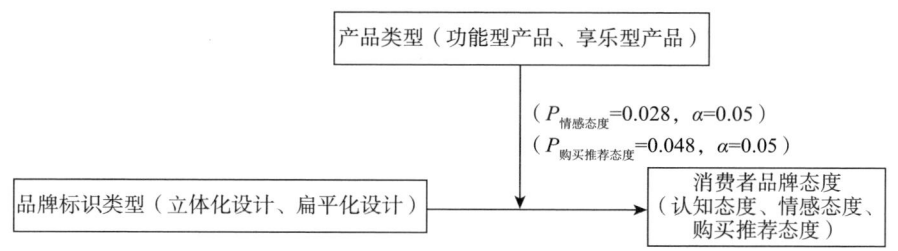

图 4-23　产品类型调节效应结果分析

对于功能型产品而言，应用立体化设计与扁平化设计在消费者情感维度的品牌态度方面并未展现出显著差异（$M_{立体化设计}=3.4959$，$M_{扁平化设计}=3.3725$，$P=0.551$，$\alpha=0.05$）；而对于享乐型产品而言，应用立体化标识相比扁平化标识更能提高消费者情感维度上的品牌态度（$M_{立体化设计}=3.8810$，$M_{扁平化设计}=3.2016$，$P<0.05$，$\alpha=0.05$）。类似地，在购买推荐态度上，两类产品也表现出较为明显的差异，功能型产品并未表现出明显差异（$M_{立体化设计}=3.6016$，$M_{扁平化设计}=3.4412$，$P>0.05$，$\alpha=0.05$），而享乐型产品则差异显著（$M_{立体化设计}=3.9238$，$M_{扁平化设计}=3.2713$，$P<0.05$，$\alpha=0.05$）。

通过上述分析可知，对于享乐型商品而言，应用立体化设计的品牌标识比扁平化标识更能积极提升消费者情感维度和购买推荐维度的品牌态度，从而验证了 H2b。

4. 结论和讨论

在该实验中，笔者通过虚拟享乐型品牌产品"星空积木"对应立体化、扁平化品牌标识对 H1 进行再次验证。此外，在整合第 4.2.1.3 节实验数据的基础上，还对产品类型在品牌标识对品牌态度影响模型中的调节作用进行探讨，通过二维组间方差分析部分验证了 H2。Machado 等在其实证研究中提到，与抽象图形相比较，具象图形更贴近自然环境、社会环境中的真实现象，易引发人们的情感与联想。因而相对于扁平化标识，具象化的立体化标识往往更能够唤起消费者积极的情感态度，提升消费者对产品或服务的购买推荐态度。

4.2.3 感知流畅度的中介作用

基于前两小节的研究，本小节将把感知流畅度作为中介变量进行研究。

4.2.3.1 基本概念

信息加工流畅性是指在购买决策情境中消费者对所感知信息分析处理难易而表现的主观感受[1][2]，其是一种在处理外界信息时的感知流畅度。[3] 较高的加工流畅性表明消费者正确识别和解读信息所需花费的时间和精力都将较少，因而这种高加工流畅性会让消费者产生更为积极和正面的情绪和态度。[4] Balbo等认为，加工流畅性越高会导致支付意愿越强，而流畅的表达可以使品牌信任度更高，更能赢得人们的青睐。[5] Reber等则从审美角度深入探讨并构建基于审美愉悦的信息加工流畅性模型，其核心概念是加工流畅性能够引发积极情绪，而对物体加工的流畅性主要取决于物体的视觉属性和感知者先前的加工经验。[6]

总体来看，信息加工流畅性能够在一定程度上影响消费者品牌态度及其购买意愿。一方面，较高的加工流畅性能够潜在地与消费者产生积极的情感联系，从而使消费者产生强烈的购买意愿[7]；另一方面，高加

---

[1] JACOBY L L, DALLAS M. On the relationship between autobiographical memory and perceptual learning [J]. Journal of Experimental Psychology, 1981, 110 (3): 306 – 340.

[2] OPPENHEIMER D M. The secret life of fluency [J]. Trends in Cognitive Sciences, 2008, 12 (6): 237 – 241.

[3] 单从文, 余明阳, 薛可. 信息流畅性对消费者品牌危机评价的影响研究 [J]. 当代财经, 2017 (12): 68 – 77.

[4] WINKIELMAN P, HUBER D E. Dynamics and Evaluation: The warm glow of processing fluency [M] //MEYEVS R A. Encyclopedia of Complexity and Systems Science. New York: Springer, 2009: 2242 – 2253.

[5] BALBO L, JEANNOT F, ESTARAGUE J. The fit between message framing and social distance: An efficient way to promote pro-social health behaviors [C] // Academy of Marketing Conference, 2015.

[6] REBER R, SCHWARZ N, WINKIELMAN P. Processing fluency and aesthetic pleasure: Is beauty in the perceiver's processing experience? [J]. Personality and Social Psychology Review, 2004, 8 (4): 364 – 382.

[7] 朱碧筠, 周洁如. 权力感与在线评论类型的匹配对消费者买意愿的影响 [J]. 上海管理科学, 2019, 41 (3): 43 – 47.

工流畅性也会影响消费者品牌态度，让其说服自己的产品购买动机，为自身购买行为寻求合理性，从而提升行为倾向❶。

此外，信息加工流畅性还需与前述的视觉信息传达作一定程度的区别与划分，视觉信息传达研究更偏向于宏观角度的信息流动过程，而信息加工流畅性则从更细致的角度来强调视觉信息传达过程中受传者情感、态度等一系列与品牌感知契合的表现，在本书中这种表现是通过消费者品牌态度来体现的。

4.2.3.2 理论框架

加工流畅性理论认为，流畅性最本质的定义在于客观事物被赋予意义的难易程度。❷ 由于个体对某一事物的喜好程度受到信息处理加工速度的影响❸，当个体加工流畅性较高时，其对于事物的态度和评价也更加积极。当消费者在初次接触并使用新品牌所提供的产品或服务时，其一般很难快速有效地通过其他特征信息对新产品或服务进行评价。这时候消费者会率先通过视觉系统捕捉品牌标识所展现的信息并对这类信息进行信息加工，形成对品牌的初步感知，并由此产生相应品牌态度。借助流畅性相关理论并结合扁平立体化设计方式的内在属性可推断，当品牌标识的视觉信息传达效果与品牌产品所展现的感知特征相匹配时，消费者对其所感知信息的加工流畅性会更高，进而使品牌态度也变得更为积极，由此推出以下假设：

H3：信息加工流畅性在标识视觉信息传达与品牌态度之间起中介作用。

4.2.3.3 实验研究

基于之前的研究，本小节将讨论信息加工流畅性在标识视觉信息传

---

❶ AVNET T, HIGGINS E T. How regulatory fit affects value in consumer choices and opinions [J]. Journal of Marketing Research, 2006, 43 (1): 1-10.

❷ ALTER A L, OPPENHEIMER D M. Uniting the tribes of fluency to form a metacognitive nation [J]. Personality & Social Psychology Review, 2009, 13 (3): 219.

❸ SCHWARZ N. Metacognitive experiences in consumer judgment and decision making [J]. Journal of Consumer Psychology, 2004, 14 (4): 332-348.

达与品牌态度之间的中介作用。

1. 实验设计

(1) 信息加工流畅性量表的设计

加工流畅性（Processing Fluency）是个体对于所接触信息加工难易程度的一种主观体验❶，该量表的设计将参考 Alter 和 Oppenheimer、Landwehr❷ 对于品牌产品加工流畅性的测量方式，通过实验问卷问项来测量消费者对于品牌标识的信息加工流畅性及感知情况，量表问项内容如表 4-59 所示。

表 4-59　信息加工流畅性量表

请您回忆刚才所看品牌标识及产品信息，并根据自身感受回答下列问题（1 表示"非常不赞同"……5 表示"非常赞同"）	
问项序号	问项
P3-1	我认为该标识是匹配本品牌个性特质的
P3-2	我在查看该标识时并未感觉到别扭、突兀
P3-3	我觉得该品牌的标识与产品信息是容易让人理解的
P3-4	我觉得该品牌标识的设计方式是符合逻辑的

该研究采用虚拟巧克力品牌"优能巧克力"（YOURNERGY）作为实验研究的对象，以研究信息加工流畅性在品牌标识对消费者品牌态度中所发挥的中介效应影响。同第 4.2.1.3 节实验的设置方式相同，确定 B1 组为立体化标识组，B2 组为扁平化标识组，互为对照进行实验。

(2) 实验材料和实验流程

实验材料可分为文字产品介绍和品牌标识图片两部分，针对虚拟品牌产品，即零食类产品——"优能巧克力"，被试将阅读该文字介绍："优能巧克力内含优质蜂蜜和纯正可可脂，随时为您补充运动中消耗的能量，减缓疲劳，即刻活力便回来；同时内含的天然抗氧化剂黄酮素，

---

❶ ALTER A, OPPENHEIMER D M. Uniting the tribes of fluency to form a met cognitive nation [J]. Personality and social psychology review, 2009, 13 (3): 219-235.

❷ LANDWEHR J R, LABROO A A, Herrmann A. Gut liking for the ordinary: Incorporating design fluency improves automobile sales forecasts [J]. Marketing Science, 2011, 30 (3): 416-429.

有助于降低血压、平稳血糖。Yournergy，充满你生活的能量！"

在品牌标识部分，立体标识组将看到采用立体化标识设计的 Logo 图片素材，而扁平标识组将看到采用扁平化标识设计的 Logo 图片素材，图片素材信息如图 4－24 所示。

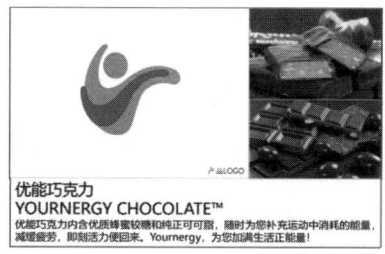

图 4－24 "优能巧克力"实验素材

同第 4.2.1.3 节、第 4.2.2.3 节实验引导启动被试的方式类似，在该实验中被试将首先阅读相关引导页的内容，随后阅读模拟购买信息和实验素材信息，并回答填写问卷问项内容。需要注意的是，为测量验证加工流畅性在品牌标识类型对消费者品牌态度的中介效应，该实验将此前设计的"信息加工流畅性量表"插入整体实验问卷中。

（3）数据收集

该实验共收集到 102 份面向全国普通高校学生的原始实验问卷。其中，立体化标识组共回收 49 份问卷，通过检查陷阱项及作答时间是否异常剔除未认真填写的无效问卷 5 份，有效问卷 44 份，年龄集中于 18～27 岁；扁平化标识组共回收问卷 53 份，剔除未认真填写问卷 8 份，有效问卷 45 份，年龄仍主要集中于 18～27 岁。

2. 数据分析

同第 4.2.1.3 节、第 4.2.2.3 节实验的检验方式、原理相似，笔者对感知评估量表进行独立样本 T 检验分析，分析结果如表 4－60、表 4－61 所示。

表 4－60 感知评估量表独立样本组统计

变量	METHOD	个案数/个	平均值	标准差	标准误差平均值
ATTITUDE	立体化设计	44	2.59	1.064	0.160
	扁平化设计	45	3.71	0.991	0.148

表 4-61　感知评估量表独立样本组 T 检验

变量		莱文方差等同性检验		平均值等同性 T 检验		
		F	显著性	t	自由度	P
ATTITUDE	假定等方差	0.727	0.396	-5.141	87	0.000
	不假定等方差			-5.137	86.257	0.000

由上述数据可知，实验数据在莱文方差等同性检验不假定等方差的情况下显著性指标小于 0.001，表明被试对于立体化、扁平化标识识别显著，即在感知评估层面被试能够有效识别立体化标识与扁平化标识的差异，可对其进行更深入的检验分析。

（1）信息加工流畅性量表的信度、效度检验

在进行中介效应分析前，笔者对信息加工流畅性量表先进行信度和效度的检验，检验结果如表 4-62 和表 4-63 所示。

表 4-62　信息加工流畅性量表信度检验

Cronbach's α	项数/项
0.759	4

表 4-63　信息加工流畅性量表效度检验

KMO 取样适切性量数		0.740
巴特利特球度检验	近似卡方	103.250
	自由度	6
	P	0.000

由表 4-62 和表 4-63 可知，信息加工流畅性量表的 Cronbach's α 系数大于 0.7，表明所选用量表在内部一致性和信度方面表现较好；KMO 大于 0.7，可以进行因子分析；巴特利特球度值小于 0.001，表明因子间相关性较高，因此可以应用该量表进行中介效应的分析检验。

(2) 信息加工流畅性在影响机制中的中介作用

借鉴此前学者❶关于中介效应的 Bootstrap 讨论及研究方法，笔者使用 SPSS 25.0 软件中的 PROCESS V.3.3 扩展程序对信息加工流畅性的中介作用进行检验，其中介效应如图 4-25 所示。

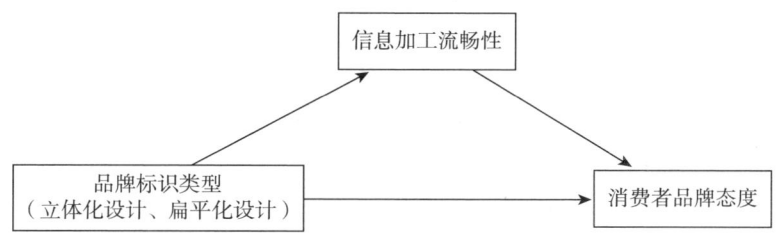

图 4-25　信息加工流畅性的中介效应

通过 Hayes 的 Bootstrap 回归分析方法探讨了信息加工流畅性在品牌标识类型对消费者品牌态度的中介影响。在该分析模型中，被试对于品牌标识的感知值为自变量，编码命名为 $TYPEVAL$；品牌态度为因变量，编码命名为 $ATTITUDE$，信息加工流畅性是该模型中的中介变量，编码被相应命名为 $FLUENCY$。实验数据分析在 95% 置信区间、5000 次样本抽样的情况下进行。通过检验结果可知，此实验间接效应的 Bootstrap 置信区间为 [-0.1814 ~ -0.0148]，即 95% 置信区间不包含 0，区间下限到区间上限数值同号，表明信息加工流畅性的中介效应较为显著，从而验证了 H3，即信息加工流畅性在品牌标识类型对消费者品牌态度的影响过程中起中介作用。

4.2.4　管理启示

该研究基于对品牌标识立体化与扁平化的研究，对不同产品类型进行分析，并以感知流畅度作为中介变量进行研究，通过对检验结果进行分析，总结出以下几点管理建议。

---

❶ ZHAO X, LYNCH J G, CHEN Q. Reconsidering baron and Kenny: myths and truths about mediation analysis [J]. Journal of Consumer Research, 2010, 37 (2): 197-206.

1. 注重品牌标识的视觉信息传达作用

品牌标识是表征企业品牌形象、向外界传递品牌价值的重要视觉信息符号。正是由于品牌标识在品牌形象领域所发挥的重要作用，越来越多的企业加入品牌标识的"再设计、再应用"潮流中。例如，在汽车领域，大众、奥迪、宝马都于近期更新自己的品牌标识，以全新的面孔面向公众，旨在通过这种"视觉革新"的形式在消费者潜意识和记忆中塑造新的品牌形象，传达自家汽车产品在互联网共享化、社交媒体平台化的新定位。

笔者通过控制实验法验证了消费者在感知和情感层面上对于品牌标识扁平立体化设计展现的显著差异，即对于同一品牌标识来说，即使标识大小、形状、色调都是一致的，而立体化设计方式与扁平化设计方式则会对消费者品牌态度产生显著差异影响，因此企业在实际品牌营销活动中确实应注重品牌标识设计的视觉信息传达效果对于消费者所产生的影响，通过提高标识的视觉信息传达效率来增强自身品牌在竞争市场中的外在实力，在赢得消费者积极性关注的同时提高他们对于自身品牌的态度与评价。

2. 打造更契合品牌气质的品牌标识

品牌标识设计只有在契合企业实际品牌形象、符合企业经营价值观念的情形下才能发挥实际效用。例如，通过第 4.2.1.3 节的关键词词频分析可以发现，立体化设计风格中所蕴含的高光、阴影、渐变等特效手法能够实现更具象的效果，并激发消费者结合实际经验联想到与时尚新潮、高效高能等体验属性的感受；扁平化设计风格抽取冗余线条，"简单即是美"的原则可拉近与消费者间的心理距离，体现一种"平易近人"的亲和感。因此，就企业品牌营销而言，企业可根据自身经营的产品类型等实际情况为自家产品或服务设计更符合自身品牌气质的品牌标识，赢得消费者的注意与对品牌的好感。

3. 重视品牌标识与消费者的情感联系

笔者通过实验着重研究了消费者品牌态度子维度情感态度与品牌标识类型之间的联系，通过实验证明了产品类型在品牌标识类型对消费者品牌态度之间的交互调节效应。在现实营销实践中，企业可根据产品、服务所属的品类，行业领域对品牌标识进行有针对性的立体化、扁平化设计，从而更好地通过情感途径提高消费者对于自身品牌的认可度和态度，增强企业形象营销能力。例如，对于经营珠宝、化妆品等享乐型产品的企业来说，利用立体化标识进行品牌形象宣传更能提升消费者对于品牌的情感态度，并由此赢得消费者产品购买、推荐等青睐性选择行为；而对于经营生产日化品、日用品等功能性产品的企业来说，产品标识的设计则不必单纯拘泥于某一单一设计形式，在品牌标识元素设计上可结合立体化、扁平化两种方式进行设计，提升消费者的品牌态度。

4. 注重标识细节元素对消费者的影响

在实验中我们通过面向联想关键词的词频统计发现，品牌标识中所蕴藏的细节设计元素往往对消费者品牌感知有着重要的影响。例如，某企业品牌若想使自己的品牌标识更加具有立体空间及纵深冲击感，除了考虑品牌标识的大小形状、色调色彩等设计维度，同样还需要关注高光、阴影等细节元素对于标识整体设计的影响，使品牌标识对主体的信息加工流畅性更高，以带给目标消费群体更好的观感，影响其对于该品牌及所代表产品的态度与评价。

此外，根据第4.2.2.3节"认知态度""情感态度""购买推荐态度"三个品牌态度子维度的分析结果可知，"情感态度"相较于另外两个维度更能影响消费者对品牌形象的感知，因此在设计立体化、扁平化标识过程中，应结合标识色彩、标识圆润程度等标识细节元素来设计品牌标识，着重考虑赋予标识细节相应的品牌情怀价值，从而使视觉信息传达发挥更好的效用。

第 5 章 品牌价值提升与传播机制

本章针对品牌价值提升、传播机制以及品牌认同进行研究。具体来说，第 5.1 节以创可贴广告为研究对象，采用实验研究法，以创可贴广告的显著度和契合度为自变量，以品牌回忆和品牌态度为因变量，以说服知识唤醒作为中介变量，以视频卷入度作为调节变量，构成完整的研究模型。

第 5.2 节将探讨企业档案在老字号品牌宣传推广中的重要作用及应用场景。老字号档案是老字号品牌独特的自身优势，老字号品牌所蕴含的品牌理念和形象具备极高的品牌价值，这些价值主要通过老字号档案的形式进行记录和传承。档案是企业经营的原始记录，是具有强证实作用的真实性线索，通过向用户传达这种线索，塑造真实的品牌形象，让用户有品牌的"归属感"，提升品牌认同度。为探究如何结合老字号品牌自身优势和发展趋势，充分利用老字号档案的价值，增强用户品牌真实性感知，提升用户的品牌认同感。笔者收集张裕葡萄酒品牌、龙徽葡萄酒品牌和陈李济中药品牌的老字号档案，首先，通过预实验对品牌档案内容诉求进行调研分类；其次，以这三个品牌作为实验对象，分三个阶段采取控制实验法分别探究老字号企业档案利用和老字号档案类别对品牌认同的影响、消费动机和信息获取方式在老字号企业档案利用对品牌认同影响过程中的作用。

5.1 创可贴式广告效果的影响机制

在互联网时代，广告信息的传播更加智能化与个性化，传统植入式广告的广告效果不断下降。为了获取更好的广告投放效果,众多广告商及视频网站平台不断探索更多新颖的视频广告投放形式,视频情境内创意贴入式广告(创可贴广告)就出现在受众的面前。这一新型广告模式主要是选择合适的时机根据视频的剧情和背景信息制作出比较契合剧情内容的广告标语,以此来实现广告品牌和产品的曝光。本节以创可贴广告为研究对象,采用实验研究法,选取创可贴广告的显著度和契合度为自变量,以品牌回忆和品牌态度为因变量,以说服知识唤醒作为中介变量,以视频卷入度作为调节变量,构成一个完整的研究模型。研究发现,创可贴广告显著度正向影响受众品牌回忆,负向影响受众品牌态度。显著度越高,受众越容易注意到广告,强化品牌记忆,但显著的广告容易打断受众观看剧情的过程,导致品牌态度的降低。而契合度正向影响受众品牌态度,创可贴广告与视频内容、情境越契合,受众的品牌态度就越好。说服知识唤醒在创可贴广告显著度对品牌态度的影响中起部分中介作用。广告越显著,受众越容易辨识广告的商业目的,导致说服知识的唤醒,进而造成品牌态度的降低。视频卷入度在创可贴广告显著度对广告效果的影响中起调节作用,在卷入度低的情况下,创可贴广告显著度对受众品牌回忆的正向影响和对受众品牌态度的负向影响相较于卷入度高的情况更明显。目前国内外对创可贴广告的研究处于起步阶段,笔者力图从新的视角研究显著度和契合度对创可贴广告效果的影响,丰富创可贴广告领域的理论。此外,本节的研究结论对于企业界探索品牌广告如何结合视频情境进行营销推广将有所启示,特别是对如何制定更好的创可贴广告营销策略具有重要的参考作用,有助于推动创可贴广告的进一步发展。

5.1.1 创可贴广告显著度和契合度对广告效果的影响

本小节将对创可贴广告的显著度对广告效果产生影响进行研究。

5.1.1.1 基本概念

1. 创可贴广告

创可贴广告,全称为视频情境内创意贴入式广告,它是爱奇艺视频网站于 2016 年下半年推出的一种新型广告产品。这一新型广告模式主要是选择合适的时机根据视频的剧情和背景信息制作出比较契合剧情内容的广告标语,以此来实现广告品牌和产品的曝光。❶ 创可贴广告属于一种原生视频广告形式,其结合不同的视频内容场景将广告的内容融入视频情境中,从而将广告品牌或者产品的信息传递给受众。这一类型的广告具有两个特征:一是相较于传统植入式广告植入更为明显;二是广告标语贴合视频情节,更易调动受众情绪。目前对于创可贴广告的研究还存在空白,因此本书探讨创可贴广告显著度和契合度对广告效果的影响具有重要的意义。

2. 广告显著度

广告显著度是影响广告效果的一个重要因素。Gupta 和 Lord 将广告的显著度定义为"具有某些特征的植入广告产品能够吸引受众注意的程度"。❷ 广告的显著度主要由广告出现在屏幕中尺寸的大小、是否在视频画面中央显示、广告展现的时长等方面来体现。显著的植入通常是高度可见的产品或品牌标识,以较大的尺寸、占据视频中央、长时间曝光来呈现,而微妙的植入往往尺寸较小、展现时间短、在视觉焦点的主要区域之外。

3. 广告契合度

广告契合度是指广告与视频情节、背景、人物等方面的关联程度。契合度弱的广告产品与视频情节内容的关联不大,而契合度强的广告产品与视频故事的情节、背景联系紧密,有助于推动情节发展或增强受众对情节的理解。Lehu 和 Bressound 将植入式广告中的品牌与情节的契合度分为植入式广告与主要情节的关联以及与主要人物的关联。❸ 广告的契合度也是影响广告效果的重要因素之一。

---

❶ 麻常娜. 视频情境内贴入式广告的效果影响因素研究 [D]. 广州:暨南大学,2018.

❷ GUPTA P B, LORD K R. Product placement in movies:The effect of prominence and mode on audience recall [J]. Journal of Current Issues & Research in Advertising, 1998, 20 (1): 47 - 59.

❸ LEHU J M, BRESSOUD E. Recall of brand placement in movies:Interactions between prominence and plot connection in real conditions of exposure [J]. Recherche et Applications en Marketing, 2009, 24 (1): 7 - 26.

4. 广告效果

广告效果按性质可划分为广告心理效果、广告经济效果和广告社会效果。其中，广告心理效果指的是广告在受众心理中产生的认知情感变化效应，具体体现在受众对广告的注意力、记忆力、偏好程度、购买意愿等方面；广告经济效果指的是广告播出后所带来的广告产品销售额和销售利润的变化；广告社会效果指的是广告对社会层面上包括伦理道德、宗教信仰、风俗习惯等方面的影响。[1] 目前国内外学者研究广告效果主要侧重考察的是广告心理效果。本书所指的广告效果也是指广告心理效果。广告宣传旨在通过引起消费者注意，让消费者形成对广告相关产品或品牌的认知，产生对品牌或产品的偏好，进而促成消费者对产品的购买。广告效果的衡量主要是建立在记忆程度、知名程度、偏好程度和购买意图等方面的基础上。笔者借鉴以往学者的研究从品牌回忆和品牌态度两方面来衡量广告效果。

5.1.1.2 理论框架

1. 创可贴广告显著度对广告效果的影响

广告的显著度是影响广告效果的一个重要因素，其主要由广告出现在屏幕中尺寸的大小、是否在视频画面中央显示、广告展现的时长等方面来体现。显著的广告通常以较大的尺寸、占据视频中央位置、长时间曝光来呈现，而微妙的广告往往尺寸较小、在视觉焦点的主要区域之外。

根据有限注意力模型，受众在观看视频节目时，对视频情节内容的理解是首要任务，占用最主要的注意力资源；而对视频节目中出现的广告信息的加工则属于次要任务，占用较少的注意力资源。当植入式广告越显著时，受众越容易注意到广告的品牌信息，投放更多的注意力资源对广告信息进行处理，从而形成较强的品牌记忆。现有研究表明，在传统植入式广告中，明显的植入和产品与节目人物关联情况下受众的品牌认知程度显著高于仅出现在边缘背景中、没有被人物使用的广告产品的

---

[1] 苗杰. 现代广告学［M］. 北京：中国人民大学出版社，2011.

品牌认知度。❶ 在植入显著度多维度下，植入的位置和植入的尺寸对于受众广告记忆有明显影响，大尺寸的植入相比小尺寸的植入会获得更好的受众记忆效果，中间位置的植入相比边缘位置的植入对于受众的记忆影响也更大。❷ 另外，广告植入越显著，受众在观看视频时越容易被打断，越容易产生负面的抵触情绪。Russell 在研究中指出，电影中显著的植入式广告对受众的说服力较弱。❸ 当植入式广告显著度越高时，受众对于广告中的品牌表现出的态度和信任感越低。❹ 受众会因为广告的显著度增加而激发抵抗心理，进而对广告品牌作出消极评价。

笔者认为，当创可贴广告处于较高的显著度水平时，受众的大脑图像系统中受到广告的刺激强度增加，从而使得创可贴广告产品和品牌信息更有可能被受众攫取。受众在广告上的注意力资源投放越多，则对于广告的品牌记忆越强。当创可贴广告显著度提高时，受众在广告上分配的注意力资源越多，就越容易发现视频中出现的创可贴广告和蕴含在广告中的商业诉求，也越容易导致品牌态度的降低。由此，笔者提出以下假设：

H1：创可贴广告的显著度对广告效果产生影响。

H1a：创可贴广告的显著度正向影响受众的品牌回忆。

H1b：创可贴广告的显著度负向影响受众的品牌态度。

2. 创可贴广告契合度对广告效果的影响

广告与视频内容的契合度是指广告与视频情节、背景、人物等方面的关联程度。多数传统植入式广告研究表明，广告的契合度对广告效果产生影响，其作用是两面性的，从品牌识别和记忆维度来看呈现出负相

---

❶ BRENNAN I, DUBAS K M, BABIN L A. The influence of product placement type and exposure time on product placement recognition [J]. International Journal of Advertising, 1999, 18 (3)：323 - 337.

❷ 宋思根，徐伟. 植入式广告显著度多维组合对受众记忆的影响 [J]. 郑州大学学报（哲学社会科学版），2019, 52 (4)：153 - 157.

❸ RUSSELL C A. Investigating the effectiveness of product placements in television shows：The role of modality and plot connection congruence on brand memory and attitude [J]. Journal of Consumer Research, 2002, 29 (3)：306 - 318.

❹ ASTOUS D A, CHARTIER F. A study of factors affecting consumer evaluations and memory of product placements in movies [J]. Journal of Current Issues & Research In Advertising, 2000, 22 (2)：31 - 40.

关关系，而从品牌态度维度来看呈现出正相关关系。

在品牌记忆方面，当植入式广告契合度低时，广告呈现与视频内容无关，显得比较突兀，受众被动对广告信息进行处理，从而形成较强的品牌记忆。而内容契合度高的广告植入往往融入故事情境中，因此对于受众记忆的刺激程度相对较弱，难以让受众产生较为深刻的印象。在品牌态度方面，如果植入式广告过于生硬，容易影响受众对电影剧情的欣赏，导致受众产生反感情绪；反之，与视频剧情的契合度较高的广告则不易影响观众对节目的观看，受众也就不易产生抵触情绪。Lee 和 Faber 研究指出，在游戏中与游戏内容契合度低的品牌植入能够引起消费者更多注意。❶ 金永生指出，关联性强的品牌植入享有移情作用的优势，具体包括演员、剧中角色以及情节三个来源，广告借以展示和传达品牌个性，从而影响受众的品牌态度。❷ 昌蕾和李晶研究表明，在线游戏广告中被试更容易记住与游戏情境契合度较低的广告品牌，但也更容易产生逆反心理，进而导致品牌态度降低。❸ Astous 和 Seguin 也发现，当广告植入较为自然并且与节目的情境相一致时，容易产生更正面的品牌评价。❹

笔者认为，当创可贴广告与视频内容的契合度低时，创可贴广告容易打断受众对视频剧情的观看，加深受众对广告品牌的印象，但也更易导致受众产生抵触情绪和消极心理，进而导致受众的品牌态度降低。而契合度高的广告对于受众在品牌记忆层面的刺激程度相对较弱，难以让消费者产生较为深刻的印象，由于广告与视频情节相联系，受众更容易呈现出正面的品牌态度。由此，笔者提出以下假设：

H2：创可贴广告的契合度对广告效果产生影响。

H2a：创可贴广告的契合程度负向影响受众的品牌回忆。

---

❶ LEE M, FABER R J. Effects of product placement in on-line games on brand memory: A perspective of the limited-capacity model of attention [J]. Journal of Advertising, 2007, 36 (4): 75 – 90.

❷ 金永生，许销冰，许彬彬. 植入式营销中的品牌个性塑造 [J]. 石家庄经济学院学报，2011, 34 (1): 75 – 79.

❸ 昌蕾，李晶. 网络游戏植入式广告的植入应用研究 [J]. 新闻界，2010 (5): 133 – 134.

❹ ASTOUS D A, SEGUIN N. Consumer reactions to product placement strategies in television sponsorship [J]. European Journal of Marketing, 1999, 33 (9/10): 896 – 910.

H2b：创可贴广告的契合程度正向影响受众的品牌态度。

3. 说服知识唤醒的中介作用

根据说服知识模型理论，人们在长期社会生活中依据自身经历和经验形成说服知识体系，当人们察觉自己接收到的外界信息意图在说服他们改变认知或决策时，就会主动调用已有的说服知识来应对。消费者的说服知识并不是长期处在激活状态，只有当消费者察觉到自己接收到的信息中包含明显的说服意图时才容易激发说服知识。[1] 一旦消费者认为自己接收到的广告信息包含明显的说服意图，就容易对广告信息进行曲解，并运用自身已有的说服知识对广告主采取抵抗性的策略行为。

广告信息内容和呈现形式是影响受众说服知识唤醒的重要因素，消费者接收到的信息中是否包含明显的说服意图在很大程度上决定消费者的说服知识能否被唤醒。信息中说服意图越容易被消费者所察觉，就越会促使消费者激活说服知识。[2] 信息中呈现出的企业操纵意图越明显，消费者越容易运用说服知识反抗。[3] Johar 等在研究中指出，如果消费者的说服知识被唤醒，消费者就容易对企业宣传产生怀疑，进而导致消费者品牌信任大幅度降低。[4]

笔者认为，对于创可贴广告这一新型广告，当广告占据视频画面的位置过于明显、创可贴广告与视频情节内容契合度越低时，受众就越容易辨识出创可贴广告的商业目的，受众更有理由认为这些广告意图在说服自己购买产品，从而导致说服知识的唤醒，进而对广告品牌产生怀疑和不信任感，最终导致品牌态度的降低。由此，笔者提出以下假设：

H3a：说服知识唤醒在创可贴广告显著度对受众品牌态度的影响之间存在中介效应：创可贴广告显著度越高，受众的说服知识越容易被唤

---

[1] COWLEY E, BARRON C. When product placement goes wrong: The effects of program liking and placement prominence [J]. Journal of Advertising, 2008, 37 (1): 89–98.

[2] CAMPBELL M C, KIRMANI A. Consumers' use of persuasion knowledge: The effects of accessibility and cognitive capacity on perceptions of an influence agent [J]. Journal of Consumer Research, 2000, 27 (1): 69–83.

[3] KIRMANI A, ZHU R. Vigilant against manipulation: The effect of regulatory focus on the use of persuasion knowledge [J]. Journal of Consumer Research, 2007, 44 (4): 688–701.

[4] JOHAR G V, SENGUPTA J, AAKER J L. Two roads to updating brand personality impressions: Trait versus evaluative inferencing [J]. Journal of Marketing Research, 2005, 42 (4): 458–469.

醒，进而对品牌态度产生负面影响。

H3b：说服知识唤醒在创可贴广告契合度对受众品牌态度的影响之间存在中介效应：创可贴广告契合度越低，受众的说服知识越容易被唤醒，进而对品牌态度产生负面影响。

4. 创可贴广告显著度和契合度的交互作用

H1 和 H2 提出创可贴广告显著度和契合度分别对受众品牌回忆和品牌态度产生影响。在传统植入式广告研究中，广告的不同维度特性会对广告效果产生交互作用。当广告品牌不仅具有高显著度特征，并且与电影电视剧情节的关联性较弱时，其对受众的刺激程度叠加，有可能会高于显著度和契合度任何单一形式的刺激程度，受众对广告品牌的注意力感知可能会更高，从而使得广告品牌更容易被受众记住。另外，当广告显著度高且与视频情节的契合度很低时，受众在这一情况下对广告品牌的态度可能是最消极的；与之相反，当一个创可贴广告处于视频边缘位置，不易打断受众观看剧情且创可贴广告呈现与视频情节高度契合时，受众的品牌态度可能是最积极的。

笔者认为，在高契合度情境下创可贴广告的契合度会削弱广告显著度对品牌回忆的正向影响，高显著度和低显著度的广告品牌回忆差异相对于低契合度的情境要小。在创可贴广告与视频内容高契合、与视频情节关联较紧密的情境下时，受众对高显著度的广告品牌的接受程度更高，可能会相比低契合度的情境呈现出更为积极的态度，高显著度和低显著度的广告品牌态度差异相对于低契合度的情境要小；反之，在契合度较低的情况下，受众对于显著度高的广告和显著度低的广告可能呈现出更为明显的品牌态度上的差异。由此，笔者提出如下假设：

H4：创可贴广告显著度和契合度对广告效果产生交互作用。

H4a：高契合度情境下，显著度对受众品牌回忆的正向影响小于低契合度情境下显著度对品牌回忆的正向影响。

H4b：高契合度情境下，显著度对受众品牌态度的负向影响小于低契合度情境下显著度对品牌态度的负向影响。

5.1.1.3 实验研究

该实验通过选取综艺节目《向往的生活》中多次使用的创可贴式广

告对创可贴广告的显著度和契合度进行研究。

1. 实验设计

(1) 实验素材的选择

研究实验素材来自综艺节目《向往的生活》(第三季)。《向往的生活》是由湖南卫视推出的一档生活服务纪实节目,节目中多次出现创可贴广告。笔者截取综艺节目《向往的生活》(第三季)中的一段 75 秒视频作为实验素材。

(2) 广告品牌类别的选择

观察近年来各大热门影视剧和综艺节目中出现的创可贴广告,广告品牌类别多数是以饮品、食品、App 品牌为主,例如特仑苏牛奶、脉动饮料、美柚 App 等。综艺节目《向往的生活》中广告产品的类别也主要以生活日用品、饮品为主。因此,笔者结合实际将实验品牌的产品类别确定为牛奶饮品类别。考虑到如果用真实的品牌做实验,受众原先的品牌偏好可能会较大程度影响实验的效果,笔者将设计虚拟牛奶饮品品牌名称及 Logo 作为创可贴广告实验品牌。笔者设计的虚拟品牌名称为"乐优",虚拟品牌 Logo 如图 5-1 所示。

图 5-1 实验示例——虚拟品牌乐优的 Logo

(3) 显著度操控

创可贴广告的显著度以广告在视频画面中的大小、广告在视频中央或边缘位置以及广告展示的时长为划分依据,显著度高的广告出现在视频画面中央,广告占据屏幕尺寸较大,展示的时长较长,而显著度低的广告出现在视频右侧边角位置,广告占据屏幕尺寸较小,展示的时长较短,如图 5-2 和图 5-3 所示。

图 5-2　实验示例——虚拟品牌乐优的高显著度

图 5-3　实验示例——虚拟品牌乐优的低显著度

在正式实验前做一个预实验,预实验邀请 12 名被试进行测试,测量显著度高低的操控是否有效,显著度的量表借鉴 Peter 和 Leshner 的研究❶,采用李克特七级量表,答案的选项分为"非常不同意~非常同意"共 7 个等级,具体题项为:"我认为视频中出现的广告标语比较显眼"。笔者利用独立样本 T 检验比较两个广告的显著度,$M1$(5.75)> $M2$(4.08),T 检验结果显示 $P=0.015$,小于 0.05,表明两个广告的显著度有显著差异,说明广告显著度的设计是合理的。

---

❶ PETERS S, LESHNER G. Get in the game: The effects of game-product congruity and product placement proximity on game players' processing of brands embedded in advergames [J]. Journal of Advertising, 2013, 42 (2/3): 113-130.

（4）契合度操控

在正式实验前先做一个预实验，首先设计4个针对同一视频情境下与视频内容不同契合度的该虚拟品牌广告标语，邀请12名被试进行测试，测量不同契合度的操控是否有效，并选出契合度最高和契合度最低的两个广告标语作为主实验素材。契合度的量表借鉴 Lee 和 Faber 的研究❶，采用李克特七级量表，将答案的选项设置为"非常不同意～非常同意"7个等级，具体题项包括："我认为该品牌广告标语与视频内容比较契合""我认为该品牌广告标语与视频情节联系紧密""我认为该品牌广告标语适合出现在视频场景中"。4个实验标语如图5－4～图5－7所示。

图5－4　实验示例——创可贴广告标语1

图5－5　实验示例——创可贴广告标语2

---

❶ LEE M, FABER R J. Effects of product placement in on-line games on brand memory: A perspective of the limited-capacity model of attention [J]. Journal of Advertising, 2007, 36 (4): 75－90.

图 5-6　实验示例——创可贴广告标语 3

图 5-7　实验示例——创可贴广告标语 4

预实验让 12 名被试为 4 组广告标语的契合度打分，采用统计均值方式，广告标语契合度均值 $M2$（5.28）> $M1$（5.08）> $M4$（4.86）> $M3$（3.36），显然第 2 个广告标语契合度最高，第 3 个广告标语契合度最低，因此笔者决定采用第 2 个和第 3 个广告作为实验 2 的素材。笔者利用独立样本 T 检验比较两个创可贴广告的契合度，T 检验结果显示 $P = 0.000$，小于 0.01，表明两个广告的契合度有显著差异，说明实验中创可贴广告契合度的设计是合理的。

（5）显著度测量

为了检验自变量显著度的操纵是否有效，笔者测量借鉴 Peter 和

Leshner 的研究❶，采用李克特七级量表，将答案的选项设置成"非常不同意~非常同意"7 个等级，题项为："我认为视频中出现的广告标语比较显眼"。

（6）契合度测量

契合度的量表借鉴 Lee 和 Faber 的研究❷，采用李克特七级量表，将选项设置为"非常不同意~非常同意"共 7 个等级，具体题项包括："我认为该品牌广告标语与视频内容比较契合""我认为该品牌广告标语与视频情节联系紧密""我认为该品牌广告标语适合出现在视频场景中"。

（7）品牌回忆测量

测量方法有自由回忆法和辅助回忆法。笔者借鉴张雅丹的研究❸采用辅助回忆法，要求被试对视频中创可贴广告的品牌名称和品牌 Logo 进行辨识，设置目标品牌名称和干扰品牌名称的比例为 1∶3，目标品牌 Logo 和干扰品牌 Logo 的比例也为 1∶3。如果被试注意到有品牌广告出现并识别出正确的目标品牌名称和品牌 Logo，将结果记为 2，被试注意到品牌广告出现并只识别出正确的目标品牌名称或品牌 Logo，则将结果记为 1，被试未注意到品牌广告出现及品牌名称和品牌 Logo 都识别错误则记为 0。

（8）品牌态度测量

对注意到视频中有品牌广告出现的被试进行品牌态度的测量，测量综合借鉴 Bagozzi 等、钱佳婷的研究量表❹❺，采用李克特七级量表，将答案的选项设置为"非常不同意~非常同意"7 个等级，题项包括"我认为该品牌产品是好的""我认为该品牌产品是令人喜欢的""我对该品

---

❶ PETERS S, Leshner G. Get in the game: The effects of game-product congruity and product placement proximity on game players' processing of brands embedded in advergames [J]. Journal of Advertising, 2013, 42 (2/3): 113 – 130.

❷ LEE M, FABER R J. Effects of product placement in on-line games on brand memory: A perspective of the limited-capacity model of attention [J]. Journal of Advertising, 2007, 36 (4): 75 – 90.

❸ 张雅丹. 基于说服知识理论的传统商业广告对植入式广告效果影响研究 [D]. 北京：中国人民大学，2012.

❹ BAGOZZI R, LEE K H, LOO M F V. Decisions to donate bone marrow: The role of attitudes and subjective norms across cultures [J]. Psychology & Health, 2001, 16 (1): 29 – 56.

❺ 钱佳婷. 社交网络品牌信息互动性对用户品牌态度的影响 [D]. 北京：中国人民大学，2019.

牌产品持积极态度""我认为该品牌产品具有吸引力""我愿意接触该品牌产品""如果经济条件允许，我愿意购买该品牌产品"。

(9) 说服知识唤醒测量

笔者主要借鉴 Ham 等、曾伏娥等学者的研究量表❶❷，采用李克特七级量表，将答案的选项设置成"非常不同意~非常同意"7 个等级，题项包括"我认为视频信息在向我推荐该品牌""我认为视频信息带有商业性质""我认为视频信息希望我了解该品牌"。

控制变量测量包括：①是否看过该视频片段：由于实验中所使用的综艺节目视频片段曾在网络电视上播放，重复观看综艺片段可能会对实验的结果产生影响，因而也将是否看过实验的视频片段作为控制变量进行检验，具体是通过题项"您之前是否看过这个视频片段"来测试。②品牌熟悉度：考虑到如果用真实的品牌做实验，受众原先的品牌偏好可能会较大程度影响实验的效果，因此笔者设计虚拟牛奶饮品品牌——乐优。为验证品牌熟悉度，测量主要借鉴 Campbell 和 Keller 的研究量表❸，采用李克特七级量表，将答案的选项设置成为"非常不同意~非常同意"7 个等级，题项包括"我熟悉该品牌""我了解该品牌""我时常看到该品牌"。③对同类产品的兴趣程度：测量主要借鉴 Reijmersdal（2011）的研究量表❹，采用李克特七级量表，选项设置分为"非常不同意~非常同意"7 个等级，题项包括："我对牛奶饮品品牌感兴趣""我对购买牛奶饮品感兴趣""我日常关注牛奶饮品品牌信息"。

2. 实验过程

笔者利用爱剪辑软件对实验素材进行视频编辑，开展 2（显著度高/显著度低）×2（契合度高/契合度低）的分组实验，使用"问卷星"网络

---

❶ HAM C, NELSON M R, DSA S. How to measure persuaion knowledge [J]. International Journal of Advertising, 2015, 34 (1): 17-53.

❷ 曾伏娥, 顾梅梅, 刘敏. 社交媒体图文型广告的"得"与"失": 商家形象 vs. 产品态度 [J]. 中国工业经济, 2019 (10): 175-192.

❸ CAMPBELL M C, KELLER K L. Brand familiarity and advertising repetition [J]. Journal of Consumer Research, 2003, 30 (2): 292-304.

❹ REIJMERSDAL E A V, NEIJENS P C, SMIT E G. Effects of television brand placement on brand image [J]. Psychology & Marketing, 2007, 24 (5): 403-420.

问卷平台对实验问卷进行设置,将剪辑好的 4 个视频嵌入 4 个问卷当中,完成问卷设计后通过微信发放问卷,实验问卷的主要发放对象为大学生群体。在问卷发放之前,笔者先在 4 组不同的微信群中向被试发放一则指导语,要求被试完整观看视频后再回答问卷,并说明在被试作答完全后会给予被试一定的奖励来鼓励更多被试积极参与,但不提前告知被试实验目的,然后按照不同类别通过 4 个微信群组分别向被试对象发送问卷链接。

第 5.1.1.3 节采取问卷调查的方式来收集样本数据,实验前对问卷进行规范严谨的设计。实验问卷的首页部分撰写问卷的设计者身份、答卷信息保密承诺、完整观看视频要求以及感谢内容。问卷的正文部分在第一页首先设置播放嵌入的视频片段,之后再设置问卷的题项和相应的选项。问卷采用严格的前后顺序,视频播放页与问卷题项设置在不同的问卷页面中,不允许被试用户往前翻页面,防止视频重复播放导致人为增强辅助性品牌回忆的测量结果。问卷题项的主要内容包括自变量显著度和契合度的测量、中介变量说服知识唤醒的测量、因变量品牌回忆和品牌态度的测量以及性别、年龄、学历等基本人口统计学信息,最后在问卷中设置一道关于播放的视频内容的简单题目,以排除不认真作答的被试的答卷。

第 5.1.1.3 节实验的目的是测量创可贴广告显著度和契合度对广告效果的影响。实验利用爱剪辑软件对实验素材进行编辑,对同一视频分别植入 4 个不同形式的创可贴广告,进行 2(显著度高/显著度低)×2(契合度高/契合度低)的分组实验。笔者使用"问卷星"网络平台对实验问卷进行设置,将视频嵌入问卷中,并通过微信发放实验问卷,问卷发放对象主要是大学生群体。本书首先对第 5.1.1.3 节实验收集的数据开展描述性统计,简要分析样本的数量和质量,并对实验变量进行信度和效度分析,再运用卡方检验、单因素方差分析、Bootstrap 分析以验证实验 H1、H2、H3 和 H4。

3. 实验结果

第 5.1.1.3 节实验共收集到 210 份问卷,剔除 31 份无效问卷,共计获得 179 份有效问卷,各组别有效问卷数量如表 5-1 所示。剔除的无效问卷主要存在的问题在于:①问卷答题时间少于 100 秒,第 5.1.1.3 节的实验问卷中的视频时长约为 75 秒,具体查看答题时间少于 100 秒的问卷，认定答题时间少于100秒的问卷有极大概率为无效问卷；②在问卷最后一题设置针对视频内容的简单问题题项，该选项选择错误的问卷也有极大概率为无效问卷，因此予以删除。

第5.1.1.3节实验获取的调查问卷中包含基本人口统计学相关信息，具体包括性别、年龄、学历、观看综艺的频率等信息。有效样本数据以女性被试居多，男性被试数量略少于女性被试数量；在年龄方面，被试大多数是18~30岁的年轻人群体；在学历方面，被试大多数为本科生和硕士研究生；而在观看综艺的频率上，大多数被试每周观看1~3次。

表5-1 第5.1.1.3节实验各组别有效问卷数量

实验组别	有效问卷/份
显著度高×契合度低	45
显著度低×契合度低	45
显著度高×契合度高	44
显著度低×契合度高	45

在对实验的有效数据进行正式分析时，笔者先进行信度分析对实验量表的可靠性进行检验。实验各变量的量表均是借鉴前人的研究再结合本书的实际问题进行改编而得到的。信度分析是用来检验量表变量各题项的内部一致性，目前常用Cronbach's α 系数指标来评价。根据以往的研究经验，这一系数值越大就意味着该变量的量表中各题项的内部一致性越好，即信度越好。如果 α 系数大于0.7，可以认为该量表具有较高信度。

对实验数据进行信度分析，结果显示，品牌态度、说服知识唤醒、对同类产品的兴趣程度、契合度等变量的 α 系数都大于0.7，表明各变量的测量均是可靠的。具体 α 系数如表5-2所示。

表5-2 第5.1.1.3节实验信度分析

变量	Cronbach's α
品牌态度	0.950
说服知识唤醒	0.795
契合度	0.933
对同类产品的兴趣程度	0.828

为验证各变量量表的有效性,需要进行量表的效度检验。效度主要包括内容效度和结构效度。内容效度是指变量的题项是否能代表所要测量的内容,由于笔者所采用的量表题项主要是借鉴国内外学者以往的研究,各量表比较能保证测量题项在内容方面符合实验目标,量表的内容效度比较好。而量表的结构效度则旨在检验变量各题项之间的相关性。笔者利用 SPSS 软件进行结构效度分析,根据以往研究分析,如果 KMO 值高于 0.8,则说明量表的效度很高;如果 KMO 值为 0.7~0.8,则说明量表的效度较好。如果 KMO 值为 0.6~0.7,则说明量表的效度可以接受;如果此值小于 0.6,说明量表效度不佳。根据结果显示,品牌态度效度高、契合度的效度较好,说服知识唤醒、对同类产品的兴趣程度效度可以接受。具体各变量的 KMO 值如表 5-3 所示。

表 5-3 第 5.1.1.3 节实验效度分析

变量	KMO
品牌态度	0.869
说服知识唤醒	0.635
契合度	0.760
对同类产品的兴趣程度	0.681

第 5.1.1.3 节实验旨在检验创可贴广告显著度和契合度对广告效果的影响以及说服知识唤醒在创可贴广告显著度和契合度对品牌态度影响中的中介作用。

为了考察实验自变量显著度和契合度的控制是否达到预期的水平,笔者首先进行操纵检验,结果显示,在第 5.1.1.3 节实验中对自变量显著度和契合度的操纵是有效的(显著度:$M_{中心植入} = 5.51$,$M_{边缘植入} = 3.47$,$P = 0.000$,小于 0.01;契合度:$M_{广告标语1} = 4.42$,$M_{广告标语2} = 3.67$,$P = 0.001$,小于 0.01)。

为了验证创可贴广告显著度对品牌回忆的影响,笔者采用卡方检验方法验证显著度高和显著度低的创可贴广告其品牌回忆程度是否有显著差异。卡方检验结果显示,$\chi^2 = 30.047$,$P = 0.000$,小于 0.01,结果显著,如表 5-4 所示。进一步分析受众的品牌回忆度均值 $M_{高显著度} = 1.40$,

$M_{低显著度}=0.70$,表明创可贴广告的显著程度会正向影响受众的品牌回忆,显著度越高,受众的品牌回忆度越好,如表5-5所示。因此,H1a成立。

表5-4 显著度对品牌回忆影响的卡方检验结果

题目	数值	显著度		总计	χ^2	P
		显著度低	显著度高			
回忆度	0	47(52.22)	15(16.85)	62(34.64)	30.047	0.000**
	1	23(25.56)	23(25.84)	46(25.70)		
	2	20(22.22)	51(57.30)	71(39.66)		
总计		90	89	179		

注:* 表示 $P<0.05$,** 表示 $P<0.01$。

表5-5 显著度对品牌回忆影响的描述分析结果

组别	$N/$个	M	SD
显著度高	89	1.40	0.081
显著度低	90	0.70	0.086

为了验证创可贴广告契合度对品牌回忆的影响,同样采用卡方检验方法验证契合度高和契合度低的创可贴广告其品牌回忆程度是否有显著差异。卡方检验结果显示,$\chi^2=1.014$,$P=0.602$,大于0.05,结果不显著,如表5-6所示。进一步分析受众的品牌回忆度均值 $M_{高契合度}=0.99$,$M_{低契合度}=1.11$,两者差异不明显,如表5-7所示。因此,H2a不成立。

表5-6 契合度对品牌回忆影响的卡方检验结果

题目	数值	显著度		总计	χ^2	P
		显著度低	显著度高			
回忆度	0	28(31.11)	34(38.20)	62(34.64)	1.014	0.602
	1	24(26.67)	22(24.72)	46(25.70)		
	2	38(42.22)	33(37.08)	71(39.66)		
总计		90	89	179		

注:* 表示 $P<0.05$,** 表示 $P<0.01$。

表5-7 契合度对品牌回忆影响的描述分析结果

组别	N/个	M	SD
契合度高	89	0.99	0.092
契合度低	90	1.11	0.090

为了验证创可贴广告显著度和契合度在品牌回忆上的交互作用，采用双因素方差分析进行检验，结果如表5-8所示。由双因素方差分析的结果中可以看出创可贴广告显著度和契合度的交互项对品牌回忆的影响不显著（$P>0.05$），H4a没有得到验证。

表5-8 显著度和契合度对品牌回忆影响的交互作用

源	Ⅲ类平方和	自由度	均方	F	P
校正的模型	22.958[a]	3	7.653	12.220	0.000
截距	197.994	1	197.994	316.169	0.000
显著度	22.147	1	22.147	35.366	0.000
契合度	0.630	1	0.630	1.007	0.317
显著度×契合度	0.121	1	0.121	0.193	0.661
错误	109.590	175	0.626		
总计	330.000	179			
校正后的总变异	132.547	178			

注：a 表示 $R^2=0.173$（调整后的 $R^2=0.159$）。

在第5.1.1.3节实验被试群体中共计有123个被试注意到视频中有品牌广告出现，接下来就对这些被试的品牌态度进行分析。笔者将显著度和品牌态度通过SPSS软件进行单因素方差分析。首先对样本数据进行方差齐性检验，结果显示，$P=0.772$，大于0.05，满足方差齐性要求，可以对数据进行单因素方差分析，如表5-9所示。

表5-9 显著度对品牌态度影响的方差齐性检验

莱文统计	自由度1	自由度2	P
0.084	1	121	0.772

单因素方差分析的结果如表5-10所示，数据表明创可贴广告显著

度对品牌态度的影响显著（$M_{高显著度} = 4.02$，$M_{低显著度} = 4.59$，$P = 0.000$，小于0.01）。创可贴广告显著度对品牌态度具有负向作用，即创可贴广告显著度越高，受众的品牌态度越差。H1b成立。

表5-10 显著度对品牌态度影响的方差分析结果

组别	平方和	自由度	均方	F	P
组间	9.632	1	9.632	13.231	0.000
组内	88.086	121	0.728		
总计	97.718	122			

为验证创可贴广告契合度与品牌态度之间的关系如表5-11所示，本书将契合度和品牌态度进行单因素方差分析。首先进行方差齐性检验，结果显示，$P = 0.301$，大于0.05，满足方差齐性要求，表明数据可以进行单因素方差分析。

表5-11 契合度对品牌态度的方差齐性检验

莱文统计	自由度1	自由度2	P
1.080	1	121	0.301

单因素方差分析的结果如表5-12所示，数据显示创可贴广告契合度对品牌态度的影响显著（$M_{高契合度} = 4.46$，$M_{低契合度} = 4.04$，$P = 0.008$，小于0.05）。创可贴广告契合度对品牌态度具有正向作用，即创可贴广告契合度越高，受众的品牌态度越好。H2b成立。

表5-12 契合度对品牌态度影响的方差分析结果

组别	平方和	自由度	均方	F	P
组间	5.507	1	5.507	7.226	0.008
组内	92.211	121	0.762		
总计	97.718	122			

为了验证创可贴广告显著度和契合度在品牌态度上的交互作用，采用双因素方差分析进行检验，结果如表5-13所示。从双因素方差分析的结果可以看出，广告显著度和契合度的交互项对品牌态度的影响显著（$P = 0.048$，小于0.05）。进一步分析两者的交互作用，在契合度低的情

况下,显著度高和显著度低的创可贴广告所带来的受众品牌态度差异较大($M_{高显著度}=3.70$,$M_{低显著度}=4.57$);在高契合度的情况下,受众对显著度高和显著度低的创可贴广告的品牌态度的差异相对较小($M_{高显著度}=4.35$,$M_{低显著度}=4.63$)。当创可贴广告的显著度较高,契合度较低时,受众的品牌态度均值,而当创可贴广告以低显著度和高契合度形式出现时,受众的品牌态度最高,如图5-8所示。因此,验证了H4b成立。

表5-13 显著度和契合度对品牌态度影响的交互作用

源	Ⅲ类平方和	自由度	均方	F	P
校正的模型	18.161[a]	3	6.054	9.055	0.000
截距	2134.586	1	2134.586	3192.884	0.000
显著度	9.232	1	9.232	13.810	0.000
契合度	3.697	1	3.697	5.530	0.020
显著度×契合度	2.675	1	2.675	4.002	0.048
错误	79.557	119	0.669		
总计	2304.556	123			
校正后的总变异	97.718	122			

注:a 表示 $R^2=0.186$(调整后的 $R^2=0.165$)。

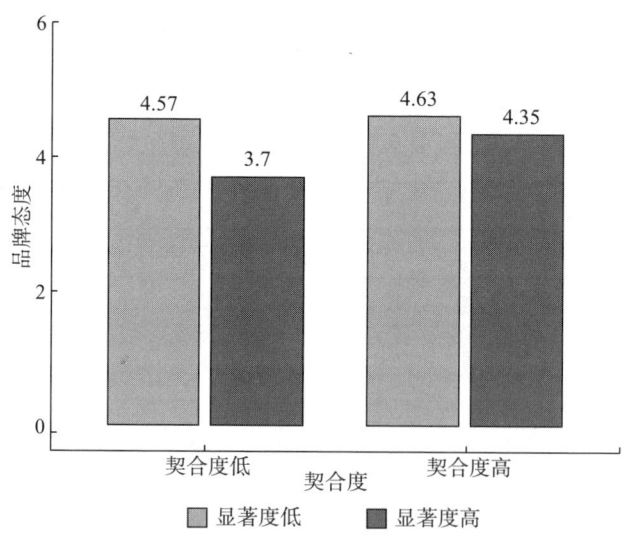

图5-8 不同契合度下显著度高低对应的品牌态度均值

根据以上数据结果分析，创可贴广告显著度对广告效果的影响是显著的，创可贴广告显著度正向影响品牌回忆、负向影响品牌态度，H1 成立，H1a 和 H1b 均得到验证。创可贴广告契合度也对广告效果产生影响，创可贴广告契合度正向影响品牌态度，H2 部分成立。其中，H2a 没有得到验证，H2b 得到验证。创可贴广告显著度和契合度对广告效果会产生交互作用，H4 部分成立。其中，H4a 没有得到验证，H4b 得到验证。

为了进一步验证说服知识唤醒在创可贴广告显著度对品牌态度影响中的中介作用，笔者利用 SPSS 软件中的 Process 程序插件进行 Bootstrap 分析。目前，学界在消费者行为学、组织行为学、心理学及市场营销学领域已经开始大量使用 Bootstrap 方法开展中介效应检验。这一方法由 Preacher 和 Hayes 在 2004 年提出，相比 Kenney 和 Baron（1986）所提出的因果逐步回归检验方法更为合理有效。笔者将创可贴广告的显著度作为自变量，说服知识唤醒作为中介变量，受众品牌态度作为因变量，放入模型 4。模型 4 如图 5-9 所示。笔者设置随机抽样的次数为 5000，置信区间为 95%，中介效应的检验结果如表 5-14 所示。

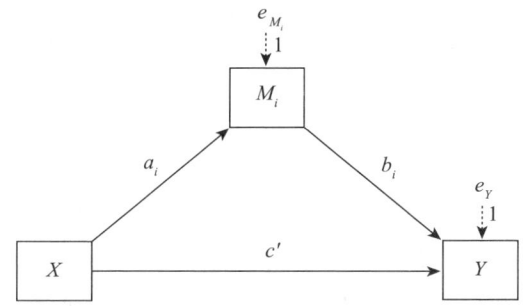

图 5-9 中介效应检验模型 4

注：Indirect effect of X on Y through $M_i = a_i b_i$。
Direct effect of X on $Y = c'$。

表 5-14 说服知识唤醒在显著度和品牌态度之间的中介作用检验结果

（1）自变量显著度对中介变量说服知识唤醒的回归结果		coeff	se	t	P	LLCI	ULCI
	常量	4.7174	0.1404	33.5894	0.0000	4.4393	4.9954
	显著度	0.6679	0.1775	3.7627	0.0003	0.3165	1.0193
	$R^2 = 0.1048$　　$P = 0.0003 < 0.01$						

续表

		coeff	se	t	P	LLCI	ULCI
(2) 自变量显著度、中介变量说服知识唤醒共同对因变量品牌态度的回归结果	常量	5.5181	0.3962	13.9292	0.0000	4.7338	6.3025
	显著度	-0.4481	0.1647	-2.7206	0.0075	-0.7741	-0.1220
	说服知识唤醒	-0.1951	0.0798	-2.4445	0.0160	-0.3531	-0.0371
	$R^2 = 0.1413$ $P = 0.0001 < 0.01$						
(3) 控制中介变量说服知识唤醒，自变量显著度对因变量品牌态度的直接效应		Effect	se	t	P	LLCI	ULCI
	显著度	-0.4481	0.1647	-2.7206	0.0075	-0.7741	-0.1220
(4) 自变量显著度通过中介变量说服知识唤醒对因变量品牌态度的间接效应		Effect	BootSE	BootLLCI		BootULCI	
	说服知识唤醒	-0.1303	0.0775	-0.3079		-0.0101	

由表 5-14 可知，控制中介变量说服知识唤醒后，创可贴广告显著度对于品牌态度的直接效应具有统计学上的显著性意义（$P=0.0075$，小于 0.05），且直接效应的大小为 -0.4481。创可贴广告显著度通过中介变量说服知识唤醒对因变量品牌态度的间接效应的置信区间 BootLLCI 和 BootULCI 中不包含 0（BootLLCI = -0.3079，BootULCI = -0.0101），说明说服知识唤醒的中介效应显著，存在部分中介作用，且中介效应的大小为 -0.1303。因此，H3 得到验证。

同样，为了验证说服知识唤醒在创可贴广告契合度对品牌态度影响中的中介作用，笔者也利用 SPSS 软件中的 Process 程序插件进行 Bootstrap 分析，将创可贴广告的契合度作为自变量，说服知识唤醒作为中介变量，受众品牌态度作为因变量放入模型4，设置随机抽样次数为5000次，置信区间为95%，结果如表5-15所示。

表5-15 说服知识唤醒在契合度和品牌态度之间的中介作用检验结果

		coeff	se	t	P	LLCI	ULCI
(1) 自变量契合度对中介变量说服知识唤醒的回归结果	常量	5.2718	0.1236	42.6669	0.0000	5.0272	5.5164
	契合度	-0.2890	0.1799	-1.6064	0.1108	-0.6453	0.0672
	$R^2 = 0.0209$　　$P = 0.1108 > 0.05$						
(2) 自变量契合度、中介变量说服知识唤醒共同对因变量品牌态度的回归结果		coeff	se	t	P	LLCI	ULCI
	常量	5.2998	0.4189	12.6512	0.0000	4.4703	6.1292
	契合度	0.3546	0.1539	2.3038	0.0230	-0.0498	0.6593
	说服知识唤醒	-0.2397	0.0769	-3.1156	0.0023	-0.3921	-0.0874
	$R^2 = 0.1270$　　$P = 0.0003 < 0.01$						
(3) 控制中介变量说服知识唤醒，自变量契合度对因变量品牌态度的直接效应		Effect	se	t	P	LLCI	ULCI
	契合度	0.3546	0.1539	2.3038	0.0230	0.498	0.6593
(4) 自变量契合度通过中介变量说服知识唤醒对因变量品牌态度的间接效应		Effect	BootSE	BootLLCI		BootULCI	
	说服知识唤醒	0.0693	0.0553	-0.0138		0.2005	

由表5-15可知，创可贴广告契合度通过中介变量说服知识唤醒对因变量品牌态度的间接效应的置信区间 BootLLCI 和 BootULCI 中包含0（BootLLCI = -0.0138，BootULCI = 0.2005），说明说服知识唤醒的中介效应不显著。因此，H4没有得到验证。

5.1.2　视频卷入度的调节作用

本小节将研究视频卷入度在创可贴广告显著度和契合度对广告效果影响中的调节作用。并开展2（显著度高/显著度低）×2（契合度高/契合度低）×2（卷入度高/卷入度低）的实验。

5.1.2.1　基本概念

卷入度是社会心理学和消费者行为的层面上的概念，主要指个体所感知到的广告、产品、游戏等与自身内在需求、兴趣和价值观的关联程度。❶ Mittal 和 Lee 认为，卷入度代表个体对于某一项活动或事物的意向心境，反映个体对这一活动和事物的兴趣程度。❷ 卷入度又可以分为认知卷入和情感卷入。进一步地，视频卷入度可以理解为受众对视频节目的喜爱和融入程度。视频卷入度高的受众在观看视频时对视频内容情节的投入度更高，会主动分配更多的注意力资源对视频中的故事情节信息进行辨析，而此时非直接与视频人物和情节相关的信息则容易被受众忽略；反之，视频卷入度低的受众在观看视频时缺乏信息处理的动机。在卷入度高的情况下，当受众对视频的情景内容产生某种情感上的共鸣时，由于移情作用，受众对于视频中的场景和物品等也会产生相似的较为积极的情绪。

以往关于卷入度的研究表明，受众在传统电视媒体和网络游戏中对于电视节目和游戏的卷入度都会对植入广告的品牌回忆产生明显的影响。❸ 王超研究发现，游戏卷入度能够作为调节变量调节游戏中广告植入频次对于广告品牌识别的影响，非交互型广告情境下高卷入度的被试

---

❶ 李重阳. 影片卷入、产品卷入和植入类型对植入式广告品牌态度的影响研究［D］. 济南：山东大学，2013.

❷ MITTAL B, LEE M. A causal model of consumer involvement［J］. Journal of Economic Psychology, 1989, 10（3）：363－389.

❸ LEE M, FABER R J. Effects of product placement in on-line games on brand memory：A perspective of the limited-capacity model of attention［J］. Journal of Advertising, 2007, 36（4）：75－90.

更不容易发现高频次出现的植入广告。❶ Russell 和 Stern 提出，受众对影片的喜爱程度显著影响受众对影片中植入式广告的品牌态度，当受众对影片的喜爱度越高时，其对广告中的品牌态度也更积极。❷ 处于影片沉浸状态中的个体表现出对影片中植入品牌更好的态度。❸ 辛明玥研究指出，相比于低卷入度，卷入度高的受众对于综艺节目植入广告的品牌态度效果会更好。❹

5.1.2.2 理论框架

视频卷入度反映受众对视频节目的喜爱和投入程度。视频卷入度高的受众在观看视频时对视频故事情节的投入度更高，主动分配更多的注意力资源在视频中故事情节信息的处理中，而此时与视频情节相对无关的广告信息则容易被受众忽略；反之，在视频卷入度低情况下，受众在观看视频时缺乏信息处理的动机，其注意力资源相对分散。在情感卷入度高的情况下，当受众对视频的情节内容产生积极的情绪时，由于移情作用，受众对于视频中的场景、广告等也可能产生相似的较为正面的情绪。王超研究发现，被试在游戏中的卷入度能够作为调节变量调节游戏中广告植入频次对被试品牌识别的影响，在非交互型植入广告情境下，高游戏卷入度的被试更不易发现高频次出现的植入广告。❺ 李重阳研究表明，影片卷入度对受众的品牌态度有明显影响，高影片卷入下受众品牌态度更高，且植入类型与影片卷入对品牌态度具有交互作用。❻ 辛明玥研究也指出，相比于低卷入度，高卷入度下受众对综艺节目植入广告

---

❶ 王超. 游戏植入式广告植入频次对植入品牌广告效果的影响：基于游戏涉入度和交互性的调节作用 [D]. 北京：中国人民大学，2015.

❷ RUSSELL C A, STERN B. Consumers, characters and products: A balance model of sitcom product placement effects [J]. Journal of Advertising, 2006, 35 (1): 7-21.

❸ BHATNAGAR N, WAN F. Is self-character similarity always beneficial? The moderating role of immersion in product placement effects [J]. Journal of Advertising, 2011, 40 (2): 39-50.

❹ 辛明玥. 基于卷入度与显著度的植入式广告传播效果实验研究 [D]. 长春：吉林大学，2019.

❺ 王超. 游戏植入式广告植入频次对植入品牌广告效果的影响：基于游戏涉入度和交互性的调节作用 [D]. 北京：中国人民大学，2015.

❻ 李重阳. 影片卷入、产品卷入和植入类型对植入式广告品牌态度的影响研究 [D]. 济南：山东大学，2013.

的品牌态度效果会更好❶。Matthes 指出，在高卷入度情况下，受众对于出现频次较高的广告的品牌态度相比低卷入度情况下更好。❷

笔者认为，在视频卷入度高的情况下，由于受众的注意力资源主要集中在对视频情节、人物等主要信息的处理上，对于创可贴广告信息的处理处于次级任务，受众对于显著度高的广告和显著度低的广告的记忆程度差异可能没有视频卷入低时来得明显，高显著度和低显著度广告都较难给受众留下深刻印象，同样对于契合度高的广告和契合度低的广告的记忆程度的差异也相对较小。同时，当受众对视频的情节内容产生积极的情绪时，由于移情作用，其对高显著度和低契合度的广告品牌可能会呈现出更积极的态度，高显著度和低显著度的广告品牌态度差异以及高契合度和低契合度的广告品牌态度差异相对视频卷入度低时要小，显著度和契合度对受众品牌态度的影响在高卷入度情境下相对较小；反之，在视频卷入度低的情况下，受众对于显著度高的广告和显著度低的广告可能呈现出较为明显的品牌回忆上的差异，且对高显著度和低契合度的品牌态度相对而言没有那么积极。由此，笔者提出以下假设：

H5：视频卷入度调节创可贴广告显著度对广告效果的影响。

H5a：在卷入度低的情况下，创可贴广告显著度对受众的品牌回忆的正向影响相比于卷入度高的情况更明显。

H5b：在卷入度低的情况下，创可贴广告显著度对受众的品牌态度的负向影响相比于卷入度高的情况更明显。

H6：视频卷入度调节创可贴广告契合度对广告效果的影响。

H6a：在卷入度低的情况下，创可贴广告契合度对受众的品牌回忆的负向影响相比于卷入度高的情况更明显。

H6b：在卷入度低的情况下，创可贴广告契合度对受众的品牌态度的正向影响相比于卷入度高的情况更明显。

---

❶ 辛明玥. 基于卷入度与显著度的植入式广告传播效果实验研究 [D]. 长春：吉林大学，2019.

❷ MATTHES W. More than meets the eye: Investigating the hidden impanct of brandplacements in television magazines [J]. Journal of Advertising Research, 2007 (4): 18 – 37.

5.1.2.3 实验研究

基于上述假设，笔者将设计实验检验视频卷入度在创可贴广告显著度和契合度影响广告效果过程中的调节作用。

1. 实验设计

在第 5.1.1.3 节实验中确定了创可贴广告显著度和契合度对广告效果的影响基础上，实验 2 引入视频卷入度这一调节变量，开展 2（显著度高/显著度低）×2（契合度高/契合度低）×2（卷入度高/卷入度低）的实验。以往研究中对于卷入度的划分，部分学者将情节紧凑、动作类的场景归为高卷入度场景，将轻松舒缓场景归为低卷入度场景。该实验截取《向往的生活》（第 3 季）中两个不同的视频片段，视频 1 为轻松舒缓、情节闲散的视频，视频 2 为搞笑娱乐、情节紧凑的视频，利用爱剪辑软件进行视频剪辑。实验 2 的创可贴广告产品类别与实验 1 保持一致，同样将虚拟牛奶饮品品牌"乐优"作为创可贴广告品牌。

预实验邀请 12 名被试对两个视频进行测试，测量视频卷入度的操纵是否有效。视频卷入度的量表借鉴 Zaichkowsky 等学者的研究量表[1]，采用李克特七级量表，将选项设置分为"非常不同意~非常同意"7 个等级，具体题项包括："我觉得这个视频很有趣""这个视频令我感到兴奋""我被这个视频吸引住了""我很投入地观看了视频"。12 名被试为 2 组视频的卷入度打分，采用统计均值的方式 $M2$（5.05）> $M1$（4.02）。笔者利用独立样本 T 检验比较两个视频的卷入度，T 检验结果显示 $P = 0.003$，小于 0.01，表明两组的视频卷入度有显著差异，说明视频卷入度的控制是合理的。

实验需要针对两个不同的视频设计契合度不同的广告标语，其中视频 1 与实验 1 的视频一致，制作了两个契合度显著差异的广告标语，利用独立样本 T 检验比较两个广告的契合度，T 检验结果显示 $P = 0.000$，小于 0.01，表明两个广告的契合度有显著差异，表明契合度的设计是合

---

[1] ZAICHKOWSKY J L. The personal involvement inventory reduction, revision and application to advertising [J]. Journal of Advertising, 1994, 23 (4): 59 – 70.

理的。针对视频 2 同样设计两个契合度不同的广告标语，邀请 12 名被试对两个广告标语与视频内容的契合度进行评价，利用独立样本 T 检验比较，T 检验结果显示 $P=0.000$，小于 0.01，表明两个广告的契合度也有显著差异，表明视频 2 的创可贴广告契合度的设计是合理的。

在第 5.1.1.3 节调查问卷基础上增加视频卷入度的测量，视频卷入度的量表借鉴 Zaichkowsky 设计的卷入度量表，采用李克特七级量表，将选项设置为"非常不同意~非常同意"7 个等级，具体题项包括："我觉得这个视频很有趣""这个视频令我感到兴奋""我被这个视频吸引住了""我很投入地观看了视频"。

2. 实验过程

该实验同样利用爱剪辑软件进行视频编辑，进行 2（显著度高/显著度低）×2（契合度高/契合度低）×2（视频卷入度高/视频卷入度低）的分组实验，实验同样使用"问卷星"网络问卷平台，将剪辑好的视频嵌入设置的问卷中，通过微信群发放问卷，发放对象仍然主要为大学生群体。在实验前，笔者会在 8 组不同微信群中给被试发放一则指导语要求被试完整地看完视频再回答问卷，并说明在被试完成问卷作答后会给予被试一定数额奖励来鼓励更多被试积极参与，但不告知被试真正的实验目的，然后按照不同类别通过 8 个微信群组分别向被试发送问卷链接。

实验采取问卷调查的方式来收集样本数据，实验前对问卷进行规范严谨的设计。实验问卷的首页部分撰写问卷的设计者身份、答卷信息保密承诺、视频完整观看要求以及感谢内容。问卷的正文部分在第一页首先设置播放嵌入的视频片段，之后再设置问卷的题项和相应的选项。问卷采用严格的前后顺序，视频播放页与问卷题项设置在不同的问卷页面中，不允许被试用户往前翻页面，防止视频重复播放导致人为增强辅助性品牌回忆的测量结果。本小节的问卷在第 5.1.1.3 节实验所使用调查问卷基础上增加视频卷入度的测量。问卷题项的主要内容包括自变量显著度和契合度的测量、中介变量说服知识唤醒的测量、调节变量视频卷入度的测量、因变量品牌回忆和品牌态度的测量以及性别、年龄和学历等基本人口统计学信息，最后在问卷中设置关于视频内容的简单题目，同样排除不认真作答的答卷。

该实验的目的是测量视频卷入度在创可贴广告显著度和契合度对广告效果影响中的调节作用。实验利用爱剪辑软件进行视频编辑，进行 2（显著度高/显著度低）×2（契合度高/契合度低）×2（视频卷入度高/视频卷入度低）的分组实验。实验使用"问卷星"网络问卷平台，在 8 个不同的微信群中发放问卷。实验要求被试认真观看视频并回答问卷。笔者对该实验收集到的数据开展描述性统计，分析样本的数量和质量，再运用双因素方差分析方法以验证假设 H5 和 H6。

3. 实验结果

实验收集到 419 份问卷，剔除 79 份无效问卷，共计获得 340 份有效问卷，如表 5-16 所示。提出的无效问卷主要存在的问题：①问卷答题时间少于 100 秒，问卷中的视频时长约为 75 秒，具体查看答题时间少于 100 秒的问卷，认定答题时间少于 100 秒的问卷有极大概率为无效问卷；②在实验各问卷最后设置针对视频内容的简单问题题项，该题选择错误的问卷也有极大概率为无效问卷，因此予以删除。

调查问卷中包含基本人口统计学信息，如性别、年龄、学历、观看综艺节目的频率等。有效样本数据中以女性被试居多，男性被试数量略少于女性被试数量；在年龄方面，被试大多数为 18~30 岁的年轻人群体；在学历层面上，被试大多数为本科生和硕士研究生；在观看综艺节目的频率上，绝大多数被试每周 1~3 次。

表 5-16 各组别有效问卷数量

实验组别	有效问卷/份
显著度高×契合度低×视频卷入度低	45
显著度低×契合度低×视频卷入度低	45
显著度高×契合度高×视频卷入度低	44
显著度低×契合度高×视频卷入度低	45
显著度高×契合度低×视频卷入度高	40
显著度低×契合度低×视频卷入度高	41
显著度高×契合度高×视频卷入度高	40
显著度低×契合度高×视频卷入度高	40

5.1.2.4 假设检验

实验旨在检验 H5 和 H6，即视频卷入度在创可贴广告显著度和契合度对广告效果影响中的调节作用：在卷入度低的情况下，创可贴广告显著度对受众品牌回忆的正向影响和对受众品牌态度的负向影响相比于卷入度高的情况更明显；在卷入度低的情况下，创可贴广告契合度对受众品牌回忆的负向影响和对受众品牌态度的正向影响相比于卷入度高的情况更明显。

为了考察实验调节变量视频卷入度的控制是否达到预期的水平，笔者首先进行操控检验，结果显示在第5.1.2.3 节实验中对视频卷入度的操控是有效的（视频卷入度 $M_{视频1} = 3.97$，$M_{视频2} = 4.96$，$P = 0.000$，小于 0.01）。

为了验证视频卷入度在创可贴广告显著度对品牌回忆影响中的调节作用，笔者对显著度、卷入度和品牌回忆开展双因素方差分析，结果显示如表 5-17 所示。

表 5-17 显著度、卷入度与品牌回忆的双因素方差分析

源	Ⅲ类平方和	自由度	均方	F	P
校正的模型	37.165[a]	3	12.388	18.977	0.000
截距	246.403	1	246.403	377.460	0.000
显著度	17.123	1	17.123	26.231	0.000
卷入度	13.525	1	13.525	20.719	0.000
显著度×卷入度	5.513	1	5.513	8.445	0.004
错误	219.338	336	0.653		
总计	509.000	340			
校正后的总变异	256.503	339			

注：a 表示 $R^2 = 0.145$（调整后的 $R^2 = 0.137$）。

由双因素方差分析的结果可以看出，广告显著度和视频卷入度的交互项对品牌回忆的影响显著（$P = 0.004$，小于 0.05）。下面进一步分析视频卷入度在创可贴广告显著度对品牌回忆的影响中的调节作用的方向。

在视频卷入度低的情况下，显著度高和显著度低的创可贴广告所带来的受众品牌回忆有显著的差异（$M_{高显著度}=1.40$，$M_{低显著度}=0.70$）；在视频卷入度高的情况下，受众对显著度高和显著度低的创可贴广告的品牌回忆有差异，但差异较小（$M_{高显著度}=0.75$，$M_{低显著度}=0.56$），验证了H5a，如图 5-10 所示。

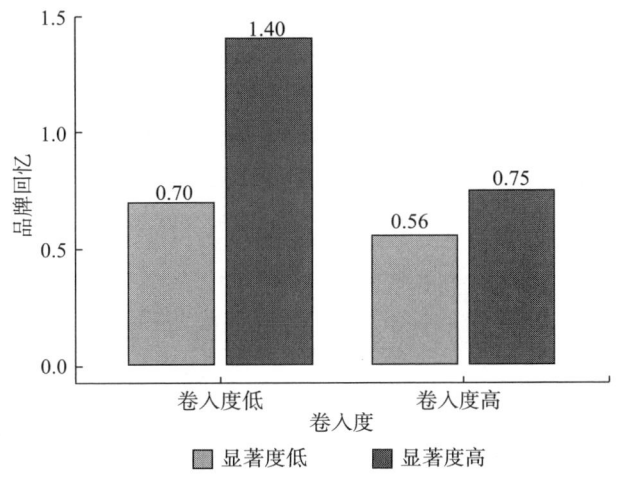

图 5-10　不同卷入度显著度高低对应的品牌回忆均值

为了验证视频卷入度在创可贴广告契合度对品牌回忆影响中的调节作用，笔者对契合度、卷入度和品牌回忆开展双因素方差分析，结果如表 5-18 所示。

表 5-18　契合度、卷入度与品牌回忆的双因素方差分析

源	Ⅲ类平方和	自由度	均方	F	P
校正的模型	14.354[a]	3	4.785	6.639	0.000
截距	245.491	1	245.491	340.637	0.000
契合度	0.858	1	0.858	1.190	0.276
卷入度	13.427	1	13.427	18.631	0.000
契合度×卷入度	0.040	1	0.040	0.056	0.814
错误	242.149	336	0.721		
总计	509.000	340			
校正后的总变异	256.503	339			

注：a 表示 $R^2=0.056$（调整后的 $R^2=0.048$）。

由双因素方差分析的结果可以看出，广告显著度和视频卷入度的交互项对品牌回忆的影响不显著（$P>0.05$），H6a 没有得到验证。

在第 5.1.2.3 节实验中共计有 197 个被试注意到视频中有品牌广告出现，接下来对其品牌态度进行分析。为验证视频卷入度在创可贴广告显著度对品牌态度影响中的调节作用，笔者对显著度、卷入度和品牌态度开展双因素方差分析，结果如表 5-19 所示。

表 5-19　显著度、卷入度与品牌态度的双因素方差分析

源	Ⅲ类平方和	自由度	均方	F	P
校正的模型	17.714[a]	3	5.905	7.715	0.000
截距	3594.534	1	3594.534	4696.794	0.000
显著度	4.312	1	4.312	5.635	0.019
卷入度	5.380	1	5.380	7.030	0.009
显著度×卷入度	3.210	1	3.210	4.194	0.042
错误	147.706	193	0.760		
总计	3966.444	197			
校正后的总变异	165.420	196			

注：a 表示 $R^2=0.107$（调整后的 $R^2=0.093$）。

由双因素方差分析的结果可以看出，广告显著度和视频卷入度的交互项对品牌态度的影响显著（$P=0.042$，小于 0.05）。下面进一步分析视频卷入度在创可贴广告显著度对品牌态度的影响中的调节作用的方向。

在视频卷入度低的情况下，显著度高和显著度低的创可贴广告所带来的受众品牌态度有显著的差异（$M_{高显著度}=4.02$，$M_{低显著度}=4.59$）；在视频卷入度高的情况下，受众对显著度高和显著度低的创可贴广告的品牌回忆有差异，但差异较小（$M_{高显著度}=4.52$，$M_{低显著度}=4.68$），视频卷入度在创可贴广告显著度对品牌态度影响中的调节作用得到验证，H5b 成立，如图 5-11 所示。

第5章 品牌价值提升与传播机制

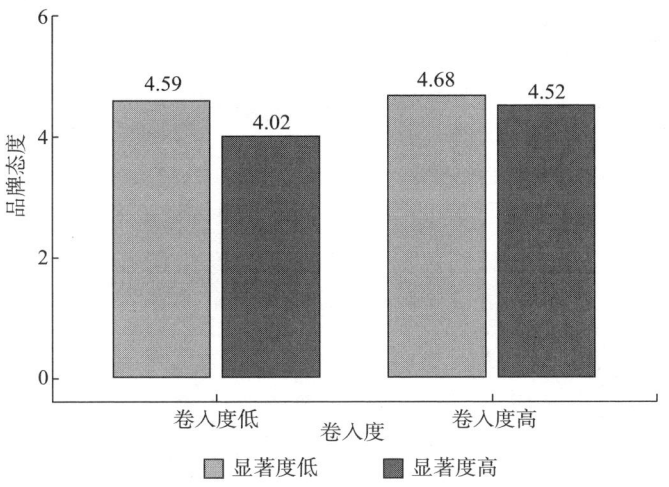

图 5-11 不同卷入度显著度高低对应的品牌态度均值

为了验证视频卷入度在创可贴广告契合度对品牌态度影响中的调节作用，笔者同样展开双因素方差分析，结果如表 5-20 所示。

表 5-20 契合度、卷入度与品牌态度的双因素方差分析

源	Ⅲ类平方和	自由度	均方	F	P
校正的模型	13.569a	3	4.523	5.749	0.001
截距	3656.092	1	3656.092	4646.834	0.000
契合度	2.346	1	2.346	2.981	0.086
卷入度	7.581	1	7.581	9.636	0.002
契合度×卷入度	1.817	1	1.817	2.309	0.130
错误	151.851	193	0.787		
总计	3966.444	197			
校正后的总变异	165.420	196			

注：a 表示 $R^2 = 0.082$（调整后的 $R^2 = 0.068$）。

由双因素方差分析的结果可以看出，广告契合度和视频卷入度的交互项对品牌态度的影响不显著（$P > 0.05$），视频卷入度在创可贴广告契合度对品牌态度影响中的调节作用没有得到验证，H6b 不成立。

5.1.3 管理启示

笔者通过双因素方差分析等方法对创可贴式广告契合度和显著度进行分析，得出以下管理建议。

1. 把握广告显著性程度，强化受众品牌回忆

笔者验证了显著度对创可贴广告效果会产生影响，从品牌回忆的效果来看，创可贴广告中心显著的植入相比于边缘植入所造成的品牌回忆效果更好，但是中心显著的创可贴广告是一把双刃剑，它在提升受众品牌回忆的同时也会造成受众对广告品牌态度的降低。从当前影视剧、综艺节目中的创可贴广告实例来看，多数广告主采取的是显著的创可贴广告形式，但这一方式很容易打断受众观看影视剧故事情节的过程，引发受众说服知识唤醒，进而导致受众产生抵触情绪。

显著的创可贴广告形式可能会带来短期的认知效应，但从企业品牌长远发展的角度来看，显著的广告又会负面影响受众对广告品牌的态度。因此，广告主在制定创可贴广告推广策略时要综合考虑创可贴广告显著度所带来的影响，不能一味追求广告曝光的强度。对于受众不熟悉、知名度较低的品牌，由于企业广告营销的主要诉求在于通过广告传播来增强受众品牌记忆、让受众知晓广告品牌，中心显著的创可贴广告植入是达成目的的一种有效方式，企业可以考虑通过提高创可贴广告显著度的形式来大力提升消费者对品牌的认知度。而对于知名度较高的品牌，由于创可贴广告的显著度对受众品牌态度具有负面作用，知名的品牌广告主在制定创可贴广告营销策略时要考虑广告曝光的适度性，创可贴广告设计不宜过于突兀，尽可能避免干扰受众观剧体验，避免引发受众产生抵触的情绪。

2. 增强广告内容契合度，提升受众品牌态度

笔者发现，创可贴广告契合度正向影响受众品牌态度。因此，在进行创可贴广告设计时，广告的显著度并不是唯一的考虑指标，广告商和视频运营平台需要将创可贴广告与视频情境的契合度也纳入重点考虑的范围内。受众对于创可贴广告品牌的认知由视频情节和场景关注间接引起，强行植入的创可贴广告容易使受众产生反感抵触的心理，而自然融

合的传播才容易获得更好的广告效果。要实现创可贴广告与视频内容的高度契合,可以从提高创可贴广告产品或品牌与视频故事情节、场景、人物等多方面的关联度入手,让创可贴广告的内容能够与剧情更好地融合在一起,将有利于获取受众更积极的反应,提高受众的品牌态度。

以往的创可贴广告应用实例中,追求纯粹本真的特仑苏牛奶与田园慢生活综艺节目《向往的生活》结合,女性健康管理 App 美柚与都市言情剧《欢乐颂》结合,两者都实现了广告品牌与视频场景的创新性融合,获得了很好的市场反响。企业在制定创可贴广告营销策略时需要准确定位品牌的目标人群,根据广告品牌特点选择与品牌核心理念相似的综艺节目和影视剧,让创可贴广告产品或品牌的目标消费者与视频剧情观看者尽可能重合,而综艺节目、影视剧的制作方也需要依据视频情节主题选择合适的品牌方进行合作,根据广告品牌特性设计广告标语,让创可贴广告标语与视频情境高度契合,避免生搬硬套,从而促使广告品牌获得更高的评价,广告产品获得更好的转化率。创可贴广告模式为品牌营销传播可以提供更多的发展机遇,广告品牌精准触及目标受众,品牌理念与综艺节目、影视剧的主题相适应,广告标语与视频场景高度契合,将有利于强化品牌感染力,达到较好的广告传播效果。

3. 注重视频卷入度要素,优化广告投放效果

笔者通过实验发现视频卷入度在创可贴广告显著度对品牌回忆的影响中起调节作用,在卷入度低的情况下,创可贴广告显著度对受众品牌回忆的正向影响相较于卷入度高的情况更明显。在视频卷入度高的情况下,由于受众的注意力资源主要集中在对视频情节、人物等主要信息的处理上,对于创可贴广告信息的处理处于次级任务,受众对于显著度高的广告和显著度低的广告的记忆程度差异可能没有视频卷入低时来得明显,高显著度和低显著度广告都较难给受众留下深刻印象。因此,广告主和网络视频平台在投放创可贴广告时也需要将视频卷入度要素考虑在内。悬疑类、动作类等情节紧凑的场景可以归为高卷入度场景,而轻松舒缓、情节相对闲散的场景可以归为低卷入度的场景。在制定创可贴广告营销策略时,广告主要想实现更好的品牌回忆效果,可以考虑将创可贴广告植入低卷入度的视频场景中,进一步优化广告投放效果。

当前传统广告模式增长趋于饱和，创可贴广告模式突破以往广告制作的局限，贴合视频内容场景进行营销，受到越来越多广告主的青睐。未来，广告主和视频平台仍需不断提高创可贴广告设计的科学性和趣味性，综合考虑广告显著度、契合度、视频卷入度等要素影响，实现精准场景匹配，以促进创可贴广告高质量发展。

5.2 企业档案驱动的品牌认同机制

老字号档案是老字号品牌独特的自身优势，老字号品牌所蕴含的品牌理念和形象具备极高的品牌价值，这些价值主要通过老字号档案的形式进行记录和传承。档案是企业经营的原始记录，是具有强证实作用的真实性线索，通过向用户传达这种线索，塑造真实性的品牌形象，让用户感知到品牌的"归属感"，提升品牌认同度。为探究如何结合老字号品牌自身优势和发展趋势，充分利用老字号档案的价值，增强用户品牌真实性感知，提升用户的品牌认同感，笔者收集张裕葡萄酒品牌、龙徽葡萄酒品牌和陈李济中药品牌的老字号档案，首先预实验对品牌档案内容诉求进行调研分类。其次以这三个品牌作为实验对象，分三个阶段采取控制实验法分别探究老字号企业档案利用和老字号档案类别对品牌认同的影响、消费动机和信息获取方式在老字号企业档案利用对品牌认同影响过程中的作用。基于收集到的数据样本，采取方差分析、Bootstrap中介效应分析，对笔者所提出的假设关系提出检验，并得出实验结论：①使用情感性或理性档案带来用户品牌认同的差异均较为显著，且这种差异部分通过品牌真实性中介作用。②消费动机在老字号品牌档案类别与用户品牌认同关系中起调节作用。当消费动机和档案诉求类别相一致时，用户在面对老字号档案时产生的品牌认同感更强。③在主动发现信息条件下，使用情感性档案对品牌认同的作用较为显著。在实验结果的基础上，在现实场景下进行延伸研究，通过对老字号品牌微信公众号评论的文本分析，验证老字号档案使用对用户品牌真实性感知和品牌认同感的影响。基于上述研究结论，笔者针对老字号企业档案利用的管理实践提出三点经验启示：①档案融入品牌营销，提升认知与认同；②档案匹配产品特性，构建档案利用策略；③区分档案传播渠道，拓展口碑营销链路。

5.2.1 档案类别与品牌认同

本小节将探索运用"老字号"企业的情感性（理性）档案进行品牌推广是否可以增强消费者对品牌真实性的认知，进而增强消费者的品牌认同感。

5.2.1.1 基本概念

1. 老字号品牌

"老字号"是我国对历史悠久的品牌的一种特有说法。2005 年，中国商业联合会制定的《"中华老字号"认定规范（试行）》中指出，中华老字号（China Time-honored Brand）是指历史悠久，拥有世代传承的产品、技艺或服务，具有鲜明的中华民族传统文化背景和深厚的文化底蕴，取得社会广泛认同，形成良好信誉的品牌。❶ 虽然"老字号"是中国特有的说法，然而世界各地也都有与其对应的老品牌，像奔驰、可口可乐等，它们是在数百年商业和手工业竞争中留下的精品。笔者所提到的"老字号"不特意界定中国境内或境外，参照中华老字号的定义，满足相应条件并创始于 1956 年以前便属于老字号品牌的范畴。

2. 老字号企业档案

老字号企业档案是老字号企业在其生产运营过程中形成的档案记录。老字号企业一般指创建于 1956 年前，具有独特的传统产品、技能或者服务，同时有良好信誉的企业。在老字号企业的历史沿革中，形成具有丰富历史内涵和文化价值的历史记录，一般多以文本、图片、实物、音视频等形式为记录载体。❷ 由于老字号特指老字号企业，后文将用老字号

---

❶ "中华老字号"认定规范（试行）[EB/OL]. (2012-09-20) [2020-04-17]. http://ltfzs.mofcom.gov.cn/article/aw/201209/20120908348719.shtml.

❷ 王玉龙. 老字号企业档案管理存在的问题及其应对策略 [J]. 档案, 2013 (2): 55-58.

档案指代老字号企业档案。

老字号档案可以概括为两类——形象档案和运营档案。形象档案指反映老字号的整体形象的档案，通过浏览形象档案，公众可以产生一种区别于其他企业的特殊认识，例如沿革档案（创业、人物、资产、品牌、探源）、荣誉档案（企业、员工、公众人物、新闻报道）、符号档案（商标、招幌、老物件）。运营档案指在生产运营过程中记录品牌的具体环节所形成的档案，推动老字号的不断发展，例如理念档案（训诫、规章）、合同协议、制度标准、技术产品。❶

3. 品牌真实性的内涵

真实性源自希腊语 Autos，意思是"自我"，而 Hentes，意思是"实干者"，意味着某种东西具有其原始创造者的权威。虽然真实性是一个多层次、多义性的概念，但就品牌而言，在实践中出现两个广泛的含义。内部一致性反映一个品牌是否忠于自己，是否保持其本质核心；外部一致性反映一个品牌是否像它看起来的那样，不是假冒的，或者不是宣传或夸大的结果。尽管人们普遍认为真实性是一个重要的概念，但并没有一个被普遍接受的定义。相反，"研究中达成一致的观点是，真实性包含真实的、原生的和/或正确的东西"❷。消费者体验真实性的方式有所不同，并使用一系列线索来评估对象的真实性，这可能基于他们对某个主题的兴趣和知识。❸ 真实性判断可能围绕索引提示（对象与时间之间的事实连接）或标志性提示（对象或事件在一定程度上是对过去的合理重构）形成的。❹ 真实与非真实之间的区别往往是主观的，是社会或个人建构的。❺

---

❶ 冯叶. "老字号"档案的角色与发展路径研究 [D]. 济南：山东大学，2017.

❷ KENNICK W E. Art and inauthenticity [J]. Journal of Aesthetics and Art Criticism, 1985, 44 (1): 3 – 12.

❸ GRAZIAN D. Blue Chicago: The search for authenticity in urban blues clubs [M]. Chicago: University of Chicago Press, 2003.

❹ GRAYSON K, MARTINEC R. Consumer perceptions of iconicity and indexicality and their influence on assessments of authentic market offerings [J]. Journal of Consumer Research, 2004, 31 (2): 296 – 312.

❺ LEIGH T W, PETERS C, SHELTON J. The consumer quest for authenticity: The multiplicity of meanings within the MG subculture of consumption [J]. Journal of the Academy of Marketing Science, 2006, 34 (4): 481 – 493.

品牌可以通过"对传统的承诺,对工艺和卓越生产的热情以及公众对现代工业属性和商业动机的作用的否认"来获得真实性的光环。❶ 消费者认为真实的品牌通常是由工匠❷使用历史悠久的传统❸、手工制作的方法和/或天然成分❹制造的。这样的品牌一直忠于其原始设计,通过缓慢发展逐渐适应现代市场,而不是一味追逐消费者潮流。如果对原有设计进行彻底的改变,很可能会使客户感到不满或困惑,并导致对品牌真实性的质疑。❺

以往关于真实性的研究一般分为两大研究流派。一是从消费者的角度评估消费的真实性。这些研究大多集中在真实的体验上,比如激流泛舟(Arnould 和 Price)、脚本真人秀或乡村音乐。这些研究表明,消费者评估体验和/或对象的真实性基于两种类型的线索——指标性和标志性。指标性线索提供证明该物体是真实的或原始的,而标志性线索只是类似于真实的东西。因此,真实性不一定是固有的对象(索引),但可以构建。

二是着重探讨品牌背景下的真实性,也就是笔者所讨论的真实性范畴。真实性被认为是品牌成功的核心要素,因为它有助于形成独特的品牌形象。真实性与不同的特征,如对传统和地方、完整性,风格和内部一致性,真诚,承诺质量,诚实,和淡化商业动机。这一领域的大多数研究是定性的,虽然它们对(品牌)真实性的一般概念产生有价值的见解,但只有少数研究试图量化真实性对实际品牌绩效的影响。总的来说,基于研究文献,真实性是品牌营销领域的一个多层次、多含义的概念。

---

❶ BEVERLAND M B. Crafting brand authenticity: The case of luxury wine [J]. Journal of Management Studies, 2005, 42 (5): 1003 – 1029.

❷ BEVERLAND M B. The "real thing": Branding authenticity in the luxury wine trade [J]. Journal of Business Research, 2006, 59 (2): 251 – 258.

❸ POSTREL V. The substance of style: How the rise of aesthetic value is remaking commerce, culture and consciousness [M]. New York: Harper-Collins Publishers, 2003.

❹ CARROLL B A, SWAMINATHAN A. Why the microbrewery movement? Organizational dynamics of resource partitioning in the U. S. brewing industry [J]. The American Journal of Sociology, 2000, 106 (3): 715 – 762.

❺ BROWN S, KOZINETS R V, SHERRY J F. Teaching old brands new tricks: Retro branding and the revival of brand meaning [J]. Journal of Marketing, 2003, 67 (3): 19 – 33.

国内真实性测量的研究集中在旅游学领域[1]，营销领域的相关研究以质性探讨为主。傣族歌舞的真实性可以分为客观、存在、建构三大类，分别为8个子类和17个子类[2]；民族旅游产品的真实性测量包括建筑古迹、服饰、语言和文化以及行为活动等方面[3]；对古村落的真实性感知可以划分为古建筑和生活文化两个维度或者划分为原真、建构真实、超真实和主体真实4个维度共14个测项[4]。除此之外，对于老字号品牌的真实性量表也经过实证分析，徐伟量化了老字号品牌真实性研究，开发了老字号品牌真实性量表（CTHBA），包括客观真实、建构真实和自我真实3个维度共16个测项。笔者在研究中发现，这些学者对老字号品牌真实性的维度划分方式和内容是相似的，结合本位研究范围"老字号档案"，原真实性、建构真实性和自我真实性3个维度更能反映其品牌的真实性，因此，笔者最终选择徐伟学者的量表，并结合其他学者的研究加以完善。

4. 品牌认同概念及维度

品牌之所以成为消费者行为的重要驱动力，是因为它们具有象征意义，消费者可以使用这些象征意义来发展自我意识，构建（个人和社会）身份并实现自我代表的目标。市场营销学者主要基于社会认同理论的理论基础，研究品牌认同的基本范畴。品牌认同作为学者和实践者认同的目标而受到关注。研究认为，可以将消费者品牌认同定义为消费者感知，感觉和评估他或她的心理状态来评估品牌的归属感。这个定义说明身份识别的三方面的概念，包括认知、情感和评估方面。[5] 此外，品牌认同被认为是一种主动、选择性和自愿的行为，它是由满足一个或多

---

[1] 徐伟，李耀. 古村落旅游真实性感知的指标构建及评价：基于皖南古村落的实证数据 [J]. 人文地理，2012（3）：98 – 102.

[2] 田美蓉. 游客对歌舞旅游产品真实性评判研究：以西双版纳傣族歌舞为例 [J]. 桂林旅游高等专科学校学报，2005，16（1）：12 – 19.

[3] 林龙飞，黄光辉，王艳. 基于因子分析的民族文化旅游产品真实性评价体系研究 [J]. 人文地理，2010（1）：39 – 43.

[4] 徐伟，李耀. 古村落旅游真实性感知的指标构建及评价：基于皖南古村落的实证数据 [J]. 人文地理，2012（3）：98 – 102.

[5] TAJFEL H, TURNER J. An integrative theory of intergroup conflict [J]. Social Psychology of Intergroup Relations，1979，33：94 – 109.

个自定义需求所激发的,而自定义需求取决于识别对象(例如品牌)所识别的中心,独特和持久的特征。❶ 有学者认为,品牌认同感根据其定义自我动机不同,可细分为个体品牌认同感和社会品牌认同感。❷ 金立印将品牌认同感分为个体品牌认同感和社会品牌认同感❸,这个分类是基于定义自我动机不同产生的。个体品牌身份的形成是消费者对特定品牌个性和消费者自身个性特征具有相似程度的认识的结果,当消费者可以通过某个品牌向他人展示或将其作为特定社会群体成员展示在某个位置或突出其特定群体的特征时,将产生对品牌的社会认同感。

5.2.1.2 理论框架

老字号档案可以大致概括为两类:形象档案和运营档案。形象档案和运营档案的主要区别在于是否能直接使公众产生对该品牌的特殊认识,这种划分方式主要基于消费者感知角度和心理层面,和广告领域中将广告信息情感诉求划分为理性和感性❹有一定的相似性。同时,考虑到对老字号档案的划分方式尚未有定量研究开展,笔者将通过分析广告信息情感诉求研究情况,论证将老字号档案按情感诉求划分的可行性。

已有文献中已经对理性广告和情感广告的划分作出比较明确的说明,如果广告中含有诸如恐惧、幽默、怀旧、热情、愤怒中的一种或几种诉求点,不论广告信息中是否有涉及产品属性相关的信息,那么该广告就是情感广告。❺ 如果广告中含有一种或多种事实性的属性线索时,该广告就是理性广告,这些属性线索包括安全、质量、营养、成分、公司调

---

❶ BHATTACHARYA C B, RAO H, GLYNN M A. Understanding the bond of identification: An investigation of its correlates among art museum members [J]. Journal of Marketing, 1995, 59 (4): 46-57.

❷ RIO A B D, VAZQUEZ R, IGLESIAS V. The effects of brand associations on consumer response [J]. Journal of Consumer Marketing, 2001, 18 (5): 410-425.

❸ 金立印. 基于品牌个性及品牌认同的品牌资产驱动模型研究 [J]. 北京工商大学学报(社会科学版), 2006 (1): 38-43.

❹ 李蕊. 解释水平、广告诉求方式对儿童广告态度的影响 [D]. 杭州: 浙江师范大学, 2013.

❺ GEUENS M. Need for cognition and the moderating role of the intensity of warm and humorous advertising appeals [J]. Asia Pacific Advances in Consume Research, 1998, 3: 74-80.

研、口味、特殊销售、性能、独立机构、保证、可获得性、包装、价格等。

目前有不少研究考察了广告诉求方式对消费者的品牌态度和购买意愿的内在作用机制。❶。在此我们引入详尽可能性模型来解释用户对广告信息的处理机制。详尽可能性模型中提出两种改变态度的路径——核心路径和外围路径。在外围路径下，用户会集中于处理启发性的线索，例如信息的专家来源，而不是表达具体参数的信息，而在核心路径下，用户更倾向于处理信息内容本身。理性广告通常使用核心路径来说服消费者完成决策。另一种则是外围路径，也就是当观众考虑是否购买时，他们没有详细分析商品的特征，并且很容易根据一些说服线索来改变态度，比如直接推论、各种想象或感性体验等。

详尽可能性模型本身强调态度的改变是通过认知而不是情感来实现的，而 Bitner 在此基础上发现，在态度的改变上，情感和认知方面同样重要，即用户在处理信息形成认知的过程中，认知也有一个情感核心，情感的处理在核心路径和外围路径上具备同样的重要性。❷ Muehling 提出的广告迁移模型认为，打开广告时反映在广告中的个体情感以及对广告产品的情感，广告的情感诉求会引起相应的个体情感体验，通过反复出现形成条件反射，受众通过理性思考来决定是否需要购买，这个过程中，具备情感性诉求的广告通过核心路径对用户态度产生改变。❸

也有不少研究倾向于考察不同产品类型、认知需求和广告诉求方式之间的相互关系。李蕊提出，广告诉求方式应该和产品的类型相匹配。具体来说，对于突出表现产品精神价值的产品，情感诉求的广告更适合，而强调功能价值的产品更适合使用理性诉求的广告。

因此，笔者基于对广告信息情感诉求的理论定义，对老字号情感性档案和理性档案进行界定，即情感性档案反映品牌的整体形象，理性档

---

❶ 向梦弦. 情感、认知和态度：探索跨产品类型广告的心理效应 [D]. 杭州：浙江大学，2007.

❷ BITNER M J, OBERMILLER C. The elaboration likelihood model: Limitations and extensions in marketing [J]. Advances in Consumer Research, 1985: 420 – 424.

❸ MUEHLING D D, SPROTT D E. The power of reflection: An empirical examination of nostalgia advertising [J]. Journal of Advertising, 2004, 33 (3): 25.

案记录品牌的具体环节。由此，笔者提出以下假设：

H1：运用老字号企业的情感性（理性）档案进行品牌推广可以增强消费者的品牌认同感。

根据对老字号情感性档案和理性档案的界定，以及档案的强证实作用，可以得出，老字号情感性档案反映品牌的整体形象，表达品牌的精神和文化属性，更能唤起怀旧、憧憬、愤怒等情绪，理性档案记录品牌的具体环节，呈现品牌生产运营等客观要素，更能引发质量、品质等认知性推断。不论是品牌精神或文化属性，还是质量、品质等认知性推断，都体现档案具备的强证实作用，是最有价值的真实性线索。而通过文献梳理发现，真实性可帮助消费者了解品牌的内部和外部属性，并对其进行识别并提供认同感。因此，笔者提出以下假设：

H2：运用老字号企业的情感性（理性）档案进行品牌推广，通过增强消费者对品牌真实性的认知可以增强消费者的品牌认同感。

5.2.1.3 实验研究

1. 预实验

实验所用档案素材通过对应老字号品牌的官方网站、账号获取，根据老字号档案的界定和内容，确定档案鉴定标准为：①由老字号企业自己形成的历史记录；②属于形象档案或运营档案中的某一子类别；③以文本、图片、实物、音视频等形式为记录载体。

为了确保所使用老字号档案素材能够准确表达理性或感性诉求方式，在正式实验之前，首先对后期实验所用档案素材进行诉求类型调查并划分。实验通过问卷调查形式，通过向被试展示档案素材，通过设计量表，由被试对老字号档案素材的诉求方式进行判断。测试题项如下：①请您对上则品牌档案的性质进行打分（1~5分别为：非常具有情感、比较具有情感、中性、比较理性、非常理性），预实验三个品牌的档案性质均值如图5-12所示。

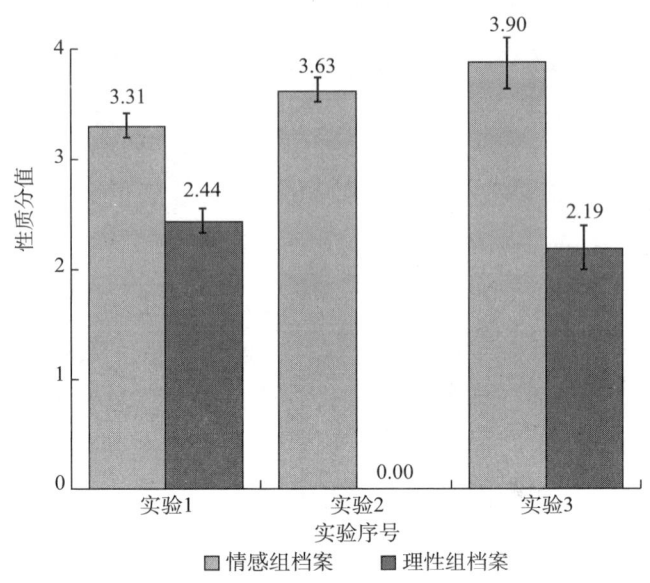

图 5-12 各组档案性质均值分布

除此之外,第 5.2.1.3 节和第 5.2.2.3 节实验用到的情感组和理性组档案性质得分方差分析结果如表 5-21 所示,结果显示,P 均小于 0.001,因此第 5.2.1.3 节实验和第 5.2.2.3 节实验所用的情感档案和理性档案性质得分差异显著。

表 5-21 第 5.2.1.3 节和第 5.2.2.3 节实验档案性质得分方差分析结果

实验组	情感组档案	理性组档案	方差分析结果	
			F	P
第 5.2.1.3 节实验	$M = 3.31$	$M = 2.44$	135.4	<0.001
第 5.2.2.3 节实验	$M = 3.00$	$M = 2.19$	116.5	<0.001

2. 实验设计

笔者通过实验法考察老字号档案类别对用户品牌认同的影响作用。设计 4 组对比实验,组 1 为情感性档案组,组 2 为理性档案组,组 3 为情感性空白组,组 4 为理性空白组,档案素材的诉求划分来自预实验调查结果。

(1) 被试

考虑到实验可操作性等因素,共选取 93 名大学生及硕士生参加实验,最终对数据进行筛选后,确定被试群体共 80 人。被试群体中大学生与硕士生的比例为 0.34,男女比为 0.38,71 人年龄在 18~25 岁。

(2) 实验品牌选取

实验品牌为百年张裕葡萄酒品牌。选择百年张裕品牌主要有两点原因:一是老字号酒类品牌在老字号企业中分布广泛,酒行业拥有 136 家中华老字号企业,仅次于食品餐饮,其中有 48 家进入老字号销售规模 300 强。二是张裕品牌在酒类品牌发展中处于中上等水平,品牌档案资源开发较为成熟。根据 2018 年中华老字号品牌发展指数的数据,张裕品牌发展指数在酒行业排名第 8 位。百年张裕品牌标识如图 5-13 所示。

图 5-13 百年张裕品牌标识

(3) 品牌信息构建

为了确保实验情景更具有实际参考价值,笔者针对选择的档案素材构建相关的品牌文字信息,设计为一则由官方品牌发展机构公众号(CN 品牌档案)所发布的品牌介绍文章。为确保该实验结果不受文字信息自身特征影响,文字信息均采用非互动性、非拟人化的形式、公众号官方口吻来设计和发布。且两组实验中所使用的品牌信息除了档案诉求方式这一变量内容有所区别,其余均保持一致。

(4) 老字号档案类别操控

老字号档案类别(诉求方式)这一自变量主要通过呈现不同诉求方式的档案内容来操控。其中,情感组选择 1958 年烟台张裕酿酒大学首届毕业生合影照片档案、1941 年日军侵华期间张裕公司与日军人员合影照片档案、张裕创始人张弼士先生照片档案；理性组选择1987年所获"国际葡萄·葡萄酒城"证书档案、1914年烟台张裕酿酒公司注册"双麒麟"商标档案、1915年巴拿马万国博览会奖章档案。为使得用户对档案的认知更准确，每份档案均标明所看素材为档案。具体两组实验素材如图5-14所示。

（a）情感组

（b）理性组

图5-14 百年张裕老字号档案类别

此外，为保证被试认真阅读，该实验设置两个有效检测项目，保证问卷数据的有效性。

一是在问卷调查之前设置一段情景假想话语，要求读者认真阅读，在之后的问卷调查中被试会被要求根据假想情境回答问题，问卷题目如下：您是在什么情境下看到的这则品牌信息？（根据上页文字内容填写即可）（0＝××品牌生产中心和实体店，1＝××品牌网上旗舰店，2＝微信中的公众号推送）。若用户选项与用户浏览文章前的情境提示语交代的情景场合（微信中的公众号推送）不符，则该条数据被视为无效，作删除处理。

二是在品牌信息阅读之后,通过问项检测被试是否能够识别刚刚阅读的品牌信息中包含的档案和内容,问卷题目如下:请您回忆以下哪些是刚刚的品牌档案中所提到的品牌内容?(其中3个选项为品牌信息中出现的档案,另外3个选项是其他品牌的档案)。若用户只识别出1个及以下正确选项时,则该条数据被视为无效,作删除处理。后续的实验中,对档案内容的检测均使用此方法。

(5)总体问卷调查

调查问卷是开展因果性和描述性研究不可或缺的度量工具。此研究将采取问卷调查的方法收集样本数据,此前需对相关问卷进行规范严谨的设计。笔者依照李怀祖提出的问卷结构,设计引导语、问题选项等部分内容,从而构成此次研究的正式问卷。问卷正文部分,针对所要测量的目标变量设置问题和相应的选项,为了方便后期数据导出和筛选处理,在问题之前会标有该题项的编码。因此,问卷具体的结构和设计思路如下。

第一部分:测量用户对待测品牌的既有真实性水平和品牌认同水平。

第二部分:确认性问题,主要检测被试是否阅读到要求反馈的行为活动等。

第三部分:测量用户阅读品牌信息后的品牌真实性水平和品牌认同水平。

第四部分:问卷最后将对被试的人口统计信息进行收集,包括性别、年龄、学历和每月可支配收入。

(6)用户品牌真实性、品牌认同量表

关于问卷部分的重点:①品牌真实性量表,根据 Spiggle、姚鹏和王新新的量表,并针对问卷所要解决的实际问题,选择9题项,并进行适用于问卷情境的相应修改,分别为维持品牌标准、继承品牌遗产、保护品牌本质三个维度;②品牌态度的测量,根据 Rio 和金立印对自我概念与品牌概念的一致性的研究,并参考已有量表设计相关题项。两个量表均采用李克特七级量表,将答案选项分为"非常同意~非常不同意"7个等级的选项,量表具体题项如表 5-22 和表 5-23 所示。

表 5-22 品牌真实性量表

维度	题项
维持品牌标准	我认为张裕葡萄酒这个品牌始终保持它一贯的风格
	我认为张裕葡萄酒这个品牌的产品设计标准维持得很好
	我认为张裕葡萄酒这个品牌的产品的质量一直很好
继承品牌遗产	拿起张裕葡萄酒品牌的产品让我想起过去的事物
	我觉得张裕葡萄酒品牌的产品是正宗的张裕公司产品
	我觉得张裕葡萄酒这个品牌继承性很好
保护品牌本质	我觉得张裕葡萄酒这个品牌始终保持它的本质
	我觉得张裕葡萄酒这个品牌的品牌精髓一直都没有变
	我觉得张裕葡萄酒这个品牌的个性一向如此

表 5-23 品牌认同量表

题项
我认为张裕葡萄酒品牌的成功也是我的成功
对其他人对张裕葡萄酒品牌的看法很感兴趣
有人表扬此品牌时，我也感到很荣耀
谈论张裕葡萄酒品牌时，会说是"我们"的品牌，而不是"他们"的品牌
有人批评张裕葡萄酒品牌时，我感到受到伤害

（7）具体研究程序

由公众号运营方在征得微信群组被试同意且保证其在线的情况下，向某群组发布一则该组对应的品牌信息的链接（品牌信息有两种——情感性档案、理性档案），提醒被试在 2 分钟内阅读完该信息。接着，在确定被试都完成阅读任务之后，要求其完成总体调查问卷，其中包括确认性信息调查、品牌认同测量量表、品牌真实性量表及人口学统计问卷。

3. 结果与分析

（1）研究量表信效度检验

信度检验一般通过测量量表各个题项的内部一致性来表示，即 Cronbach's α 系数。该系数越大表示该变量量表各题项内部一致性程度越高，信度越好。依照学者经验来看，该系数大于 0.7 即可认为量表具有较高信度。笔者对各变量的一致性系数测算后显示量表总体 Cronbach's α 系数为 0.961，即用户品牌认同和品牌真实性感知的 Cronbach's α 为 0.961，由此可以认定变量量表信度为高信度水平，信度较好。

量表效度能够帮助我们判断所测变量是否为研究者所测量的结构。其主要包括内容效度和结构效度。内容效度主要说明量表度量的内容和目标之间的适合程度。该研究量表题项参考来源于国内外学者相关研究，确保题项在内容上符合该研究所界定的变量概念同时足以涵盖所要测量的变量范围。该研究中各变量的 KMO 值及其 Bartlett 球度检验如表 5-24 所示。KMO 值为 0.944，可以进行因子分析；Bartlett 球度检验取值是 0.000，小于 0.5，说明球度检验显著，各因子之间的相关性较高。因此满足对量表效度的要求，可以作进一步分析。

考虑到其余变量都为分类变量，笔者利用样本数据测算出各个变量均值、标准差等统计量，结果如表 5-24 所示。可以看出，本书涉及的主要变量和控制变量值均在合理范围之内，数据样本数充足，可以认为样本数据适合进行后期的数据处理分析。数据表明品牌认同均值为 2.62 ($SD = 1.38$)，品牌真实性均值为 3.41 ($SD = 1.40$)。

表 5-24 档案类别实验描述性分析结果

类别	研究变量	M	SD	N/个
总体	品牌认同	2.62	1.38	80
	品牌真实性	3.41	1.40	80
有情感性档案	品牌认同	3.11	1.52	22
	品牌真实性	3.98	1.46	22
无情感性档案	品牌认同	1.99	1.36	19
	品牌真实性	2.79	1.42	19
有理性档案	品牌认同	3.10	1.09	21
	品牌真实性	3.85	1.12	21
无理性档案	品牌认同	2.06	1.28	18
	品牌真实性	2.89	1.27	18

（2）方差齐性检验

在该实验中，使用方差齐性检验排除总体方差不齐所带来对最终检验结果可靠性的影响。方差齐性检验结果 $P > 0.05$，如表 5 - 25 所示，表明可以进行方差分析。

表 5 - 25　档案类别实验方差齐性检验

变量	莱文统计量	自由度 1	自由度 2	P
品牌认同量表	0.380	3	76	0.767

（3）老字号企业档案利用对品牌认同影响检验

使用 ANOVA 检验发现，情感性档案、空白组之间的品牌态度差异显著（$M_{无} = 2.00$（1.36），$M_{情} = 3.16$（1.40），F（1，40）$= 7.251$，$P < 0.05$，$\eta^2 = 0.20$）。理性档案、空白组之间的品牌态度差异显著（$M_{无} = 2.06$（1.28），$M_{理} = 3.10$（1.09），F（1，38）$= 7.496$，$P < 0.01$，$\eta^2 = 0.20$）。实验 1 各组箱型图如图 5 - 15 所示。

中介效应检验：根据现有研究对中介效应分析的程序，使用 Preacher 和 Hayes（2004）提出的 Bootstrap 分析方法，对品牌真实性的中介效应进行检验，选定样本量为 5000，置信区间选定为 95%，结果显示，中介检验的结果不包含 0（LLCI = - 1.5701，ULCI = - 0.0105），表明品牌真实性的中介效应显著，且中介效应大小为 - 0.7469。在控制了品牌真实性之后，自变量老字号企业档案利用（情感性 vs. 空白组，理性组 vs. 空白组）对因变量品牌认同的影响显著，区间（LLCI = - 0.1984，ULCI = 0.0363）包含 0。因此品牌真实性在档案利用对品牌认同的影响中发挥了部分中介作用，可能存在其他中介变量。

从数据结果可以看出，利用情感或理性诉求较强的档案类别会增强用户对老字号品牌的品牌认同感，同时中介效应在此过程中显著存在，从而验证了 H1 和 H2。与此同时，由于控制品牌真实性之后，自变量老字号企业档案利用（情感性 vs. 空白组，理性组 vs. 空白组）对因变量品牌认同的影响显著，可能存在其他的中介路径。因为 $a \cdot b \cdot c' > 0$，表明可能遗漏一个与模型中假设的中介方向一致的中介变量，即互补中介。

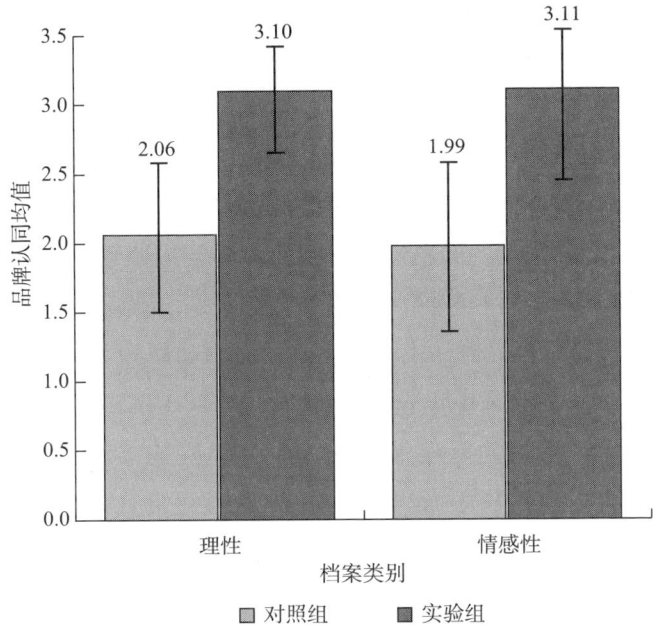

图 5-15　档案类别实验中品牌信息对应品牌认同度均分图

5.2.2　消费动机的调节作用

本小节将探索消费动机在老字号品牌档案类别与用户品牌认同关系中的作用。

5.2.2.1　基本概念

详尽可能性模型用于解释、分类、理解说服性沟通的有效性所依据的基本过程，主要阐述的是个人仔细思考并处理与问题相关信息的程度。该模型假设消费者接收到广告信息时，就会对其加工和消化。❶ 由于个人情况与信息相关程度的不同，消费者的广告信息处理过程存在两条劝导路线：当动机和信息处理能力较强时，消费者更趋向于遵从核心路径，

---

❶　黎明. 广告引导消费行为模型分析 [J]. 现代经济（现代物业下半月刊），2009，8（4）：134，145.

即通过严肃的尝试，获得理性的认知；反之，则是外围路径，当观众考虑是否购买时，他们没有详细分析商品的特征，并且很容易根据一些说服线索来改变态度。❶

为了更准确地解释在线广告说服的过程，我们旨在将新变量——加工动机的类型纳入 ELM 模型。加上处理动机的水平，此变量将确定广告曝光的环境。我们将互联网上的信息搜索时的认知（实用）动机与情感动机进行区分。这种区别是基于对互联网既是信息媒介又是情感媒介的双重感知。

关于消费者行为的传统文献认为，个人的动机可能会影响广告的处理。我们使用这些证据来提出这样的观点，即与 ELM 的假设相反，外围提示（例如，网页格式的呈现（严肃 vs. 有趣）确实会影响根据个人性质而进行的评估）动机。因此，个人不会对两种格式反应冷淡，而是可以根据自己的动机表现出对一种或另一种的偏好。

Helson 提出"适应水平理论"，指出消费者接受的刺激只与参照标准有关。❷ 对产品性能的期望就是参照标准。期望包含产品的物理特征和心理特征。也就是说，消费者在消费前对产品或服务有一种期望，这种期望是消费者的情感期望和产品的使用功能期望。于是面对众多产品可供选择时，这个产品的属性能给自己带来什么价值。如果想获得享乐结果，消费者就会选择享乐的情景，重视产品的情感属性；如果想获得实用结果，消费者就会选择实用情境，重视产品的使用属性。

实用主义价值的产生主要通过四个方面——便捷、产品或服务、产品具体信息、省钱。❸ 倾向于进行实用主义决策的消费者将更加注重实用价值相关的信息，因为实用性能有效解决实际问题，且价格较低。享乐属性表现为消费产品获得的各种感觉（奇异的、情感的方面）。❹ 享乐

---

❶ SANJOSÉ-CABEZUDO R, GUTIÉRREZ-ARRANZ A M, GUTIÉRREZ-CILLÁN J. The combined influence of central and peripheral routes in the online persuasion process [J]. Cyberpsychology & Behavior, 2009, 12 (3): 299-308.

❷ HELSON H. Adaptation-level theory [J]. American Journal of Psychology, 1959.

❸ VOSS K E, SPANGENBERG E R, GROHMANN B. Measuring the hedonic and utilitarian dimensions of consumer attitude [J]. Journal of Marketing Research, 2003, 40 (3): 310-321.

❹ HOLBROOK M B, ELIZABETH C H. The experiential aspects of consumption: Consumer fantasies, feelings, and fun [J]. Journal of Consumer Research, 1982, 9 (2): 132-140.

主义的消费动机一般包括6个维度——冒险、社交、喜悦、想法、角色和价值（Adventure, Social, Gratification, Idea, Role and Value）。❶ 消费者处于享乐需求和实用需求条件下，将倾向于分别选择侧重具备享乐属性或实用属性的产品和服务。

5.2.2.2 理论框架

品牌形象真实性聚焦品牌形象如何与品牌本质相一致。在产品的功能性消费阶段，消费者把品牌当作产品消费，品牌形象会重点强调产品的硬属性，包括有形或功能性的属性如历史、工艺流程、产地等，此时的品牌形象会寻求与历史或传统的关联，较多地传递产品及其品牌的正宗与权威。在情感消费阶段，消费者把品牌当作象征物来消费，品牌形象较多地体现为消费者对品牌的情绪、态度和看法，传递的是消费者追求的象征价值和"自我意义"，实现真实的自我。❷

在不同的消费动机或消费阶段中，影响品牌真实性和品牌认同感的具体线索或要素所具备的诉求类型是有所侧重的。在实用型消费动机下，理性的品牌信息能够更好地提高品牌真实性感知和品牌态度，而在享乐型消费动机下，具有情绪性、象征意义的品牌信息能够更好地提高品牌真实性感知和品牌态度。由此，笔者提出如下假设：

H3：消费动机在老字号品牌档案类别与用户品牌认同关系中起调节作用。当消费动机和档案诉求类别相一致时，用户在面对老字号档案时产生的品牌认同感更高。

5.2.2.3 实验研究

1. 实验设计

（1）被试

该研究中引入调节变量，决定选取134名大学生及硕士研究生参加

---

❶ ARNOLD E J, PRICE L L. River magic: Extraordinary experience and the extended service encounter [J]. Tourism, 2006, 54 (2): 161-172.

❷ WATTANSUWAN K. The self and symbolic consumption [J]. Journal of American Academy of Business, 2005, 16 (1): 179-184.

实验。最终对数据进行筛选后，确定被试共 120 人。在被试群体中，本科生同研究生比例约为 0.43，男女比约为 0.35，111 人年龄在 18～25 岁。

(2) 实验品牌选取

实验品牌为龙徽葡萄酒品牌。选择龙徽品牌主要有两点原因：一是老字号酒类品牌在老字号企业中分布广泛，酒行业拥有 136 家中华老字号企业，仅次于食品餐饮，其中有 48 家进入老字号销售规模 300 强。二是龙徽品牌在酒类品牌发展处于中等水平，品牌档案资源丰富，但档案资源开发利用较少。龙徽葡萄酒品牌标识如图 5-16 所示。

图 5-16　龙徽葡萄酒品牌标识

(3) 老字号档案类别操控

老字号档案类别（诉求方式）这一自变量主要通过呈现不同诉求方式的档案内容来操控。其中，情感组选择 20 世纪 50 年代上义洋酒厂门前老工人合影、1950 年中国第一瓶国宴葡萄酒"中国红"、1963 年毛泽东用"中国红"接待胡志明、1972 年尼克松访华时毛泽东赠送薄荷蜜作为国礼；理性组选择 1952～1953 年公私合营期间完税证明、1957 年上义果酒厂公私合营私股凭证、20 世纪 90 年代龙徽夏多内葡萄酒酒标、2002 年最佳中国红葡萄酒荣誉证书。为使得用户对档案的认知更准确，每份档案均标明所看素材为档案。具体两组实验素材如图 5-17 所示。

(4) 品牌信息构建

此处品牌信息变量除了档案类别，增加了消费动机这一变量。采用 2×2 的组间设计，组间变量 1 为档案类别，分为情感性、理性两个水平；组间变量 2 为消费动机，分为实用型和享乐型两个水平，中介变量为品牌真实性，因变量为用户品牌认同感。因此，品牌信息的呈现就有

4种搭配方式。4组实验中,除了档案类别和消费动机两项变量内容有所区别,其余均保持一致且不变。

(a) 情感组

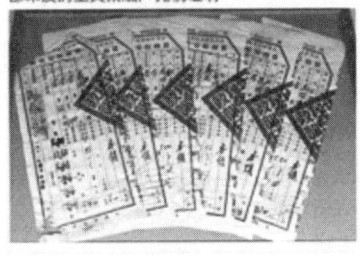

(b) 理性组

图 5-17 龙徽葡萄酒老字号档案类别

(5) 消费动机操控

消费动机这一变量主要通过在阅读品牌信息材料之前指明接收此品牌信息的背景和目的。享乐动机下，让被试想象自己需要购买葡萄酒用于朋友聚会的招待。实用动机下，让被试想象自己处于葡萄酒有更好的益心血管的功效，于是打算挑选一些品牌的葡萄酒送给喜欢喝酒的父亲。阅读完文章信息后，被试对消费动机作出回应：①你浏览龙徽品牌信息，是期望获得有实用价值的葡萄酒产品；②你浏览龙徽旗舰店网页，是期望它的葡萄酒能对自己或家人有帮助；③你浏览龙徽旗舰店网页，是期望它的葡萄酒是能给你带来快乐的；④你浏览龙徽旗舰店网页，是期望它的葡萄酒是能给你带来惊喜的（1 表示很不同意，7 表示很同意）。若用户选项与用户浏览文章前提到的消费动机不符，则该条数据视为无效，作删除处理。

(6) 实验量表

问卷主要问题包括以下 4 个部分。

第一部分：测量用户对待测品牌的既有真实性水平和品牌认同水平。

第二部分：确认性问题，主要检测被试是否正确接收到组别对应的品牌信息、是否认真阅览品牌信息重点内容、阅读到要求反馈的行为活动等。

第三部分：测量用户阅读品牌信息后的品牌真实性水平和品牌认同

水平。

第四部分：问卷最后将对被试的人口统计信息进行收集，包括性别、年龄、学历等基本情况，能直接观察被试的社会群体特征。

(7) 具体步骤

实验分为4小组，由公众号运营方在征得微信各群组被试同意且保证其在线的情况下，向某群组发布一则该组对应的品牌信息的链接（品牌信息有4种：情感性档案+享乐动机、情感性档案+实用动机、理性档案+享乐动机、理性档案+实用动机），提醒被试在2分钟内阅读完该信息。接着，在确定被试都完成阅读任务之后，要求其完成总体调查问卷，其中包括确认性信息调查、品牌认同测量量表、品牌真实性量表及人口学统计问卷。

2. 结果与分析

(1) 描述性统计分析

笔者利用样本数据测算出各个变量均值、标准差等统计量，结果如表5-26所示。可以看出，实验涉及的主要变量值均在合理范围之内，数据样本数充足，可以认为样本数据适合进行后期数据处理分析。数据表明品牌认同均值为2.60（$SD=1.23$），品牌真实性均值为3.61（$SD=1.18$）。

表5-26 消费动机实验描述性分析结果

变量	研究变量	M	SD	N/个
总体	品牌认同	2.60	1.23	120
	品牌真实性	3.61	1.18	120
情感档案×享乐动机	品牌认同	2.99	1.23	31
	品牌真实性	4.33	1.08	31
情感档案×实用动机	品牌认同	2.23	1.16	35
	品牌真实性	3.23	1.21	35
理性档案×享乐动机	品牌认同	2.36	0.99	29
	品牌真实性	3.18	1.03	29
理性档案×实用动机	品牌认同	2.89	1.20	25
	品牌真实性	3.73	1.28	25

(2) 消费动机在档案类别与品牌认同关系中的调节作用检验

双因素方差分析：结果显示，数据没有异常值，残差接近正态分布（$P>0.05$），并且具有等方差性（$P=0.404$）。档案类别和消费动机在对品牌认同的影响上存在交互作用，$F(1, 119) = 9.305$，$P=0.003$，$\eta^2=0.074$。简单主效应分析提示，在不同的消费动机场景下，使用情感性或理性档案对消费者的品牌认同影响不同。实验2各组箱形图如图5-18所示。

在实用消费动机条件下，使用理性档案和使用情感性档案时用户品牌认同均值分别为2.89 ± 1.20，2.23 ± 1.16；使用理性档案的品牌认同均值比使用情感性档案的高0.654（95% CI 为 0.058～1.249），$P=0.032$。在享乐消费动机条件下，使用理性档案和使用情感性档案时用户品牌认同均值分别为2.36 ± 0.99，2.99 ± 1.23，使用情感性档案的品牌认同均值比使用理性档案的高0.635（95% CI 为 0.047～1.223），$P=0.034$。

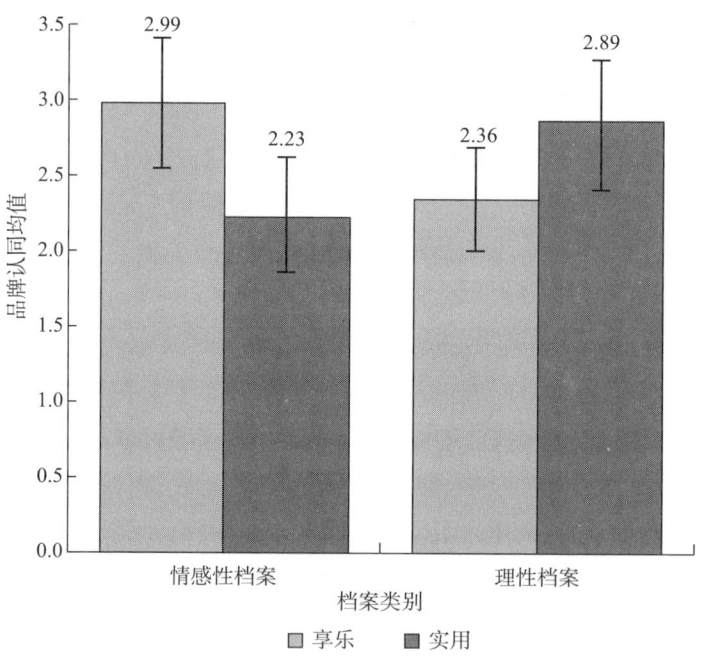

图5-18 消费动机实验中品牌信息对应品牌认同度均分图

中介效应检验：根据现有研究对中介效应分析的程序，使用 Preacher 和 Hayes 提出的 Bootstrap 分析方法，对品牌真实性的中介效应进行检验，选定样本量为 5000 个，置信区间选定为 95%，结果显示，中介变量品牌真实性中介档案类别和消费动机对品牌认同的交互影响。进一步按照调节变量分析在不同消费动机下档案类别对品牌认同的影响中品牌真实性的中介效应，数据结果表明，在享乐动机下，品牌真实性的中介效应显著，Bootstrap 检验的置信区间为（0.1546，1.0456），不包含 0；而在实用动机下，品牌真实性不能发挥中介作用（-0.1242，1.2030），包含 0。

基于假设构建的模型分析消费动机在档案类别和品牌认同关系中的影响，消费动机在档案诉求类别对品牌认同作用关系中调节作用显著。当消费动机为享乐动机时，用户对具备情感性档案的信息品牌认同感会更高；当消费动机为实用动机时，用户对具备理性档案的信息品牌认同感会更高。

其中的差异源于在享乐和实用两种不同的消费动机下，用户寻求消费前对产品或服务产生的期望出现不同的侧重。实用需求场景下，用户希望通过产品获得实用结果，因此重视产品的实用属性，如产品信息、便利性、省钱、是否解决实际问题，而理性档案内容主要记录品牌的具体环节，呈现品牌生产运营等客观要素，更能引发质量、品质等认知性推断。根据适应水平理论，理性档案内容对消费者的刺激满足对产品性能的期望，从而使用中枢路径说服消费者，依据品牌信息中出现的理性档案内容等证实性线索增加自身的品牌认同感。而在享乐需求场景下，用户对产品预先设置情感期望，重视产品的情感属性，希望获得各种感觉，如冒险、社交、喜悦、想法、角色和价值，老字号品牌的情感性档案反映品牌的整体形象，表达品牌的精神和文化属性，更能唤起怀旧、憧憬、愤怒等情绪，受众在作出是否要购买的决策时，没有细致分析商品特征，容易根据直接推断、各种想象或者感性体验等一些说服线索转变自己的品牌认同感。

5.2.3 信息获取方式的调节作用

本小节将对信息获取方式在主效应中发挥的作用进行研究。

5.2.3.1 基本概念

已有研究表明,用户分析信息的能力除了和本身的知识水平、自我认知需求相关,还会受观看广告的环境、时间限制等外界因素的影响。在此基础上,通过梳理影响信息处理方式的外界因素,我们发现,大多数研究是关注内容的不同特征或方面如何影响人们对品牌的感情,比如通过激发更多兴趣的产品和信息,唤起更多的情感,包含更多有用的信息来得到更多的分享。然而,尽管具有某些特征的内容更容易被传递,但人们获取这些内容的方式是否也会影响用户对品牌的情感态度甚至品牌认同呢?有时人们自己主动发现的内容,在阅读报纸或浏览网站时偶然发现它,或者人们通过面对面的交谈或转发电子邮件来接收他人的内容,这种获取信息方法上的差异也会影响消费者对信息的处理。Chen 和 Berger 发现人们获取内容的方式会影响他们与他人分享内容的意愿。❶ 当人们发现(而不是接收)内容时,他们会将内容与自我联系起来,并且不那么系统地处理它。

5.2.3.2 理论框架

详尽可能性模型认为,消费者对信息的加工和消化在个人情况与信息相关程度的基础上会选择两种劝导路线,一种是中心路径,消费者倾向于进行一系列严肃理性的方式来评价信息;另一种是外围路径,通过把产品和产品之外的其他因素联系起来决定该信息的可信性。❷ 因此,

---

❶ CHEN Z, BERGER J. How content acquisition method affects word of mouth [J]. Journal of Consumer Research, 2015, 43 (1): 86 – 102.

❷ PETTY R E, CACIOPPO J T. Issue involvement can increase or decrease perusasion by enhancing message-relevant cognitive responses [J]. Journal of Personality and Social Psychology, 1979, 37 (10): 1915 – 1926.

处理的信息越少，对信息内容特征的敏感度就越低❶，进而真实性的感知和态度的改变受档案信息的影响更小❷。因此，笔者提出以下假设：

H4：信息获取方式在老字号品牌档案类别与用户品牌认同关系中起调节作用。当人们认为自己是内容发现者（内容接受者）时，用户在面对情感性（或理性）老字号档案时产生的品牌认同感会减弱。

5.2.3.3 实验研究

1. 实验设计

（1）被试

该研究中引入调节变量，决定选取 149 名本科生及硕士研究生参加实验。最终对数据进行筛选后，确定被试共 131 人。在被试群体中，本科生同研究生比例约为 0.97，男女比约为 0.68，年龄均在 18~30 岁。

（2）实验品牌选取

实验品牌为陈李济品牌。选择陈李济品牌主要有两点原因：一是老字号医药品牌在老字号企业中分布广泛，医药行业拥有 123 家中华老字号企业，数量位居第三，有 57 家进入老字号销售规模 300 强。二是医药行业呈现品牌认知度低（除了头部品牌）、忠诚度较高的特征，陈李济品牌在医药行业的发展符合这一普遍特征，且品牌发展处于中等水平，但品牌档案资源丰富，适用于作为实验素材。陈李济品牌标识如图 5-19 所示。

图 5-19　陈李济品牌标识

---

❶ HILTON J L, FEIN S. The role of typical diagnosticity in stereotype-based judgments [J]. Journal of Personality and Social Psychology, 1989, 57 (2): 201-211.

❷ CHAIKEN S. Heuristic versus systematic information processing and the use of source versus message cues in persuasion [J]. Journal of Personality and Social Psychology, 1980, 39 (5): 752-766.

(3) 老字号档案类别操控

老字号档案类别（诉求方式）这一自变量主要通过呈现情感性档案内容或无情感性档案来操控。所使用的情感组档案包括陈李济广州北京路旧址、清朝末期陈李济广告招牌、1924 年孙中山与陈李济负责人合影。无情感性档案组的品牌信息为去掉档案具体内容但保留必要信息的文字内容。为使用户对档案的认知更准确，每份档案均标明所看素材为档案。实验素材如图 5-20 所示。

图 5-20　陈李济品牌老字号情感组档案

(4) 品牌信息构建

此处品牌信息变量除了是否利用情感性档案，增加了信息获取方式这一变量。采用 2×2 的组间设计，组间变量 1 为档案类别，分为情感性、空白组两个水平；组间变量 2 为信息获取方式，分为主动获取和被动接收两个水平，中介变量为品牌真实性，因变量为用户品牌认同感。因此，品牌信息的呈现有 4 种搭配方式。4 组实验中，除了档案类别和信息获取方式两项变量内容有所区别，其余均保持一致且不变。

(5) 信息获取方式操控

信息获取方式这一变量主要通过在阅读品牌信息材料之前指明接收此品牌信息的方式。被动接收情景下，让被试想象自己被告知"最近你的家人想要你帮忙购买一些中药保健品，与此同时你收到好友发来的如下推送"。主动发现情景下，告知被试"最近你的家人想要你帮忙购买一些中药保健品、于是你在互联网上搜索中药保健品品牌的信息，并在 CN 品牌档案公众号中主动寻找与陈李济品牌有关的文章"。阅读完文章信息后，被试对品牌信息获取方式做出回应：①在问卷情境下，您是通过何种途径看到这则品牌信息的（0 = 好友通过微信分享这则消息，1 = 主动浏览微信公众号发现这则消息）；②您认为这则品牌信息多大程度上是由自己主动获取的（1 表示完全不主动获取，7 表示完全主动获取）。若用户选项与用户浏览文章前提到的信息获取方式不符，则该条数据视为无效，作删除处理。

(6) 实验量表

问卷主要问题包括以下 4 个部分。

第一部分：测量用户对待测品牌的既有真实性水平和品牌认同水平。

第二部分：确认性问题，主要检测被试是否正确接收到组别对应的品牌信息、是否认真阅览品牌信息重点内容、阅读到要求反馈的行为活动等。

第三部分：测量用户阅读品牌信息后的品牌真实性水平和品牌认同水平。

第四部分：问卷最后将对被试的人口统计信息进行收集，包括性别、年龄、学历等基本情况，能直接观察被试的社会群体特征。

(7) 具体步骤

实验分为 4 小组，由公众号运营方征得微信各群组被试同意且保证其在线的情况下，向某群组发布一则该组对应的品牌信息的链接（品牌信息有 4 种：情感性档案 × 主动获取、情感性档案 × 被动接收、无情感性档案 × 主动获取、无情感性档案 × 被动接收），提醒被试在 2 分钟内阅读完该信息。接着，在确定被试都完成阅读任务之后，要求其完成总体调查问卷，其中包括确认性信息调查、品牌认同测量量表、品牌真实性量表及人口学统计问卷。

2. 结果与分析

(1) 描述性统计分析

笔者利用样本数据测算出各个变量均值、标准差等统计量，结果如表 5-27 所示。可以看出，该研究涉及的主要变量值均在合理范围之内，数据样本数充足，可以认为样本数据适合进行后期数据处理分析。数据表明品牌认同均值为 2.60（$SD = 1.06$），品牌真实性均值为 3.72（$SD = 1.05$）。

表 5-27　信息获取方式实验描述性分析结果

变量	研究变量	M	SD	N/个
总体	品牌认同	2.60	1.06	131
	品牌真实性	3.72	1.05	131
情感档案×主动发现	品牌认同	3.11	0.83	35
	品牌真实性	3.95	1.42	35
情感档案×被动接收	品牌认同	2.48	0.75	48
	品牌真实性	3.82	0.82	48
无情感档案×主动发现	品牌认同	2.48	0.82	24
	品牌真实性	3.22	1.08	24
无情感档案×被动接收	品牌认同	2.36	0.86	24
	品牌真实性	3.72	0.70	24

（2）信息获取方式在档案利用与品牌认同关系中的调节作用检验

双因素方差分析：结果显示，该研究数据没有异常值，残差接近正态分布（$P>0.05$），并且具有等方差性（$P=0.061$）。信息获取方式和档案利用在对品牌认同的影响上不存在交互作用，$F(1,130)=2.105$，$P=0.149$，偏$\eta^2=0.016$。主效应分析提示，信息获取方式对品牌认同的影响具有统计学意义，$F(1,130)=6.480$，$P<0.05$，$\eta^2=0.049$。实验3各组箱形图如图5-21所示。

在主动发现条件下，使用情感性档案和不使用情感性档案时用户品牌认同均值分别为 3.11±0.83，2.48±0.82。使用情感性档案的品牌认同均值比不使用情感性档案的高 0.63（95% CI 为 0.204~1.064），$P=0.004$。在被动接收条件下，使用情感性档案和不使用情感性档案时用户品牌认同均值分别为 2.48±0.76，2.36±0.79。使用情感性档案的品牌认同均值与不使用情感性档案差异不显著（95% CI 为 -0.442~0.675），$P=0.680$。

中介效应检验：根据现有研究对中介效应分析的程序，使用 Preacher 和 Hayes 提出的 Bootstrap 分析方法，对品牌真实性的中介效应进行检验，选定样本量为5000个，置信区间选定为95%，结果显示，中介变量

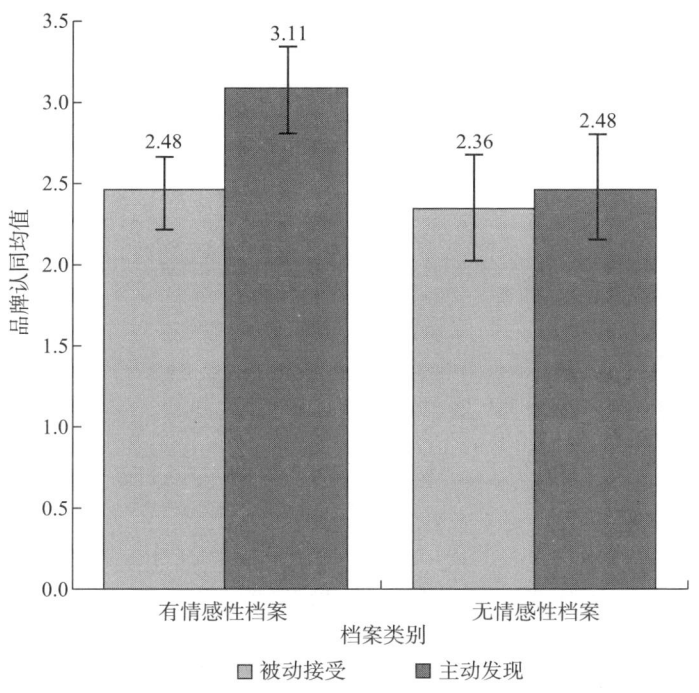

图 5-21　信息获取方式实验中品牌信息对应品牌认同度均分图

品牌真实性的确中介了档案类别和信息获取方式对品牌认同的交互影响。进一步按照调节变量，分析在不同信息获取方式下档案类别对品牌认同的影响中品牌真实性的中介效应，数据结果表明，在主动发现条件下，品牌真实性的中介效应显著，Bootstrap 检验的置信区间为（-0.6861，-0.0486），不包含0；而在被动接收下，品牌真实性不能发挥中介作用（-0.2729，0.2389），该区间包含0。

基于假设构建的模型分析信息获取方式在档案利用和品牌认同关系中的影响，信息获取方式在档案诉求类别对品牌认同作用关系中调节作用不显著。当人们认为自己是内容发现者时，用户对具备情感性档案的信息品牌认同感会更高；当人们认为自己是内容接受者时，用户对是否具备情感性档案信息的品牌认同感差异不显著。

原假设中，根据详尽可能性模型中两种基本信息处理路径（核心路径、外围路径）及相关文献推导，笔者认为比起接收信息，在获取信息时，人们会感觉信息内容和自己更相关，这种情况会降低人们对信息的处理，由于信息处理过程的减少（遵从外围路径），消费者对信息进行甄别时，敏感度会降低，对信息内容的特性的感知（品牌真实性）也会降低，从而品牌认同的改变会相应减小。而数据结果显示，在主动获取信息时，品牌认同的改变依旧显著；相反，在被动接受信息时，品牌认同的改变减弱。原因可能是：①用户被动接受别人发来的品牌的信息时，用户与"好友"（信息发送者）之间存在的社会关系可能影响信息接收者（用户）对信息的处理和采纳程度。当信息传播者和接收者之间存在社会关系时，信息接收者会因为认为采纳来自好友的信息将有助于维护彼此的友谊而接受此信息，从而导致分析处理信息的动机降低，便趋向于遵从外围路径，进而将产品与好友社会关系的态度联系起来。因此，在被动接受信息时，用户的品牌认同变化受信息发送者的社会关系影响较大，品牌信息有无情感性档案在相反作用下效果被抵消，导致品牌认同感差异不显著，此时品牌真实性不能发挥中介作用。②用户主动发现信息的过程中增加了可感知的信息获取成本或努力程度，已有文献证明，努力获得或创造某种东西可以增加对其评价程度，进而发生态度的改变。❶ 因此在主动发现信息时，用户便趋向遵从于从核心路径处理信息，提升品牌认同，品牌信息有无情感性档案的效果被还原，此时品牌真实性发挥中介作用。

5.2.4 田野调查

笔者针对老字号档案使用对品牌认同的影响、品牌真实性的中介作用等进行实证研究。为了更全面直观地验证老字号档案对用户品牌真实性感知和品牌认同感的影响，本小节将研究问题放入现实场景下，针对市场上现有老字号品牌微信公众号的评论进行收集和分析，在老字号品牌官方公众号的推送中有无使用企业档案资源的两种条件下，比较评论的内容和情感差异。

---

❶ NORTON M I, MOCHON D, ARIELY D. The "IKEA effect": When labor leads to love [J]. Journal of Consumer Psycholoy, 2012, 22 (3): 453-460.

5.2.4.1 获取评论数据

该研究数据来自微信公众平台，根据2018年中华老字号发展指数榜单，分别从食品餐饮、日用问题、酒类、茶叶、服饰鞋帽5个老字号企业分布的主要行业中选择共20个品牌的官方微信公众号平台，通过人工收集获取120篇官方微信公众号推送下显示的评论1020条。数据具体分布如表5-28和图5-22所示。

表5-28 评论数据分布情况

分类		推送篇数/篇	评论数量/条
含档案		49	521
	含理性档案	14	110
	含情感性档案	8	89
	含两种	27	322
不含档案		71	499

是否含档案的推送鉴定标准和实验研究素材收集标准相同，即推送中是否含有符合以下要求的老字号档案：①由老字号企业自己形成的历史记录；②属于形象档案或运营档案中的某一子类别；③以文本、图片、实物、音视频等形式为记录载体。

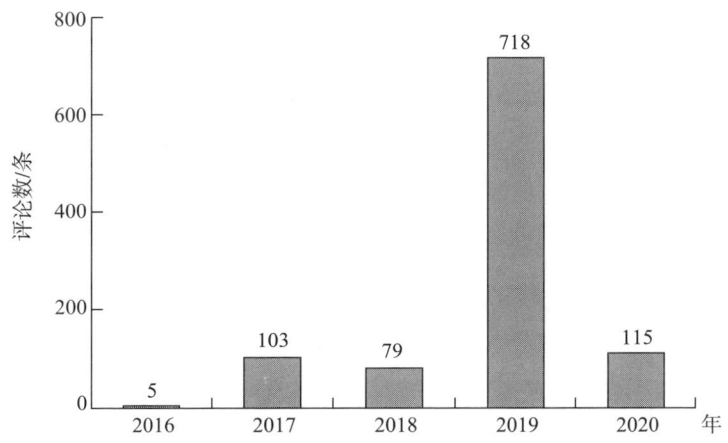

图5-22 评论数据的年份分布情况

5.2.4.2 分词及词频统计分析

笔者对微信推送评论文本采用分词处理和词频统计,希望在两种条件下(含档案文章 vs. 不含档案文章)分别找出评论中的高频词。中文分词(Chinese Word Segmentation)指的是将一个汉字序列切分成一个个单独的词。分词就是将连续的字序列按照一定的规范重新组合成词序列的过程。常用的中文分词工具包括 THULAC、LTP、Jieba(结巴)分词。在该研究中使用的是 Jieba 分词。

Jieba 分词是基于统计方法的分词工具,它根据预先给出的大量已分词文本,利用统计机器学习模型(例如最大概率分词方法和最大熵分词方法)学习词切分的方式(训练),从而切分未知文本(预测)。一般来说,分词工具的分词结果都不会完全准确,这与训练语料库是否全面、是否能够覆盖到中文常见的句式有较大的关系。Jieba 分词可以自定义词典,在进行分词后,通过对分词结果进行简单的分析,对一些不准确的结果进行筛选,将人为挑选的词语加入自定义词典,提高分词准确率。

为了得到更好的可视化,以及从评论中得到有效的信息,笔者使用 WordCloud 库制作高频词词云。

分词及词频统计具体步骤包括:①Jieba 分词+去除停用词+去除程度副词,其中去除停用词时,除了导入自带停用词词典,还添加包括品牌名称、产品名称和相关产品种类的停用词词典;②计算词频,获取高频词列表,过滤品牌或产品名称(如张裕、美加净)、无确定意义的动词(如来、去)、量词(如一次、一天),生成高频词相关词词云,如图 5-23 和图 5-24 所示。

通过统计词频,分别输出两种条件下前 50 位的高频词,高频词列表如表 5-29 所示。

第 5 章 品牌价值提升与传播机制

图 5-23 含档案文章下评论整合的词云

图 5-24 不含档案文章下评论整合的词云

表 5-29 微信公众号文章评论前 50 位高频词

含档案文章下评论前 50 位高频词					不含档案文章下评论前 50 位高频词				
中国/97	祖国/64	喜欢/59	品牌/48	百年/43	喜欢/41	爱/34	品牌/29	知道/19	期待/18
爱/43	经典/36	世界/31	支持/30	味道 30	感觉/18	中国/16	品质/16	值得/16	真的/16
现在/29	希望/27	知道/25	国货/24	奥运会/24	第一次/15	点赞/14	希望/14	加油/13	不错/13
记忆/24	看到/23	真的/22	经历/21	时代/21	现在/13	百年/11	好喝/10	国货/10	味道/10

续表

含档案文章下评论前50位高频词					不含档案文章下评论前50位高频词				
爷爷/21	历史/20	当时/20	新/19	小时候/19	家/10	新/10	赞/10	拥有/9	需要/9
值得/18	发展/18	文化/18	第一次/17	民族/17	经典/9	文化/9	确实/8	心/8	体会/8
后来/17	上海/17	国家/16	成为/16	感觉/16	时尚/8	好看/8	好吃/8	活动/8	老字号/8
骄傲/16	传承/16	国潮/16	家里/15	精神/15	努力/7	世界/7	可爱/7	发现/7	工作/7
品质/15	长大/15	生活/14	成长/14	激动/14	人生/7	属于/7	很多/7	棒/7	东西/7
记得/14	今天/14	回忆/14	加油/14	定制/14	生活/7	准备/6	健康/6	参加/6	力量/6

注：表中数字表示词出现的频次。

从两组前50位高频词中可以分别提取与真实性和品牌认同相关的词语，以下分析中，含档案文章下评论前50位高频词和不含档案文章下评论前50位高频词分别简称为A组、B组：

（1）A组和B组中均出现的"百年""经典""味道""品质"，反映在消费者心目中，产品的原料、工艺等客体属性是保持原貌的，这体现老字号本身的原创性和独特性。

（2）A组中的"历史""发展""传承"意味着档案内容的呈现，体现老字号在经营的过程中注重传承并融入了自身发展，是由人基于原始客体属性上建构起来的真实性。

（3）A组中的"记忆""时代""经历""小时候""回忆""记得""奥运会"和B组的"生活"体现老字号档案内容容易引发消费者的怀旧情感，A组中的"世界""文化""民族""国家""国货"体现文化传播、文化保护和炫耀展示等要素，这些要素使得消费者通过老字号品牌获得内心的自由和真实。

（4）B组中的"时尚""好看""好吃""努力""可爱"则反映当下产品的特性或经营理念，不体现老字号真实性相关要素。

（5）A、B两组中均有不同程度表达消费者对品牌存在个人认同和社会认同的词，如A组中的"支持""骄傲""希望""国货""国潮"

"加油",B组中的"期待""值得""点赞""希望""国货""加油"等。

综上所述,从两组高频词内容分布来看,相比于不含档案的文章评论,含档案文章下评论的前50位高频词,涉及的真实性要素更多,包括原创性、独特性、传承性、怀旧、文化、炫耀等,且相关词语占比更高(高于40%);两种条件下均有不同程度的词汇体现消费者的品牌认同,因此将进一步进行情感分析。

5.2.4.3 情感极性分析

通过对评论分词、词频统计和可视化,笔者对是否使用档案时文章评论的内容差异有较为直观的感受,那么这种内容上的差异是否会引起用户评论中情感和态度的差异呢?为了进一步回答这个问题,这一部分将对评论内容进行情感极性分析,并比较两种条件下(含档案文章 vs. 不含档案文章)用户评论所表达的情感程度是否存在显著区别。

情感极性分析是对带有感情色彩的主观性文本进行分析、处理、归纳和推理的过程。按照处理文本的类别不同,可分为基于新闻评论的情感分析和基于产品评论的情感分析。其中,前者多用于舆情监控和信息预测,后者可帮助用户了解某一产品在大众心目中的口碑。笔者使用Python 环境下的 SnowNLP 库进行情感极性分析。

SnowNLP 是一个处理中文文本的类库,具有中文分词、词性标注、情感分析、提取关键词等功能。其中,由于情感分析工具的训练文本直接影响模型的适应性,而 SnowNLP 的语料库主要是购物评论数据,针对购物类的评论的准确率较高,和笔者使用的品牌官方账号下的评论相似度较高。SnowNLP 情感分析将句子分为两类——积极和消极,即预测输入句子属于积极和消极的概率(0~1,1代表积极,0代表消极)。积极概率部分的结果截图如图5-25所示。

对于情感极性得分结果使用单因素方差分析。齐性方差检验结果 $P>0.05$,如表5-30所示,可以进行方差分析。

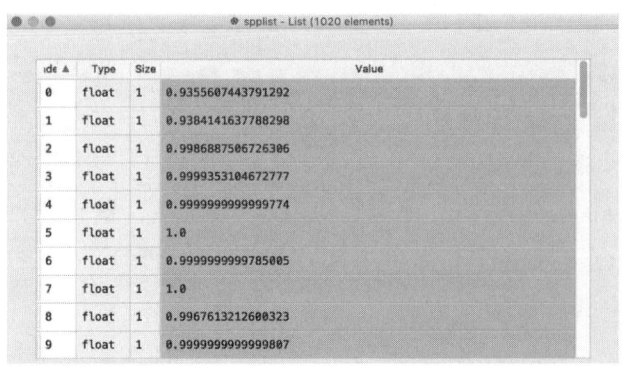

图 5-25　积极概率部分结果截图

表 5-30　情感极性实验方差齐性检验 2

变量	莱文统计量	自由度 1	自由度 2	P
情感极性得分	0.841	1	1018	0.359

使用 ANOVA 检验可以发现，含有档案的文章中评论、不含档案的文章中评论的情感极性得分差异显著（$M_{无}=0.799$（0.27），$M_{有}=0.842$（0.27），F（1，1019）$=6.440$，$P=0.011$，小于 0.05）。因此，可以得出，含有档案的文章评论所包含的情感比不含档案的文章评论更加积极，因此在公众号推送中使用老字号档案，会引发用户对老字号品牌更为积极的情感。结合第二部分词频统计可以发现，这种情感涵盖消费者对品牌的认同感，因此通过本小节的研究，能够在现实场景下验证老字号档案使用对用户品牌真实性感知和品牌认同感的影响。

5.2.5　管理启示

自 2006 年商务部启动"振兴老字号工程"以来，"老字号"品牌发展环境不断优化。然而调查显示，部分"老字号"因为机制僵化、观念陈旧、创新不足、传承无力等依然面临诸多发展困境。笔者经研究发现，将"老字号"档案融入品牌信息传播内容之中是值得尝试的营销策略。因此，基于本节的研究结论，笔者提出如下管理启示。

1. 档案融入品牌营销，提升认知与认同

在企业品牌建设中有效利用老字号档案可以说是企业档案利用的一个重要途径，老字号档案具有支持品牌定位、塑造形象、营销宣传等作用。事实上，随着微信公众号平台的广泛使用，基于微信平台开展品牌宣传、线上营销已经屡见不鲜，这也为老字号档案资源的利用提供了便捷化的途径。笔者以微信公众平台作为老字号企业档案利用的品牌营销载体，实验结果证明，不论是大众认知度较高、品牌发展较为成熟的品牌（张裕）还是大众认知度相对较低的品牌（龙徽、陈李济），在品牌营销的信息中呈现的老字号档案都可以提升用户的品牌真实性感知和品牌认同度。这对于相当一部分不被大众所熟知的老字号企业来说，无疑是一个好的营销方向，即如果希望扩大品牌受众和认知度，在品牌营销中使用品牌档案不仅不会让不了解的用户产生反感厌恶情绪，反而可以让用户觉得品牌更加真实，增加品牌认同感。同时引入诉求类型作为档案的分类标准，也为老字号品牌讲好品牌故事、塑造品牌形象提供更为准确贴切、有感染力的证实性线索。这就启发我们，针对不同的品牌故事使用场景及目的，有针对性地采用具有不同诉求的档案，如希望表达品牌的精神和文化属性时，可以多使用情感性档案，如创业故事、人物经历、品牌探源、招幌广告、理念等；希望呈现品牌产品质量、品质等要素时，可以多使用理性档案，如制度标准、技术产品、合同协议、调查档案等。基于不同的宣传目的，老字号企业应对档案进行恰当合理的宣传利用，为用户提供能体现品牌传承传统和联系过去的真实性线索，进而提升品牌在用户心目中的认同感。

2. 档案匹配产品特性，构建档案利用策略

不同品牌的产品特征不同，同一品牌下的不同产品特征也不尽相同。为了获得更高程度的品牌认同感，商家必须在品牌营销、形象塑造等环节创造更吸引消费者的优质信息内容，这种优质不仅体现在档案的内容特征、场景特征上，体现在不同产品特征上，更体现在这些因素如何叠加、融合上，从而获得最大效益的结果产出。实验结果告诉我们，情感性档案和具备娱乐属性、享乐体验的产品或服务组合呈现时，能够促进人们对这类产品真实性的感知增强，从而提升品牌认同度。因此，企业

可以考虑在一些涉及感性决策的产品消费中增加设置情感性的档案内容，比如一些具有时代意义的场景、人物，会提高消费者在网络购物过程中的态度转变，进而提升消费者的购买意愿；相反，理性档案和具备实用属性、强调功能价值、便利性的产品或服务组合呈现时，也能够促进人们对这类产品真实性的感知增强，从而提升品牌认同度。因此，企业可以考虑在一些涉及理性决策的产品消费中增加设置理性的档案内容，比如一些自古传承的独家技艺、专利、标准等，可以提高消费者在网络购物过程中的态度转变，进而提升消费者的购买意愿。

不同诉求类型的档案利用策略的构建，不仅可以通过分辨不同产品的实用属性或享乐属性，也可以通过消费者的消费及行为信息来判断个人的消费决策风格，对偏向享乐主义和偏向实用主义的消费者，根据其消费决策风格，分类投放包含不同诉求类型档案的品牌信息，从而取得"1+1>2"的效果。

3. 区分档案传播渠道，拓展口碑营销链路

由于老字号品牌的产品和服务的长期延续性，它们已经培育较高的品牌知名度和美誉度，因此更容易开展口碑营销，增加品牌受众。本节的结果为对于口碑营销感兴趣的老字号品牌提供了建议。对于品牌方而言，虽然制定更为清晰、有效的档案利用策略很重要，但也需要考虑用户的信息获取方式，即档案的传播渠道。研究结果告诉我们，企业在品牌信息传播过程中，要注重社交媒体中人与人之间社交网络、社会关系的传播优势，诱导消费者转发、评价、推荐品牌信息给自身社交网络中的人，使得品牌信息在传播过程中更容易被接受，同时在强关系中传播比在弱关系中传播更有效，因此可以对目标受众所在社交网络的主要圈层进行定位，在圈层内部引导受众进行品牌信息的自主传播，品牌信息的影响范围会更大，效果会更好。

后 记

世界一流的国家，应该有一大批世界一流的品牌。在全球经济一体化的竞争环境下，拥有世界一流品牌已经成为一个国家引领全球资源配置和开拓市场的重要手段。中国当前还不是品牌大国，更不是品牌强国，缺少能够引领国内乃至全球消费的世界顶级品牌。国家品牌的培育与发展，不仅是企业的商业行为，而且是国家的文化行为，更是一个国家的战略行为。大力实施国家品牌发展战略，有利于推动我国的经济发展。因此，本书以中国品牌价值全球观察为主题，编写成员主要来自中国人民大学信息资源管理学院、中国人民大学中国市场营销研究中心和中国人民大学科学研究基金（中央高校基本科研业务费专项资金资助）项目（13XNI015）课题组。本书主要内容包括中国品牌价值评价、中国品牌价值国际比较、品牌价值发现与用户研究、品牌价值沟通与标识设计、品牌价值提升与传播机制等。

历经近一年的细致撰写和认真校对，本书于2021年5月定稿。我们要向课题组中的每一名成员、提供相关数据和案例素材的企业组织及新闻媒体表达最衷心的感谢。全书由钱明辉统纂，撰稿人有钱明辉、樊安懿、许嘉元、戴梦婷、万耀琳、田甜、刘奥粤、姜屹楠、魏春萍、梁恬。付梓之时，向参与本书研究与撰写的每一名成员表达最衷心的感谢，向所有给予本书研究提供帮助的专家致以最诚挚的谢意，同时也对知识产权出版社编辑的高水准工作致以由衷的感谢！同时，真诚地希望读者对本书提出补充和修正意见。

钱明辉

2021年5月